세계 교회사

Kiechengeschichte
by Martin H. Jung © 2002 by Martin H. Jung

Narr Francke Attempto Verlag GmbH + Co. KG
Dischingerweg 5
72070 Tübingen

Publication Date: November 29, 2024
Previously published by Narr Francke Attempto Verlag, 2022

세계 교회사

2024년 11월 29일 처음 펴냄

지은이   마르틴 융
옮긴이   이준섭
펴낸이   김영호
펴낸곳   도서출판 동연
등록   제1-1383(1992. 6. 12.)
주소   서울 마포구 월드컵로 163-3, 2층
전화/팩스   02-335-2630, 02-335-2640
전자우편   yh4321@gmail.com

ⓒ 도서출판 동연, 2024

ISBN 978-89-6447-030-5 93230

세계 교회사

마르틴 융 Martin H. Jung **지음**
이준섭 옮김

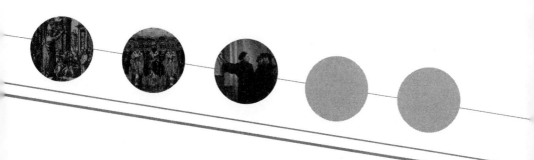

동연

머리말

이 책,『세계 교회사』는 다양한 관점에서 교회 역사를 볼 수 있도록 새롭게 물꼬를 터 줄 것이다.

먼저, 이 책은 교회사의 심도 있는 교육을 위해 쓴 교회 역사 교과서이다. 따라서 이것은 역사 과정을 실용성에 맞추어 진행, 서술될 것이다. 다음으로 이 책에서는 교회 역사를 1945년도 내지는 1989년도에서 종결한 것이 아니라, 최근인 2013년까지를 다룬다. 거기에다 교회 역사에서 그리스도교와 밀접한 관계를 맺고 있는 중요한 두 종교인 유대교와 이슬람교와의 일관된 관계를 의식하며 함께 다루고 있다. 덧붙여 기독교 역사에서 무시할 수 없는 근대 가톨릭교회와 복음적인 자유교회들(Freikirchen)에게도 공간을 제공하고자 했다. 무엇보다 본서는 2017년 500주년 종교개혁의 기념으로 저술한 것이다.

본인은 튀빙겐대학에서 처음 조교로 임명을 받은 1987년 이후 줄곧 모든 시대의 교회 역사를 가르쳐 왔다. 직장을 따라 지겐(Siegen)과 바젤(Basel)과 오스나브뤼크(Osnabrück)로 옮겨 다니면서 가르쳤다. 2002년 이후 오스나브뤼크대학교 개신교신학연구소의 역사신학 분과 (또한 교회사와 교리사와 에큐메니칼 신학까지) 교수 자리를 얻어 지금까지 개신교-가톨릭교회와 그리스도교-유대교와 그리스도교-모슬렘과의 대화에 힘쓰고 있다. 따라서 이 책은 나의 다양한 콘텍스트와 종교 교수와 목사 양육을 위한 교육 경험을 담고 있다. 또한 박사학위를 취득한 후 1990년부터 근대 교회사와 신학사와 경건사의 다양한 주제를 연구하여 출판해 온 경험 역시 이 책에 반영되어 있다.

부록에서의 용어색인은 전문 용어들의 이해를 도와줄 것이다. 특히 인터넷으로 소개할 수 있다고 생각되는 것은 이 교회 역사의 설명에 또한 부가적으로 덧붙였다. 더욱이 본서는 하나의 웹사이트를 가지고 있다. 웹사이트의 "추가적인 자료들"에서 특히 불어에서 나온 외국어 개념들을 발음의 도움을 받아 청취할 수 있도록 해두었다. 발표 혹은 교회 역사를 공부하려 할 때 중요한 도움이 되지 않을까 싶다. 이 책의 웹사이트는 다음 링크를 참고하기 바란다(URL:http://www.utb-shop. de/9783825240219).

교정과 부록의 완성에 함께 수고해 준 나의 학술 조교들, 크리스티안 피셔(Chritian Fischer)와 비브케 마이어(Wiebke Meyer, B. A.)와 알리나 폴만(Alina Pohlmann)에게 감사드린다.

2013년 9월

오스나브뤼크(Osnabrück)

마르틴 융(Martin Jung)

옮긴이의 글

번역 작업은 또 하나의 창작이다. 외국어로 되어 있는 작품을 국어로 번역하는 것은 결코 쉬운 일이 아니다. 언어적 차이는 물론이거니와 문화적인 차이가 항상 장애물처럼 버티고 서 있다. 몇 권의 책을 번역해 보았으나 늘 겪는 어려움이다. 번역 작업은 차가운 겨울을 지나 봄을 맞고 푸른 녹음이 우거진 여름에서야 끝마칠 수 있었다.

역자는 교회 역사 강의를 15년 동안 진행하고 있다. 강의 때마다 개론서의 필요성을 느꼈다. 물론 이미 번역된 개론서들과 저술들을 서점에 가면 찾아볼 수 있다. 하지만 그것 중 어떤 것은 너무 학문적인 경향을 가지고 있고, 어떤 것은 포괄적이고 축약적인 경향을 지닌 것 같았다. 그래서 전자는 교회 역사의 연구자들에게 읽히는 한계를 벗어나지 못하고, 후자는 대중성으로 인해 교회 역사가 흥미 위주로 서술되어 역사적인 의미를 상실한 경향을 보인다. 그런 고민을 하던 중 우연히 본서를 독일 웹사이트에서 발견하게 되었다. 본서를 구입하여 읽으면서 번역해야겠다는 생각이 들었다. 때마침 고창 중앙교회 전종찬 목사님으로부터 한 통의 전화를 받게 되었다. "혹시 연구 프로젝트가 있다면 교회가 지원할 테니 한번 계획을 세워 제안서를 내어보라!"라는 것이었다. 이 제안에 생각할 시간을 달라고 하고, 본서를 번역해야겠다는 마음을 목사님께 전달하였다. 그리고 제안서를 내고 본서의 번역이 이루어졌다.

본서의 장점을 몇 가지로 소개할 수 있다. 먼저 이것은 교회 역사의 개괄적인 소개와 에큐메니컬 관점과 최신 연구 경향들까지도 포함해 서술되어 있다. 이것은 독자에게 앞선 교회 역사 연구에 대한 이해와 현재 연구 동향을 기본적으로 제공해 줄 것이다. 또한 본서는 역사를 하나의 흐름으로 다루고 있다. 이것은 역사를 공부하려는 독자에게 암기 과목에서 벗어나 하나의 역사적인 통찰을 보여 줄 것이다. 마지막으로 본서는 교회 역사를 공부하거나 세미나에 참여하려는 독자와 일반 성도들에게 교회 역사를 개괄적으로 익히는 데 필요한 교과서와 같다. 이것은 학문성뿐만 아니라 대중성을 겸하고 있다고 할 수 있다. 학문성이라 함은 교회 역사를 더욱 연구하고자 하는 자에게 교회 역사 연구를 위한 핵심적인 요소들을 제공해 주고, 대중성이라 함은 어렵지 않으면서도 쉽게 교회 역사에 접근할 수 있는 길을 열어줄 것이다.

본서를 번역하는 데 적지 않은 지원을 해 주신 고창 중앙교회 전종찬 목사님과 당회와 성도님들께 감사드린다. 특히 2023년도 교회에 새롭게 임직을 받은 임직자들에게 감사드리고 싶다. 그들은 교회의 발전은 곧 신학의 발전이라 생각하고, 임직 기념으로 이 번역의 모든 비용을 후원하였고 출판할 수 있도록 도왔다. 이들의 작은 마음으로 본서가 독일어에서 한국어로 나올 수 있었다. 이들의 마음을 아시는 하나님이 은혜와 평강으로 함께하시길 빈다. 또한 본서가 나오는 데 도움을 주신 목원대 신학과 권진호 교수님과 교정을 맡아준 최양임 목사님께도 감사드린다. 마지막으로 곁에서 응원해 준 나의 가족과 독일에서 끊임없이 격려해 주는 나의 친구 블라드미르 도르코프(Vladmir Dorkov)께 감사를 전하고 싶다.

2024년 여름 양림골에서
이준섭

차 례

1장

—

그리스도,
초기 그리스도인들과
그리스도교

그리스도교는 예수의 추종자들이 그리스도로 여겼고 불렀던 예수에 그 기원을 두고 있다. 예수는 역사적인 인물이고, 그것에 관해서는 어떠한 의문에 여지가 없다. 우리는 단지 그의 생애에 관한 신뢰할 수 있는 기록을 적게 가지고 있을 뿐이다. 분명한 사실은 그가 생존했고 설교했으며 축귀와 같은 일을 행하셨다는 것이다. 또한 그가 십자가에 못 박혀 죽으셨다는 것은 분명한 사실이다. 게다가 그리스도교 이외의 자료들도 이것을 증언해 주고 있다.

우리는 예수가 언제 태어나셨는지 정확히 알지 못한다. 성서가 그의 탄생 상황들에 관해서 설명하고 있으나 그 모든 것은 죽음 이후 오랫동안 생겨난 전설들이었고, 이런 전설들은 중요하고 올바른 신학 사상들 위에 생생하고 인상 깊은 이야기로 덧입혀져 있다. 예수는 나사렛(Nazareth) 출신이었다. 그의 부모는 요셉(Joseph)과 마리아(Maria)였다. 그는 많은 형제자매가 있었다. 아마도 그는 아버지의 직업을 습득하고는 목수가 되었을 것이다. 그는 결혼하지 않았고 아이들은 없었다. 한때 회개의 설교자이자 역사적으로 분명한 인물인 세례 요한은 예수를 만나 요단(Jordan)강에서 그에게 세례를 베풀었다. 그 후 예수는 바로 요한의 뒤를 이어서 삶의 갱신을 외치고 설교하는 독립적인 행보를 시작했다. 그는 자기 고향인 갈릴리(Gliläa)를 두루 돌아다니셨고 게넷사렛(Genezareth) 호숫가에서는 제자들을 부르셨다. 아마도 예수는 약 1년 동안 여행했을 것이다. 그리고 예수는 자기 제자들과 함께 예루살렘으로 올라가셨다(참고: 그림 2.1). 그곳에서 그는 체포당하시고, 심문을 받았으며, 재판을 받고 교수형을 당했다. 26년부터 36년까지 로마 총독으로 예루살렘을 통치했던 역사적인 인물인 본디오 빌라도(Potius Pilatus)가 판결을 주도했다. 로마 군병들은 판결을 집행했다. 예수의 추종자들은 두려워하여 대부분 도망쳤다. 하지만 다른 사람들은 잔혹한 구경거리를 즐겼고 판결을 올바른 것으로 받아들였다. 십자가형은 어느 금요일, 유월절 직전에 이루어졌다. 이것은 유대력에 따르면 니산월 14일 혹은 15일이다. 이 진술에 근거해서 지금의 시간으로 계산하면 이날은 27년 혹은 30년경이다. 30년이 더 그럴듯하다. 정확하게 말하자면 십자가형은 30년 4월 7일에 시행되었을 것이다. 누구도 정확하게 어느 장소에서 예수가 십자가에 못 박혔고 묻히셨는지를 알지 못했다. 초기 그리스도인들에게는 장소는 중요한 문제가 아니었다. 그들은 새롭게 현존하신 예수를 경험했고 하나님에 의해서 죽음에서 부활하신 것으로 전했으니까 말이다. 나중에야 비로소 그리스도인들은 거룩한 장소들에 관해 관심을 두기 시작했고, 할 수 있는 최대한 확인해 보려고 애를 썼다.

예수의 추종자들은 예수 자신 안에서 그리스도를 보았다. 자기 스스로 그렇게 생각했는지 그리고 그의 추종자들이 이미 그의 생애 동안 혹은 그의 죽음 이후 비로소 생각했는지는 불분명한 일이다. 헬라어 그리스도는 히브리 단어 메시아와 동의어였고, 종말에 오실 간절히 기다렸던 인물인 "기름 부음을 받은" 구원자-왕이었고, 무엇보다 그분이 억압받은 유대 민족에게 변화를 가져올 것이라고 기대했다. 예수 당시 사람들은 역사적 인물들을 메시아/그리스도라고 생각하곤 했다. 그러나 유대인들은 언제나 그들에게 실망했다. 더구나 예수는 보편적인 이해들과 달랐고, 특히 그의 십자가 죽음은 더욱더 유대인의 생각과 맞지 않았다. 왜냐하면 그의 유대 추종자들은 십자가에 죽임을 당하는 자마다 저주를 받게 될 것이라고 구약성서에서 읽었기 때문이다. "매달린 자마다 하나님께 저주를 받은 자이니라"(신 21:23). 십자가형은 로마인들에게도 가장 혹독하고 수치스러운 교수형이었고 무엇보다 정치 사범에게 이루어졌다. 역설적이게도 예수의 추종자들이 그의 수치스러운 죽음을 신학적으로 긍정적인 의미를 두고 해석하려 했을 때 그리스도교는 탄생했다. 이때 구약성서는 그들을 도왔는데, 특히 하나님의 종에 관한 노래인 이사야 53장 4-5절의 도움을 받았다.

> "실로 그는 우리의 질고를 지고 우리의 슬픔을 당하였거늘 우리는 생각하기를 그는 징벌을 받아 하나님께 맞으며 고난을 당한다 하였노라. 그가 찔림은 우리의 허물을 위함이요 그가 상함은 우리의 죄악을 위함이며 그가 징계를 받으므로 우리는 평화를 누리고 그가 채찍에 맞으므로 우리는 평화를 누리고 그가 채찍에 맞으므로 우리는 나음을 받았도다."

그리스도를 믿는 자들은 예수의 죽음을 대리적인 희생자(참고. 고전 5:7; 히 9:28)로, 십자가형을 승천(참고. 요 12:32)으로 이해했고, 하나님의 사랑이 그의 십자가형과 죽음 안에서 드러났다고 생각했다. 당시 그리스도인들이 저술했던 새로운 문학 장르인 복음서들은 예수의 생애, 고난과 죽음에 관해서 알려주고 있다. 그것들은 예수의 수난과 죽음을 설명하고 해석해 주는 데 주안점으로 삼고, 그것과 관련해서 모든 사람을 위한

"기쁜 소식"(εὐαγγέλιον: 좋은 소식)은 하나님이 모든 사람을 구원하시고 모든 사람의 구원을 염원하신다는 것이다. 차차 시간이 지남에 따라 십자가형은 부활의 빛으로 해석되었다. 그리스도는 돌아가셨지만, 결국은 죽음을 이기셨다. 이미 바울에 의하면 예수는 "사망을 폐하셨다"(딤후 1:10).

예수의 죽음에서 부활은 초대 그리스도인들에게는 예수의 십자가형만큼이나 중요했다. 물론 십자가형과는 달리 부활은 역사적으로 이해될 수 없다. 우리는 신약성서의 정보만을 가지고 있고, 그 외 예수의 죽음 이후 그의 현현에 관한 가장 오래된 보고는 바울이 제공하는 정보이다(고전 15:3-6). 이것은 상이하게 해석되었고 해석되고 있다. 예수의 현현은 환시들로 설명될 수 있다. 환시들에는 죽음에서 어떤 실제적이고 육체적인 부활을 동반하는 것이 아니다. 근대 신학자들은 부활이란 예수의 사건이 지속되는 것이라는 의미로 설명했다(빌리 마르센Willi Marxsen, 도르트 죌레Dorothe Sölle). 하지만 계속해서 예수가 결코 십자가에서 죽지 않았다거나, 늙어서 죽었다거나, 다른 사람이 그를 대신하여 십자가에 못 박혀 죽었다는 가설을 늘어놓았다. 이슬람교도 역시 예수가 십자가에 못 박혀 죽지 않았다는 가설을 믿었다. 명확한 사실은 성서는 부활 혹은 일어나심을 두고 신체의 소생을 의미하는 것이 아니라 "잠자는 자의 첫 소산"(고전 15:20)으로서 신적인 영역 안에서 새로운 현존 방식으로 예수의 침입을 의미한다. 예를 들어 마치 유대인들과 그리스도인들 및 이슬람교도들이 모든 신앙인을 위한 그것을 죽음 이후 기대한 것처럼 말이다.

"그가 부활하셨다"라는 소식에 자극을 받아서 최초의 그리스도인들은 개인 가정집에서 모여 서로 예수의 삶과 죽음을 깊이 묵상했다. 그들은 말씀으로 자신들의 신앙을 전파하고 자신의 행위로 증거했다. 그리스도의 추종자 그룹(그리스도적인 공동체)이 예루살렘에서 형성되었고, 또한 팔레스타인의 다른 장소들에서도 형성되었다. 우리는 사마리아(Samaria)와 리다(Lydda: 오늘날 롯Lod)와 욥바(Joppe: 오늘날 자팟Jaffa)와 가이사렛(Cäsarea, 참고: 그림 2.1)에 초기 예수의 추종자들이 있었고 또한 시리아의 다멕섹(Damaskus, 참고: 그림 2.1)에도 있었다는 것을 알고 있다.

그들은 예수를 그리스도라 불렀고, 이런 칭호는 급속도로 하나의 별칭이 되었다. 그럼에도 40년 이후에야 비로소 먼저 당시 중요한 대도시인 시리아의 안디옥(Antichien, 참고: 그림 2.1), 오늘날 튀르키예(Türkei) 안에 있는 안티키예(Antakije)라고 지칭된 곳에서 외부 사람들은 예수의 추종자들을 그리스도인들이라고 칭했다. 이로써 하나의 새로운 종교가 탄생했고, 이 종교는 곧바로 확장되어 결국 세상을 점령하려 했다. 그리스도교는 2,000년 역사를 가지고 있고, 유대교보다는 어리고 이슬람보다는 오래됐지만 모든 종교 중 가장 중요한 종교가 되었다. 그리스도교는 오늘날 세계적으로 20억의 성도를 지닌 종교이다. 오늘날 모슬렘 교도들은 13억이고, 유대교인들은 1천 5백만이다. 이들과 비교하면 그리스도교의 규모를 가히 짐작할 수 있다.

초기 그리스도교를 자세히 살펴보면 그리스도교의 성과는 정말로 놀랍고 기적적인 일이다. 십자가에 죽임을 당한 한 사람을 추종하는 작은 무리에서 가장 커다란 세계 종교가 되었다. 성공의 비결은 이 종교의 내적인 요인과 더불어 그리스도교의 확장을 효과적으로 이루어지도록 했던 외부적인 요인들 안에 있다. 내적인 요인을 설명하는 일은 신학의 과제이고, 외부적인 요인들을 설명하는 일은 역사적인 과제이다. 교회사 영역은 바로 신학과 역사와 관련하고 있고 상호 관계들과 발전 상황들을 제시해 주는 것이다. 이 경우, 교회사 영역은 4세기 초부터 한 가지 사실, 즉 권력이 외부적인 요인들로 추가되었다는 것을 부인할 수 없다. 권력 중 폭력적인 권력 역시 그리스도교 확장에 영향을 주었고, 오늘날 그리스도교의 모습을 갖추도록 했다. 8세기와 9세기, 더 나아가 16세기와 17세기, 마찬가지로 19세기와 20세기 초를 고려해 볼 때 이것은 특히 명확한 사실이다. 오늘날 세계적으로 가장 성공한 종교라고 해도 그리스도교는 여전히 초대 그리스도교의 모습을 반영하고 있다. 다시 말해 폭넓은 성과들과 그것의 미래는 하나, 바로 내적인 요인을 여전히 의존하고 있다. 그리스도교의 시작 단계에서처럼 오늘날 역시 그리스도 인들은 다시금 가정 공동체로 모여 예수가 왜 그리고 무엇을 위해 죽으셨는지를 질문하고 있고, 말씀으로 그리스도인들의 신앙을 전하며 자신의 행위로 증거하고 있다.

그리스도교는 종교적인 다원성에 영향을 받은 세계에서 유대교의 특별한 형태로 발전했다. 종교적이든 제의적이든, 상당히 헬라적으로 진행되었던 로마제국은 어떤 통일된 종교를 가진 것이 아니라 다른 종교의 제의들이 로마제국의 풍속을 해치지 않은 한 최대한 서로 다른 종교적인 제의를 인정해 주었다. 그러므로 종교다원주의는 계몽주의에 영향을 받은 근대인들의 창안이 아니라 이미 고대 헬라인들과 로마인들에게는 극히 당연한 일이었다. 그리스도교는 고대 상황과 계몽주의 초 사이에 근본적인 차이가 있었다는 것만을 대답해 주어야 한다.

예수가 기인했던 유대교 역시 종교다원주의를 표방했다. 그리스도교가 발생했을 때 유대교는 어떤 통일된 종교가 아니었다. 서로 다른 흐름과 방향들이 있었고, 한편으로 예루살렘 성전은 희생제를 드리는 종교적인 제의의 중심지로, 다른 한편으로 회당들(헬라어: συναγωγή/

synagoge)은 낭독과 노래와 기도를 드렸던 종교적인 제의의 중심지로 역할을 했고 회당들에서는 희생제를 드리지 않았다. 회당 예배는 비약적으로 늘어났다. 특히 유대교는 전체 지중해 지역을 넘어 로마인들의 전체 점령지에 이르기까지 확장되었기 때문이다. 로마의 점령지는 1세기 동안 동방으로는 이집트(Ägypten)와 아르메니아(Armenien)와 크림반도(Krim)를 포함했고, 서방으로는 모로코(Marokko)에서 영국(England)까지 뻗어 나갔고 또한 퀼른(Köln)과 트리어(Trier)까지 확장되었다. 희생제는 예루살렘에서만 거행할 수 있었으나 대체로 회당은 강론 예배만을 드릴 수 있었다.

팔레스타인 지역의 유대교 안에는 사두개파(Sadduzäer)와 바리새파(Pharisäer)와 에세네파(Esener)와 제롯당(Zeloten)이 있었다. (다윗시대 대제사장 사독Zadok에 따라 명명된) 사두개파는 정치를 주도하는 그룹이었다. 그들의 종교적인 관심사는 예루살렘 성전과 그곳에서 행했던 희생제였다. 그와 반대로 바리새파는 일상의 경건한 삶에 커다란 가치를 두었고 그것을 중요하게 여기지 않았던 사람들과 구분된(히브리어פרשׁים/파라심) 삶을 살았다. 그들의 종교적인 관심사는 유대 율법과 하나님의 계명과 유대 전통 안에서의 그것들의 해석에 있었다. 에세네파(단어의 의미는 불확실하다)는 수적으로도, 역사적으로도 세력이 적었다. 그들은 소규모 공동체 안에서 엄격하게 금욕적으로 살았고 결혼하지 않았다. 오랫동안 추측 상 있었을 뿐, 심지어 그들이 20세기 50년대에 발굴된 사해 근처 놓여 있는 거주지 쿰란(Qumran)에 살았다는 것도 사실상 불투명하다. 하지만 이 거주지의 근처에 있는 몇몇 동굴들에서 1947~1956년 사이에 종교적인 문헌들이 발견되었고, 문헌들은 부분적으로 에세네파의 정신을 담고 있었다. 그들은 1세기 그곳을 떠났고, 아마도 로마인들(아래 참고)과 전쟁 협정 때문이었을 것이며, 그 결과 문헌들을 은닉했을 것이다. 제롯당(ζηλωτής: 열심당원)은 팔레스타인의 다른 종교적-정치적 그룹 중 가장 신생 그룹이었다. 그들은 바리새인들과 종교적으로 일치했고, 그럼에도 그들의 근본적인 관심은 로마인들을 향한 투쟁에 있었다. 66년에 그들은 군사 점령군을 향한 투쟁을 옹호했고, 이런 반란은 로마의 표현에 따라 "유대 전쟁기"(bellum Iudaicum)로서 역사로 진술되었으나, 70년 결국 유대인들의 패배와 성전의 파괴로 종결되었다. 유대 성전은 다시 세워지지 못했다.

유대인들은 단지 한 성전만을 소유했고, 헬라인들과 로마인들은 많은 성전을 소유했다. 헬라인들과 로마인들은 전통적 헬라와 로마의 신들을 알고 있었고 숭배했다. 그곳에서 헬라인들과 로마인들 사이에 문화적 융합이 이루어졌는데 신들의 성향들(Gottheiten)의 융합 또한 이루어졌다. 헬라의 최고신 제우스(Zeus)는 로마의 최고신 주피터(Jupiter)와 혼합되었다. 주피터는 "아버지"와 "왕"으로 숭배를 받았다. 주피터의 제의 장소는 로마 안에, 예컨대 카피톨 언덕(Kapitol)에 있었다. 여기서 원로들과 공직을 맡은 자들과 군인들은 그에게 제사를 지냈다. 주피터는 개인적인 경건에도 상당한 역할을 했다. 주피터/제우스 이외에도 서로 다른 영역들을 가진 많은 신들이 있었다. 마르스/아레스는 전쟁을 위해 필요했다. 비너스/아폴로는 사랑을 위해, 바쿠스/디오니소스는 포도주를 즐기는 데 필요했다.

로마 종교성의 가장 중요한 점은 황제 숭배였다. 황제는 죽음 이후 숭배를 받았다. 이것은 예수 당시 통치했던 아우구스투스(Augustus)에게 적용되었다. 원래 그는 가이우스 옥타비우스(Gaius Octavius)라고 불렸고, 그리스도 탄생 이전 27년에 그에게 부여한 명예로운 호칭인 아우구스투스(라틴어의 뜻: 존경을 받을만한 자)를 하나의 이름처럼 받았다. 주후 14년 죽음 이후 그는 로마 안에 특별하게 건립된 묘에 안장되었다. 로마인들의 각 도시에 놓여 있는 사원은 그의 영광을 위하여 건립되었고 조각상들이 세워졌다. 또한 유명한 아우구스투스 사원은 크로아티아(Kroatien)의 폴라(Pula) 지역에 세워졌다. 트리어(Trier)에서는 그를 신으로 숭배했다. 모젤강(Mosel) 근처 도시는 그의 이름을 따서 지었는데, 이 도시의 이름은 트레베인들이 거주하는 지역 아우구스투스시(Augusta treverorum)이다. 황제 숭배는 로마의 문화에 속했고 국가적인 차원에서 이루어졌다. 일반 평민은 의무화되지 않았으나 거기에 능동적으로 참여했다. 3세기의 중엽에 이르러서 비로소 이것은 다른 양상을 띠었다.

헬라인들과 로마인들은 사적으로 온갖 종류의 신들을 숭배했다. 모든 집 안에는 조각상들과 제단들이 있었고 제사를 지냈다. 또한 인간들은 그들의 조상들의 영혼을 숭배했다. 소위 말해서 밀의종교가 사랑을 받았다. 이것은 동호회처럼 조직되어 비공식적인 종교의식을 가진 비밀(헬라어 μυστήριον/미시테리온: 비밀) 종교들이었다. 특히 군인 중에는 "정복하기 어려운 자"로 찬양을 받았던 신 미트라스(Mithras) 밀교가 사랑을 받았다. 그는 한 바위에서 태어나 황소와 싸웠고 황소를 물리쳤다. 미트라스 밀교 공동체의 구성원이 되길 바랐던(고고학적으로 입증되었던) 자는 예컨대 트리어 안에 그 공동체가 있었던 것처럼 다양하고 때때로 특이하며 위험한 담력 테스트를 받아야 했다. 나중에 페르시아의 문화에서 로마제국으로 유입된 밀교는 태양 숭배였다. 태양신(sol) 역시 정복할 수 없었고(invictus), 그래서 또다시 미트라스와 동일시되고 연결될 수 있었다. 혼합주의(종교 혼합)는 고대 후기의 종교 문화에서 일반적이었다. 또한 개념 자체도 고대에 기원한다. 플루타고라스(Plutarch)에 따르면 혼합주의란 "크레타"(Kreta; 헬라어 Κρήτη) 출신 거주민과 "함께"(헬라어 σύν/syn) 이것을 지키는 것, 예컨대 외부로부터 다가오는 적을 향해 서로 싸워 함께 지켜낸다는 의미이다. 이것은 종교적인 혼합주의에서 서로 다르고 대립적인 종교들을 연합시키려는 외형상의 적대 관계를 말하는 것이 아니라, 서로 다른 매력적인 종교의식에서 선택적으로 결정하지 않아도 된다는 바람이다.

고대 로마제국의 철학자들 역시 종교적인 특징을 발전시켰다. 특히 여기에는 플라톤주의가 있는데, 이 플라톤주의는 기원전 4세기에 가르쳤던 플라톤과 위대한 철학자들이 관련한 철학이다. 세기가 진행됨에 따라 플라톤주의는 계속해서 발전되었고 변화되었으며 점차 종교성이 강조되었다. 시기에 따라 이것을 중기 플라톤주의(예수 탄생 이전 1세기에서 예수 탄생 이후 3세기까지)라고, 이어서 신플라톤주의(예수 탄생 이후 3~6세기)라고 부른다. 초대 그리스도교의 학자 대부분뿐만 아니라 나중의 학자들도 새로운 형태의 플라톤주의에 영향을 받았다. 그 외에도 스토아 철학이 있었고, 이것은 엄격하게 윤리적인 경향을 지니고 있었다. 견유학파들(Kyniker)은 금욕적인 이상들을 대변했고 동시에 개인적 생활 태도에 불공정한 침입을 하는 관습들이나 법률들을 거부했다. 하나의 철학적 방향에서와 마찬가지로 다른 철학적인 방향에서 빌려오는 것 또한 헬라와 로마의 학자들에게 사랑받았다. 우리는 이런 종류의 학문성을 철학 절충주의(헬라어 ἐκλέγειν/에크레게인: 선택하다)라고 부른다. 철학의 절충주의는 종교영역의 종교다원주의와 상응한다. 두 영역은 자유와 개방성과 관용의 표현이었다.

그리스도교는 종교 다원적인 문화 안에서 시작되었으나 이런 다원주

의와 맞섰으며, 그리스도교는 4세기를 지나는 과정에서 권력을 이용할
수 있게 된 후 다원주의를 압박했고 또한 국가 권력으로도 다원주의를
압박했다. 그리스도교는 380년 국가 종교가 되었다. 종교적인 통일성을
위한 경계 확장을 하려는 시도 과정에서 388/89년 칼리니콘(Kallinikon)
과 유브라테스(Euphrat) 강변 지역의 회당들을 파괴했고, 425년 알렉산
드리아(Alexandrien)에서 신플라톤주의 여성 철학자인 히파티아(Hypa-
tia)를 살해했으며, 529년 아테네 "아카데미"이자 신플라톤주의 중심지
의 폐쇄로 이어졌다.

그리스도교는 시작부터 이미 자체적으로도 다원적이었다. 그리스도
인들의 일치는 한 분이신 주님과 하나의 신앙과 하나의 세례를 통해서
제공되었다(참고. 엡 4:5). 하지만 처음부터 다양한 그리스도론자와 신학
자들이 있었고 어떤 신학적 구심점도 없었으므로, 전권을 가졌던 유일한
사람이 있을 리가 없었다. 네 복음서 유지 안에서 교회 내의(innerreli-
giöse) 다원주의가 나타나 있었다. 복음서 중 어떤 특정한 복음서가
예수의 죽음과 삶에 관해서 전한 것이 아니라 네 복음서는 다양한 방법으
로 그것에 관해서 전해주고, 서로 다른 진행 과정으로, 서로 다른 세부적
인 사건으로, 서로 다른 의미로 전해주고 있다. 그럼에도 그리스도가
국가 권력과 깊은 관계를 맺기 전 이미 그리스도교는 교회 내의 다원주의
에 맞섰고 억압했다. 종교 통일을 진행하는 과정에서 2세기 경계석
(Wegmarke)으로 신약성서의 정경 형성이 이루어졌고, 3세기의 신앙고
백을 형성했다. 물론 이 둘은 진행 과정이었을 뿐 제한된 장소나 시기에
이루어질 수 있었던 공시적인 결정은 아니었다. 이와 반대로 325년,
381년과 451년 구체적인 결정들이 정해진 장소들에서 이루어졌고,
그리스도교는 이런 결정들을 지속해서 규범화해 나가고 규정했다. 325

년 니케아(Nicäa)에서는 하나님의 아들의 동일성을 결정했고, 381년 콘스탄티노플(Konstantinopel)에서는 성령의 신성을 결정했으며, 451년 칼케톤(Chalcedon)에서는 예수 그리스도(Jesus Christus)가 하나님이자 동시에 인간이셨다는 교리를 결정했다. 누구든 이런 핵심적이고 신학적인 가르침들에서 이탈했던 자는 이단의 선생으로 간주하였고, 교회(religöse) 공동체에서 추방당했으며, 때때로 죽임을 당했다.

근대에 들어서야 비로소 그리스도교는 교회 내의 다원주의로 회귀했고 종교 다원주의적인 문화 안에 사는 것을 다시 가르치고 있다. 두 경우 그리스도교는 의식적으로 다원주의를 선택했던 것이 아니라 다원주의는 외부로부터 유입되었고, 최종적으로는 계몽주의의 이상들과 근본적인 변화를 통해서 이루어졌으며, 그리스도교는 다원주의를 받아들여 가며 점차 난관을 극복했다. 개신교주의(Protestantismus)의 이런 진행 과정은 이미 18세기에 시작했다. 그와 반대로 로마 가톨릭교회는 종교 자유를 인정하면서 1965년에야 비로소 공식적으로 외부 종교의 다원주의를 인정했다. 하지만 로마 가톨릭교회는 그리스도교 내의 종교 다원주의를 오늘날까지 긍정한다고 생각할 수는 없다.

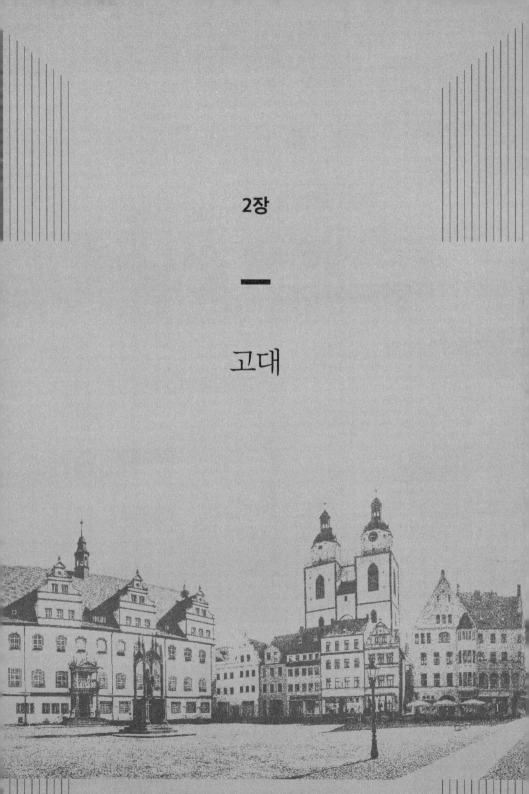

2장

고대

I. 고대 교회 역사 개관

로마인들이 세상을 통치했을 때 그리스도교는 발생했다. 그러나 이것은 로마인들의 종교가 아니라 유대교의 모태에서 이루어졌다. 예수는 유대인이었고 초대 그리스도인들은 유대인들이었으며, 유대인들은 예수의 죽음 이후 그를 그리스도라 칭했고 숭배했다. 이것은 황제 티베리우스(Tiberius)의 시대, 오늘날 시간상으로 1세기 40년대에 이루어졌다. 하지만 예수의 탄생을 기점으로 연도를 추정하는 그리스도교의 시대 계산은 8세기에 기원한다. 그리스도교는 예루살렘에서 시작했으나 급속도로 로마령에 속한 팔레스타인의 다른 장소에서 기틀을 잡았고 40년경 이미 로마의 대도시 안디옥에서 그리스도인들이 있었다. 여기서 그리스도교를 믿지 않은 사람들이 최초로 예수의 추종자들을 그리스도인으로서 칭한 후(참고. 행 11:26), 타향에서 빠른 속도로 자신들의 칭호가 되었다. 그리스도교라는 새로운 종교의 칭호 역시 특히 2세기 초 안디옥에서 나왔다.

알 아 두 기

> 역사의 "시대구분"으로서의 "고대"
>
> 역사란 세대로 구분되고, 교회사 역시 그렇다. 시대를 세대라 부르고 시대들은 분명한 공통점을 통해서 앞선 시대와 후대를 구분했다. 고대는 헬라-로마 세계에 의해서 지배되는 시대였고 주후 1100년부터 600년 전까지 다다랐다. 고대의 교회사 대신에 또한 고대 교회 역사 혹은 고대 교회의 역사라고 칭한다.

예루살렘에서 안디옥을 향하는 과정에서 그리스도교는 급속도로 비유대적인 사람들 가운데서 터를 잡았다. 그리스도교는 유대인이 아닌 로마인들과 헬라인들에게 상당히 매력적이었다. 그들은 부분적으로 이미 오래전부터 유대적인 종교와 그것의 명확한 유일신론과 엄격한 윤리성에 매료되어 있었기 때문이다. 그들은 그리스도교를 간소화된 유대교로 생각했던 것 같다. 예컨대 그리스도교는 남성들에게 입문 의식으로 진행했던 할례를 포기했고, 비유대적인 추종자들이 전통적인 유대 음식 규례를 지키는 것을 포기했다. 다시 말해 그리스도교는 돼지고기를 먹는 것을 금지하는 것과 요리와 식사에서 우유와 고기를 철저히 구분하는 일을 포기했다. 누구든 그리스도인이 되길 바라는 자는 오로지 예수를 그리스도로 고백하도록 신앙을 가르쳤으며 이어서 세례를 받게 했다. 이렇듯 그리스도교는 단순했다.

그리스도인들 자체는 자신들의 신앙 안에서 유대교를 보았다. 그들의 편에서는 유대교는 세상의 관심을 가졌고 비유대적인 성향을 표방하는 것으로 보였다. 이때부터 유대인들의 배타적인 하나님이 아니라 모든 민족을 위한 보편적인 하나님이 되었다. 그리고 그리스도인들은 반유대인들 가운데 이 소식을 전하는 것을 의무로 여겼다. 따라서 그리스도인들은 예수의 죽음 이후 얼마 되지 않아 그들의 신앙의 전파를 위해 역동적으로 애를 썼고 선교사들을 파송했다. 선교사 중 몇몇은 주도적인 자리를 차지했고 예수의 직접적인 위임을 받도록 부름을 받았다. 그들은 사도라 불렸다. 초창기에는 그중 여성들도 있었는데, 성경이 기록한 유니아(Junia, 행 16:7)이다. 가장 중요한 인물로 알려진 사도는 다소(Tarsus) 출신의 유대인인 바울(Paulus)이다(참고: 그림 2.1). 다소는 튀르키예로 지중해 연안에 있는 도시다. 바울은 사도이고 동시에 그리스도교의 최초

신학자였다. 그는 성서적으로, 철학적으로, 수사학적으로 교육을 받은 남성이었고, 이성을 수단으로 그리스도교 신앙을 정립했고, 신앙을 이성적으로 정리하려고 노력했다. 그의 특별한 신학은 하나님(헬라어 θεός/테오스)에 관한 이성적이고 동시에 신앙적인 반성과 가르침(헬라어 λόγος/로고스)이고, 보편적으로는 종교적인 질문이다.

비유대인들을 위한 개방은 성공적이었다. 몇십 년 이후 이미 비유대인들이 그리스도교 안에서 유대인들보다 더 지배적이었고, 그리스도교는 유대적인 모 종교와 멀어졌다. 또한 주변에서는 그리스도교를 더는 유대교의 특수한 형태로 생각하지 않았고 어떤 독특한 것, 새로운 것으로 생각했다. 이 때문에 그리스도인들은 어쩔 수 없이 자신들의 보호처를 잃어버렸다. 로마 사회에서 유대교는 용인되었고 승인되었지만, 유대교에서 벗어난 그리스도교는 그렇지 못했다. 고대의 사람들은 새로운 것들에 대해서 의심의 눈초리를 가졌고, 새로운 종교는 점차 선입견과 의심을 받게 되면서 불화와 박해를 낳았다.

주목할 만한 최초의 그리스도교를 향한 박해는 황제 네로(Nero)의 통치 때 이루어졌다. 당시 로마에서 대화재가 일어났고, 백성은 방화를 냈던 자를 황제로 의심했다. 이를 타개하기 위해 네로는 불공정하게 그리스도인들에게 죄를 뒤집어씌웠고 그들을 박해했다. 이때 수많은 그리스도인이 죽었다. 특히 추측건대 바울 역시도 순교자로, 신앙 고백자로 죽었다. 예컨대 그들은 그들의 신앙을 죽음으로 증거를 삼았던 사람들(헬라어 μάρτυς: 증인)이었다.

이어지는 세대에서도 계속해서 박해가 있었다. 하지만 박해는 대체로 지엽적인 특징을 지녔고 비그리스도인들을 중심으로 박해가 일어났다. 2세기 초 황제 트라얀(Trajan)은 그리스도인들과의 교제를 위한 법적인 근거를 제공했다. 그는 그리스도교에 속할 때는 형벌을 받을 수 있다는 법을 제정했지만, 의도적으로 그리스도인들을 색출하려고 하지 않았고 익명의 고소들은 인정하지 않았다. 그럼에도 이런 법을 근거해서 2세기에 상당히 중요한 그리스도인들이 순교를 당했다. 그렇다고 해서 산발적인 탄압 정책이 그리스도교를 약화시키지는 못했다. 도리어 많은 비그리스도인은 그리스도인들의 행동에 감탄을 금치 못했고 비로소 이 새로운 종교에 관심을 드러냈다.

그리스도인들은 자기 자신들을 무력으로서가 아니라 말씀으로 방어하면서 박해에 대처해 나갔다. 2세기 철학적으로 교육을 받은 그리스도인들은 다양하게 집필했고, 황제와 로마 민중을 향한 변증서를 통해 그리스도교적인 신앙을 변론했으며, 그리스도교에 대한 잘못된 이해로 나온 모든 모함에서 벗어나려고 애썼다. 이런 변증들의 저자들에 의해서 변증가라는 개념은 널리 통용되어 나갔다. 2세기 가장 유명한 변증가는 팔레스타인 지역 나불루스(Nabulus)에서 태어난 헬라 철학자 유스틴(Justin)이다. 그는 나이가 들어 그리스도인이 된 후 순교자로 죽었다.

1, 2세기의 박해들은 그리스도인들이 3, 4세기에 고통을 받았던 것과 비교하면 악의적이지 않았다. 3, 4세기 탄압 정책들은 백성의 차원에서가 아니라 황제의 차원에서 일어났다. 이때 이것은 지엽적 행동이 아니라 전 제국적인 행동이었다. 제국의 정치적이고 경제적인 상황이 어렵게 되자, 차이는 있지만 황제들은 신들로 죽었던 황제 숭배와 전통적인 로마 종교들의 부흥을 통해서 제국의 새로운 부흥기를 주도했다. 이런 이유에서 3세기 중반 유대인들을 제외하고는 모든 제국의 거주민들은 신들에게 제의를 드리는 것을 의무화했다. 그리스도인들은 커다란 곤경에 빠졌다. 로마의 희생제 거부는 형벌을 받았고, 최악의 경우 죽음

으로 형벌을 대신했기 때문이다. 다시금 많은 그리스도인은 순교자로 죽었다. 3세기 말과 4세기 초 새로운 희생제 훈령이 내려졌는데, 이것은 그리스도인들을 확인하여 근절시키려는 의도가 깊었다. 가장 악랄한 박해는 황제 디오클레티안(Diokletian) 통치 때 그리스도인들에게 일어났다. 그는 경제적이고 군사적인 정책들을 통해서 내외적으로 제국을 강화하는 데 힘썼다.

3, 4세기의 박해 역시 목적에 부합한 성공을 거두지 못했다. 반대로 그리스도교는 점점 더 확장해 나갔다. 그리스도인들의 수는 증가했고 신학 작업 역시 비약적으로 발전했다. 먼저 변증가들에 의한 2세기 말엽에 있었던 활동의 의미와 더불어 이 시기에는 후일에도 읽히고 토론되었던 신학자들이 활동하기 시작했다. 그들은 교부로 칭해졌다. 3세기 가장 위대한 교부이자 알렉산드리아 출신이지만 팔레스타인 가이사랴(Cäsarea)에서 활동했던 오리게네스(Origenes)는 가이사랴에서 신학교를 설립했다. 그는 성서 해석자로 활동했고 또한 최초로 히브리어 구약성서의 텍스트를 비판적으로 연구했다. 그 외에도 그는 최초의 신학자로 그리스도교적인 신앙의 가르침의 포괄적인 개괄을 저술하는 동시에 교리학에 획기적인 영향을 미쳤다. 오리게네스는 그리스도교 신앙을 이유로 체포되어 고통스러운 고문을 받아 죽음을 맞이했다.

박해 기간의 끝에는 황제 콘스탄틴(Konstantin)이 있었다. 그는 306년 제국의 작은 일부 지역을 다스렸지만 324년부터 제국의 유일한 통치자가 되었다. 콘스탄틴은 "지지 않은 태양신"(sol invictus)의 추종자였으나 312년 로마의 입구에서 벌어진 전쟁에서 예상치 못한 승리를 하게 되면서 그리스도인들의 하나님께 관심을 가졌으며 337년 죽기 얼마 전 세례를 받았다. 콘스탄틴은 박해가 끝나도록 이끌었을 뿐만 아니라 그리스도교를 촉진하기 시작했다. 예컨대 그 촉진은 커다란 교회의 건축에서 드러난다. 하지만 콘스탄틴은 계속해서 비그리스도교적인 종교들 역시 인정해 주었다. 그리스도교는 황제 테오도시우스(Theodosius) 통치에 이르러서야 비로소 380년 국가 종교가 되었다. 제국의 백성들은 유대인들을 제외하고는 그리스도교 신앙을 갖도록 의무화되었다.

그리스도인들의 외부적인 상황이 좋아졌지만, 내적인 상황은 도리어 더 어려워졌다. 그리스도인들은 신학적인 견해들로 인해 서로 다투었고 서로 논쟁했다. 주요 논쟁점은 예수에 관한 것이었다. 예수 죽음 이전 몇 해 동안 이미 많은 그리스도인은 예수 안에서 하나님의 선택을 받은 탁월하고 특별한 인간을 보았을 뿐만 아니라 천상에서 지상으로 오셨던 신적 본질, 예컨대 하나님 자신을 보았다. 이로써 그리스도인들이 두 신을 숭배하는지, 한 하나님을 섬기는 것인지의 문제가 해결되어야 했다. 근본적으로 그리스도인들은 유대의 유일신론을 유지하길 원했지만, 이제 하나님을 예수 그리스도 없이 생각할 수는 없었다. 상당히 많은 신학자가 하나님의 통일성과 다양성을 어떻게 생각할 수 있는지 다양한 모델들을 제시했다. 황제 콘스탄틴은 그리스도인들이 이 논쟁으로 나누어지는 것을 싫어했다. 따라서 보스포러스(Bosporus) 해협 근처에 있었던 도시 니케아(Nicäa)에서 커다란 교회 회의를 소집했다. 325년 그곳에서 처음으로 공의회, 다시 말해 모든 그리스도교 공동체 대표자들의 회의가 열렸다. 여기서 하나님의 아들 예수 그리스도가 아버지 하나님과 동일한 하나님이라고 결정되었다. 핵심어는 "동일본질"(wesenseins)이었다.

그러나 하나님의 아들의 동일본질성이 하나님으로 정의되었던 반면에, 성령의 신성에 관한 질문이 남아 있었다. 계속해서 논쟁들이 있었고 이후 381년 콘스탄틴이 건립했던 새 도시이자 보스포러스 해협 근처 주요 도시인 콘스탄티노플(Konstanopel)에서 또다시 새로운 공의회가 열렸다. 공의회는 마태복음 28장 19절을 근거로 신약성서의 삼위일체론적인 형태를 고려해서 성령을 신앙고백 안에 포함했다. 그리스도처럼 성령을 "주님"으로 칭했다. 이로써 그리스도교는 "삼위일체론", 예컨대 하나님의 삼위성에 관한 가르침을 의무화했고, 이것은 그리스도교와 유일신론을 유지했던 유대교와 이슬람을 오늘날까지 구분해 주었으며 이 두 종교는 엄격하게 유일신론을 유지했다.

4세기에 와서 신학의 새로운 비약적인 발전은 신학적 논쟁들을 동반했고, 헬라의 동방에서 라틴의 서방으로 신학 작업의 이동이 이루어졌다. 여기에는 신학자 암브로시우스(Ambrosius)와 아우구스티누스(Augustinus)가 있다. 암브로시우스는 밀란(Mailand)에서 활동했고, 아우구스티누스는 북아프리카에서 활동했다. 둘은 그들의 시대에 영향을 미쳤고, 중세에 들어와서도 여전히 존경을 받았으며, 그들의 저서는 읽혔다.

예수 그리스도의 신성이 정의되었지만, 그럼에도 어떻게 한 인간이 동시에 하나님이 되실 수 있고, 하나님이 동시에 인간이 되실 수 있는가라는 질문과 토론으로 이어졌고 또한 이것에 관한 격렬한 논쟁이 일어났다. 이를 위해 소아시아 보스포러스 해변에 위치했던 칼케톤(Chalcedon)에서 공의회가 개최되었고 양성론이 결정되었다. 예수 그리스도는 두 본성, 곧 신적인 본성과 인간적인 본성을 가졌고, 그는 "참된 하나님"이시고 "참된 인간"이시다.

핵 심 포 인 트

고대에는

— 동방이 그리스도교의 중심지였다.

— 헬라어가 그리스도교의 중심 언어였다.

— 로마제국은 외형상 그리스도교의 기초를 형성했다.

— 그리스도를 본받아 신앙의 세례가 이루어졌다.

— 그리스도교는 도시의 종교였다.

— 문화는 여전히 통일되지 않았고 그리스도교적으로 닫혀 있었다.

— 그리스도교는 박해받은 소수 종교에서 국가 종교로 변경되었다.

— 선택적인 종교로서 유대교와 다양한 문화는 그리스도교와 대치했다.

— 감독들과 독립적인 스승들의 신학이 전개되었고 가르쳐졌다.

— 신학은 무엇보다 신론과 그리스도론에 전념을 다했다.

— 예수 그리스도는 우선 죽음을 이기셨던 자로서 생각되었다.

— 그리스도인의 실존의 급진적인 형태로서 수도원주의가 발생했다.

— 많은 수의 모든 공동체는 개교회의 감독이 있었다.

— 감독들은 교회 권력의 소유자였지 정치권력의 소유자가 아니었다.

— 로마(Rom)와 그 감독은 이때도 특별한 의미를 지녔다.

　　일부 사람들이 신학적인 질문들로 논쟁했던 반면에, 또 일부 다른 사람들은 올바르고 철저한 그리스도교의 삶에 관한 질문을 했다. 4세기와 5세기에 그리스도교 수도원주의, 즉 그리스도교의 실존의 특별한 형태가 발생했고, 이 형태는 고독한 삶과 금욕 생활을 강조했다. 광야에서 거주하고 생활하며 하나님과의 친밀함을 경험하려고 이집트의 그리스도인들이 광야로 떠난 것은 이미 3세기 하반기에 시작되었다. 나중에 그런 거주자들은 공동생활을 했다. 그러면서 곧 수도원이 생겨났고, 그곳에서 수도사들은 공동으로 통일된 지도와 규칙들에 따라 살았다.

북아프리카와 동방의 광야들에서 발생한 수도원주의는 급속도로 로마 제국 전체로 확장되었다. 이미 4세기 하반기에 입증된 바에 따르면 수도 사들이 트리어(Trier)에도 있었다. 한 사람, 중부 이탈리아 안에 있는 누루시아(Nursia) 출신의 베네딕트(Benedikt)가 서방 수도원주의에 영향을 미쳤다. 그는 5세기에서 6세기의 전환기에 살았고, 베네딕트수도원 규칙서와 함께 수도원주의의 형태를 만들었다. 이 형태는 현재까지 유지되어 오면서 700개의 베네딕트수도원이 독일에 현존하고 있다.

600년경 로마 감독이었던 그레고리(Gregor)는 이런 선택적 삶의 방식의 커다란 촉진자였다. 그 역시 아우구스티누스와 암브로시우스와 같은 서방 그리스도교의 위대하고 영향력 있는 신학자 중 한 사람이다. 게다가 우리는 그를 최초의 교황이라 부를 수 있다. 교황은 원래 로마의 감독만을 일컫는 말이다. 그래서 교황들이 세상의 그리스도교를 대표하고 이끈다는 권리가 요구된 건 아니었다. 초창기 그리스도교에서 로마의 감독들은 그다지 중요한 위치를 차지하지 않았다. 안디옥과 알렉산드리아의 감독들과 콘스탄티노플의 감독이 더 저명하고 영향력이 있었다. 그러나 점차 로마는 영향력과 중요성을 획득해 갔고, 실제로 최초의 위대한 인물 그레고리가 로마 감독 자리에 앉았다. 그는 오랜 세기 동안 읽혀 온 신학적이고 경건한 작품들을 저술했고, 교회에도 영향력이 있었으며, 그의 도시와 이탈리아의 정치적인 면에서도 큰 영향력을 행사했다.

세월이 흐르면서 그레고리의 정치적인 중요성이 추락했다. 반면에 로마의 교회적인 중요성은 성장했다. 콘스탄틴 이후 황제들은 더 이상 로마에서가 아니라 동방의 새로운 중심지들에서 제국을 통치했다. 5세기 초 게르만 민족들은 최초로 이탈리아에 유입되었고 예전의 중요한 도시를 황폐하게 만들었다. 게르만 민족들이 계속해서 이탈리아로 들어

오자 민족의 대이동이라는 테두리에서 원인은 불명확하지만 북동부 유럽에서 남서유럽으로 많은 민족의 대이동이 이어졌다. 동방의 로마인 들이 게르만 민족들을 맞서 새로운 수도인 콘스탄티노플을 지킬 수 있었 지만, 서로마제국 지역은 몰락했다.

로마의 멸망으로 고대는 끝났고, 이로써 초대 그리스도교의 커다란 격변기도 끝이 났다. 새롭고 독창적인 발전은 이어졌고, 이 발전들은 서방 그리스도인들의 사상과 삶이 계속해서 초대 기독교의 출발에서 멀어져 가는 결과를 낳았다.

동방의 그리스도교 제국에서는 여전히 초대 그리스도교의 사유 방식 과 삶의 방식이 유지되었다. 헬라와 소아시아와 동방의 교회들은 이 때문에 정교회라 칭해졌고, 이 교회들에서 그리스도교의 초기 형태를 오늘날에도 우리는 만날 수 있다. 이것은 그리스도교 초기 형태가 진실하 고 올바른(헬라어 ὀρθός/오르토스: 곧바로, 올바른; δοκῖν/도케인: 믿는다) 형태라는 판단과 관련되어 있다.

동방에서는 정치적인 변동이 일어났다. 콘스탄틴처럼 "대"라는 별칭 을 가졌던 테오도시우스(Theodosius) 황제 이후 6세기 유스티안 1세 (Justinian I)도 중요한 황제 위치를 차지했다. 그는 이탈리아의 넓은 지역을 다스렸고 거주지를 라벤나(Ravenna)로 확장했는데, 오늘날에 도 남아 있는 많은 건축물이 이를 증명한다. 콘스탄티노플에서 그는 성 소피아(Hagio Sophia: 거룩한 지혜) 대성당을 건립했다. 그 밖에도 그는 로마법을 편찬했고 "유스티아누스 법령"(Codex Iustinianus)은 중세에 전해졌다. 이후에 아랍인들과 십자군 그리고 튀르키예인들은 동로마제 국, 곧 비잔틴제국을 위협했고 1453년 결국 제국은 몰락했다.

II. 고대 교회사의 주요 주제들

1. 유대 그리스도인들과 이방 그리스도인들

예수가 유대인이었듯 최초의 그리스도인들도 유대인이었다. 우리는 예수에 관해서 역사적으로 엄격하게 고증할 수 있는 많은 자료를 갖고 있지 않다. 하지만 그가 생존했고 그의 실존이 창작되었거나 만들어지지 않았다는 사실은 틀림없다. 또한 그가 유대인이자 스스로 유대인이라고 생각했던 점 역시 전혀 의심의 여지가 없다. 그의 추종자들 가운데는 남성들도 여성들도 있었다. 그들 모두는 유대인이었다. 물론 팔레스타인 출신이고 아람어를 사용했던 유대인들도 있었다. 로마제국에 속해 있는 도시 중에 어떤 한 곳에 살고 헬라어(혹은 라틴어)를 사용했던 유대인들도 있었다. 히브리어는 오로지 예배에서만 사용되었고, 아람어는 히브리어와 함께 사용되었다. 예수의 추종자 중 아람어를 사용하는 유대인들은 "히브리인"이라고, 헬라어를 사용하는 유대인들은 "헬라인"이라고 불렸다. 두 그룹은 유대 율법과 유대 성전을 대하는 태도에서 서로 사뭇 달랐고 성서를 해석하는 방법에서도 차이가 있었다. 일반적으로 팔레스타인의 유대인들은 헬라 유대인들보다 더 보수적이었다.

알 아 두 기

> 유대인
>
> 유대인은 예수와 고대 교회 당시에는 이미 자체적이고 주권을 소유한 국가를

가지지 못했던 이스라엘 민족의 후예들이었다. 그들은 자신들의 옛 수도인 예루살렘 안에 종교적인 중심지를 가졌고, 기원후 70년까지 있었다. 그러나 다수 유대인은 지중해 연안 전 지역과 동방에 흩어져 살았다. 그러면서도 그들은 민족 소속과 종교 소속은 유지했다. 한 사람이 유대인으로 태어남과 동시에 그는 유대교에 입문했다. 종교적 유대교는 통일성이 없었다. 성서는 상호 관련하고 있었으나 희생제를 드리는 성전 제의는 더 이상 모든 종교적인 관심의 중심에 있지 않았다. 바리새인파는 지역 기도처, 예컨대 회당에서 말씀 예배를 드렸다. 오늘날 유대교는 이런 바리새인 방향에 기초하고 있다. 어머니(母)의 딸이 태어나고 딸은 어미를 떠나 이사를 한 후 또다시 엄청난 성장을 했고 변화가 일어났는데도 그리스도교와 유대교 사이의 명확한 모녀 관계는 유지되었다. 그러나 처음에는 유대교가 자매인 그리스도교를 박해했고, 나중에는 지속해서 자매인 그리스도교가 유대교를 박해했다.

그리스도인 중 세상과 다방면에 개방적이고 지역을 초월하여 네트워크를 형성했던 헬라인들은 선교의 임무를 수행했다. 비유대인들을 향해 가서 그리스도교적인 신앙을 전해주고 그리스도인이 되는 과정을 가볍게 해 주려는 준비 역시 그들의 개방적인 태도와 상응했다. 근본적인 논점으로 할례의 포기가 이에 속했다. 유대인이 되길 원했던 남성 비유대인들은 할례를 받아야만 했고, 그리스도인이 되길 원했던 비유대인들은 그럴 필요가 없었다. 할례는 유대교에 관심이 있었던 자들에게도 인기가 없었다. 그것은 고통스러웠을 뿐만 아니라 동시에 비유대인들에게 조롱거리가 되었기 때문이다. 그리스도교는 그런 그들에게 유대교의 불편을 감수하지 않고도 매력적인 유대교에 참여할 가능성을 제공했다. 입문 의식은 세례로 충분했다. 세례는 예수를 믿는 믿음으로 다가선 자가 흐르는 물 아래로 세 번 잠수하는 행위이다. 후에는 이걸 대신해서 예수의 이름으로 물을 머리에 끼얹었다. 세례는 정결한 의식으로 이해되었고 죄의 용서 역할을 했다. 그 밖에도 세례는 믿는 자들에게 성령을 수여했다. 그리스도인들은 처음부터 오늘에 이르기까지 모든 그리스도인을 연결하는 성례전(Sakrament: 구원을 전달해 주는 행위)인 세례를 실용화했다. 세례는 세례 요한에게 예수가 세례를 받았던 사건과 깊이 관련이 있다. 하지만 예수 자신과 그의 제자들은 생애 동안 세례를 실용화하지 않았다.

핵 심 포 인 트

> 예수는 유대인이었고 그의 추종자들도 유대인들이었다. 그러니까 최초의 그리스도인들은 유대인들이었다. 그런데 빠른 속도로 비유대인들(이교도들)이 그리스도인들이 되었고 수적으로 늘어나면서 그리스도인 중의 유대인들을 압도했다. 그러면서 그리스도 제국의 많은 유대적인 요소들이 제거되었다.

그리스도교의 선포는 유대교에 근접해 있었고 회당과 접촉했던 헬라인들과 로마인들 사이에 빠르게 괄목할 만한 성과를 거두었다. 유대인들은 예수가 대망했던 메시아였고, 그러므로 새로운 시대 혹은 시대의 종말이 도래했다는 그리스도인들의 선포를 조심스럽게 혹은 부분적으로나 적대적으로 반응했던 반면에, 비유대인들은 큰 무리가 새로운 신앙으로 받아들였다. 그리스도교 공동체들은 주로 소아시아의 도시에서 많이 발생했고 그리스에서, 더 나아가 이집트의 알렉산드리아와 로마에서까지 발생했다. 대부분의 공동체 안에서 비유대인 그리스도인들이 지배적이었고, (부정적인 함의 없이) 그들은 또한 이교도 그리스도인들로 칭해졌다. 곧이어 중요한 신학자들이 등장했다. 안디옥의 이그나티우스(Ignatius von Antiochien)는 변증가 유스틴(Justin)과 교부 오리게네스(Origenes)와 마찬가지로 이교도 그리스도인이다.

유대인들과 관련했던 두 가지 정치적인 전환기 역시 유대 그리스도인들의 상황을 어렵게 했다. 66년에 팔레스타인 유대인들은 로마에 대항하여 봉기를 일으켰고, 그 봉기는 예루살렘 성전 파괴(70년)를 필두로 하여 73/74년 완전한 패배로 끝났다. 그리스도인들은 이런 반란에 참여하지 않았지만, 패배의 결과를 감내해야 했다. 유대 그리스도인들은 연대 의식이 부족하다는 이유로 그들의 민족에게 적대시되었고 성전의 손실 역시 영향을 미쳤다. 그들 민족의 거룩성은 유대 그리스도인들에게도 계속해서 중요했기 때문이다. 132~135년 바코크바(Bar Kochba: 아람어로 별의 아들이라는 뜻)라고 불렸던 지도자의 주도 아래 두 번째, 이때 명확하게 메시아적으로 고취되었던 유대 봉기가 일어났고, 그는 구원을 가져다줄 자로 추앙받았다. 이 봉기에도 그리스도인들은 참여하지 않았고, 그것은 봉기를 일으킨 유대인들의 편에서는 반그리스도교적인 정서로 이어졌다. 다시 로마인들은 우위를 지켰고 봉기를 진압했다. 이어서 로마는 예루살렘을 이교도의 도시로 바꾸었고 모든 유대인과 유대 그리스도인들이 그 도시에 체류하는 것을 금지했다. 그러면서 예루살렘 안에는 더 이상 유대 그리스도교 공동체가 남아 있지 않았고 그리스도교의 원시 공동체는 몰락했다. 예루살렘은 수 세기가 지나고 나서야 고대의 의미를 다시 회복했다.

유대교의 정치적이고 종교적인 대재난은 유대 그리스도인들도 영향을 받았고 동시에 그리스도교 내부에서도 점차 외곽으로 밀려났다. 하지만 그들 스스로도 다른 그리스도인들과 거리를 두었고 자기들만의 길을 걸었다. 유대 그리스도인들은 할례를 고집했고, 계속해서 그리스도의 부활의 날로서 주일 말고도 토요일(Sabbat)을 안식일로 지켰다. 일부는 대부분의 이교도 그리스도인들처럼 예수를 하늘에서 땅으로 내려오셨던 하나님의 아들이 아니라 세례 때 하나님에 의해서 선택되고 직무로 구분된 인간으로 보았다. 이방인 출신 그리스도인들은 그런 유대 그리스도인들을 그리스도교의 본질적인 가르침을 왜곡하는 자들이자 문외한 자들이자 잘못된 선생들로 보았다. 그리스도교가 이미 처음부터 유대교와 얼마간 거리를 두었던 이후 그리스도교는 예수를 믿는 유대인과도 자신의 진영에서 거리를 유지했다. 2세기 말경 최초의 교부 중 한 사람인 리옹(Lyon)에서 주교로 활동한 이레니우스(Irenäus)는 유대 그리스도인들을 다음과 같이 표현했다.

유대 그리스도인들은 유일하게 마태복음을 이용하고 사도 바울을 비난했고, 그들은 율법을 거부하는 자로서 바울을 진술한다. 또한 그들은 할례를 받고, 율법의 규정처럼 관습들을 고수하며, 하나님의 거처로 예루살렘에 경의를 표한 것처럼 유대적인 삶의 방식을 고수한다(이레니우스, 『이단 반박』, 1,26,2).

이미 2세기와 3세기부터 유대 그리스도교는 더 이상 개인의 활동과 구체적인 공동체들의 상황은 파악할 수 없다. 하지만 종교 문헌들은, 특히 동방에서 유대 그리스도교가 지속해 왔던 실존을 증명해 주고 있다. 그들은 최후까지 엄격한 유일신론과 엄격한 윤리성과 예언자 중의 예언자로서 예수를 견지해 왔고, 유대 그리스도교적인 성향에 동조했던 이슬람교에 7세기부터 동화되었다. 메소포타미아, 오늘날 이라크(Irak)에서 유대 그리스도교적인 그룹이 정결 의식을 거행하며 10세기까지 지속되었다. 설립자인 엘카사이(Elchasai)에 따라 그 그룹은 에케사이트(Elkesaiten)라고 불리고 있다.

알 아 두 기

이슬람

이슬람은 7세기 초 유대적이며 그리스도교적인 것을 기초로 발생했다. 중심에는 예언자이자 역사적인 인물인 모하메드(Mohammed)와 그가 받았던 신적인 계시들이 있고, 그 계시들은 이슬람의 성문서인 코란(Koran) 안에 기록되었다. 종교적인 설득의 수단, 다른 한편으로는 군사적인 무력에 의해 이슬람에 점령 당했던 아랍 민족들은 동방과 북아프리카의 광범위한 지역을 점령했고 스페인과 프랑스까지 이르렀다. 이슬람교도들이 유대인들과 그리스도인들을 용인했다고 하더라도 대부분의 유대 그리스도인들은 새로운 종교에 동조했다.

천년의 세월이 흐르고서 유대 그리스도교는 사라졌다. 이후 유대인들은 개별적으로 그리스도교로 넘어갔다. 하지만 특별한 성격을 가지고 어떤 유대 그리스도교적인 공동체들을 형성했던 것이 아니라 현존하는 교회에 동화되었다. 미국에서 유대인들이 점차 그리스도교로 이동했고, 이때 고유한 공동체들을 형성한 것은 20세기에야 비로소 이루어졌다. 고유한 공동체들은 그리스도로서 예수를 믿는 믿음 이외에 그들의 유대적 정체성과 유대 민족으로서 소속감을 유지했다. 그들은 스스로를 메시아적인 유대인으로 부른다. 오늘날 독일에도 이런 새로운 유대 그리스도적인 공동체들이 있다.

2. 사도들과 사도교부들

그리스도교의 초기인 1세기 후반에서 2세기 초까지 사도들(헬라어 ἀπόστολος: 아포스톨로스: 보냄을 받은 자)은 주도적인 역할을 했다. 사도라는 개념은 이미 신약성서에서 찾아볼 수 있고, 사도들은 예수께 직접적으로 위임받은 자이자 예수의 메시지를 전하도록 보냄을 받은 자였다. 하지만 그들은 예수와 그의 메시지를 전했다. 예수는 그들을 통해서 선포자에서 선포를 받은 자가 되었다. 그들의 선포는 예수의 인격과 삶의 여정과 하나님과의 관계에 관한 것이었고, 그의 가르침은 빠져 있었다. 사도들은 대체로 남성이었지만 사도 중 여성도 있었다. 신약성서는 적어도 한 명의 여성 사도를 밝혀주고 있다. 그녀의 이름은 유니아(Junia, 롬 16:7)이다. 아마도 요한은 최후의 사도로서 황제 트라얀(Trajan)의 통치 때 에베소(Ephesus, 참고: 그림 2.1)에서 고령으로 죽었을 것이다.

핵 심 포 인 트

그리스도교의 초창기에만 사도들이 존재했다. 약 100년경 사도들이 마지막으로 죽었고, 이로써 공식적인 사도의 시대가 끝이 났다. 이 칭호는 더 이상 그리스도교의 관리자에게 사용되지 않았다. 19세기 새롭게 발생한 "신사도적인 교회"가 직분과 칭호를 다시 도입했고 오늘날까지 유일하게 이 칭호를 사용한다. 하지만 전체 역사가 진행되는 과정부터 현재에 이르기까지 "사도 전승"의 사상은 중요하게 남아 있다. 모든 주교는 직접적인 사도의 후계자로 이해되었다. 사도는 최초의 교회 공동체들을 설립했고, 최초의 주교 자리를 맡아 헌신했으며, 이것들은 그 이후에도 계속되고 있다. 교회의 감독제는 하나의 뿌리에서 나온 것으로, 넓게 뻗어나는 가지들에 비교되었다. 단지 대부분의 종교개혁 교회들에서는 감독 전승이 매끄럽게 이어지지 못했다.

대부분의 사도들은 보통 이곳저곳으로 여행했고 선교사로 활동했다. 그들은 그리스도교의 메시지를 먼저 회당에서 그리고 회당의 주변에서 유대인들과 유대교를 동경했던 비유대인들에게 전했다. 그들의 메시지에 공감했던 사람들은 소그룹들을 형성하여 공동체를 이루었다. 팔레스타인 그리스도교는 소아시아와 그리스와 이탈리아에서 빠르게 기반을 잡았고, 이집트와 북아프리카에서도 그랬다. 약 100년경에는 45개 교회 공동체가 있었음을 역사가 증명해 주고 있다. 사도들은 계속 여행하면서 특정한 지역의 공동체를 감독하는 업무를 수행했다(참고: 그림 2.1).

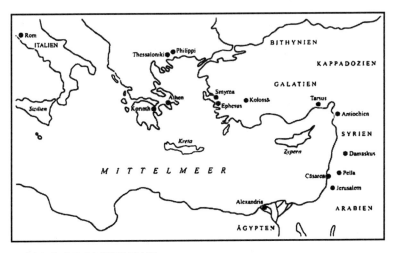

그림 2.1. 초기 그리스도교의 장소들

사도들을 제외하고도 그리스도교 공동체 안에서 중요한 직분들이 있었다. 그것들은 주교와 장로와 집사였다. 주교(헬라어 ἐπίσκοπος/에피스코프: 감독관)는 공동체의 정점에 있었고 예배를 집례했다. 주교라는 칭호는 이미 신약성서에서 찾아볼 수 있으나, 거의 2세기 후반에야 비로소 그 당시 주교가 한 공동체만을 책임지는 확고한 구조로 발전했다. 이것을 단독 주교직(헬라어 μόνος/모노스: 홀로)이라 말한다. 주교는 순수한 교회 직분이지 정치적인 직위는 아니었다. 나중에 가서야 주교들이 정치적인 권위를 지니게 되었다. 초기 그리스도교에서 모든 다수파 공동체는 각각의 주교를 가졌다. 오늘날의 이 칭호는 개별 공동체보다 우위에 있는 직분을 의미한다. 독일은 한 주교가 12개 공동체, 심지어 100개 공동체를 책임지고 있다. 장로들은 공동체 안에서 점점 더 늘어났다. 그들 역시 감독의 역할을 했다. 그들의 칭호는 오랜 기간 공동체의 구성원이라는 의미를 지니고 있다. 헬라어 πρεσβύτερος(프레스비테로스)는 "나이가 많이 드신 분"(älter)이라는 의미이기 때문이다. 장로 혹은 나이 많이 드신 분이라는 칭호도 여전히 오늘날 (복음적) 교회 공동체에서 감독 기능을 하는 그리스도인들에게 사용되고, 특히 미국의 '장로교'는 장로들 주도 아래 이루어지는 교회들의 칭호이다. 장로라는 칭호에서 사제(Priester)라는 독일어 단어가 파생되었다. 초기 그리스도교에서는 장로가 사제직, 예전의 기능을 가졌다. 오늘날에는 장로와 사제는 완전히 구별된 다른 직위를 말한다.

사제들은 가톨릭교회와 정교회에서 서품성사를 받았고, 이 때문에 일반 교회 성도, 즉 평신도들(헬라어 λαός/라오스: 백성)과 구분되었으며, 오로지 교회의 성사들을 베푸는 권리를 부여받게 된 남성들이다. 복음적인 교회 안에는 더 이상 사제가 없다. 서품성사가 폐지되었기 때문이다. 집사들도 지도적인 위치에 있었고, 특히 봉사 역할을 했다(헬라어 διακνεῖν/디아코니엔: 봉사하다). 그들은 예배 의식을 도왔고, 나이 든 성도들과 환자들을 방문했으며, 공동체의 재산을 관리했다. 여성 집사들도 있었다. 그들은 6세기까지 현존했고, 개신교에서 집사의 직분과 19세기

여집사라는 직분을 다시 도입했다. 초기 그리스도교에는 드물긴 했으나 여자 장로가 있었다. 교회의 직분자를 위한 총칭으로서 성직자(헬라어 κληρεῖν/케레인: [직분에서] 뽑다/선택하다)가 통용되었고, 따라서 직분자들의 그룹을 성직자 계급으로 칭했다.

공동 생활의 중심에는 예배가 있었고, 이 예배는 회당 제의 의식에 근거하여 이루어졌다. 성서에서 전례된 예수와 제자들이 함께한 최후 만찬의 모형(막 14:12-25)에 따라 형성되었고, 후에 감사기도 때문에 축제 일부였던 만찬이 예배의 중심을 형성했다. 이것을 성찬(헬라어 εύχαριστία/유카리스티아: 축사)이라 불렀다. 오늘날은 가톨릭교회에서 성찬 외에도 가톨릭 영성체라는 칭호를 사용하고, 프로테스탄티즘에서는 저녁 만찬 혹은 만찬이라는 칭호가 통상적이다.

그리스도교 예배는 가정에서 이루어졌다. 점차 가정집들은 교회로 바뀌게 되었다. 가장 오래된 실례는 3세기 중엽 것으로 유프라테스강 접경 유럽의 듀라(Dura)에서 발굴되었다. 근본적인 의미의 교회 건물은 최초로 3세기 후반기에 발생했고, 4세기에 확고한 기틀이 세워졌다.

사도들은 그리스도교에서 중요하고 높은 존경을 받은 인물들이었고 그들의 묘는 오늘날에도 숭배되고 있다. 특히 로마 안에 베드로와 바울의 무덤이 이에 해당한다. 오늘날 유명한 산티아고 드 캄포스텔라(Santiago de Composrela)의 야고보(Jakobo) 무덤은 역사성의 의심을 받고 있다. 야고보의 무덤보다는 알프스산맥의 북쪽에서는 유일한 트리어의 사도 마태의 무덤이 역사성에서 더 확실하다.

새로운 종교가 지역을 초월하도록 이끈 두 번째 그룹인 사도교부는 사도의 사명을 뒤이었다. 그들은 1세기 후반부터 2세기 후반까지 활동했다. 하지만 그들은 근본적으로 사람을 지칭하는 그룹(Personengruppe)

이라기보다는 텍스트를 저술하는 그룹(Textgruppe)이었다. 이 개념은 17세기에 비로소 만들어졌다. 예컨대 안디옥의 이그나티우스(Ignatius von Antiochen)와 서머나의 폴리캅(Polykarp von Symrna)처럼 저술들을 남긴 구체적인 개개인을 사도교부라고 한다. 다른 한편으로 개개인이 저술했으나 두 개의 클레멘스 서신들과 12사도의 가르침 또는 헬라어의 제목 디다케(헬라어 διδχή/디다케: 가르침)와 같이 정확하게 저자와 저술이 일치되지 않은 사도교부도 있다. 그들의 저술들은 신학적인 다양하고 흥미로운 개괄과 1세기 후반과 2세기 초 공동체 생활에 일어난 그 당시 이미 곳곳에 현존하는 내부의 긴장 관계와 갈등들을 보여 주는 중요한 텍스트들이다.

알 아 두 기

사도교부들

일부분만 구체적이고 역사적으로 증명될 수 있는 개인과 관련이 있는 1세기와 2세기 다음과 같은 텍스트들은 17세기 이후 지칭된 사도교부들의 작품이다. 디다케-바나바 서신-클레멘트 1서신-클레멘트 2서신-안디옥의 이그나티우스의 서신들-폴리캅 서신-파피아스(Papias)의 단편들-퀘아드라투스(Quadratus)의 단편-디아그네트(Diognet) 서신-헤르마스(Hermas)의 "목자".

일련의 사도교부들의 대부분의 저술은 진정성 문제와 함께 연대 문제가 활발하게 토론·논쟁되고 있다. 신학적 해석의 문제들은 이 두 가지 문제와 밀접하게 관련되어 있다. 강력하고 군주처럼 권력을 가진 주교들이 이미 그 당시 공동체들을 지배했다는 증인으로서의 예로 이그나티우스를 든다. 하지만 아직 강한 권력을 지니지 못했다는 것을 그의 진술들과 주장들에서 또한 도출해 낼 수 있다.

3. 박해와 순교자들

예수는 강압적인 죽임을 당했고, 전례에 따르면 그의 최초의 추종자들 역시 고통을 받았으며 또한 강압적인 죽임을 당했다. 그들 중 베드로와 바울과 예수의 형제 야고보가 있다. 33년경 예수 죽음 이후 최초로 예루살렘에서 헬라적 유대 그리스도인 스테반(Stephanus)이 처형당했다. 신약성서는 이 사실을 알려주고 있다(행 7장).

스테반은 유대인들이 초창기 그리스도인들을 어떻게 박해했는지 보여 주는 생생한 실례이다. 예수를 믿지 않은 일부 유대인들은 예수를 믿는 유대인들을 박해했다. 유대인들이 예수를 믿는 것을 불쾌하게 여겼던 이유는 십자가에 못 박힌 자가 메시아로 간주되고 종교법, 특히 안식일 문제와 성전 제의와 음식 규례를 비판했다는 데 있었다. 그리스도인들은 현실에 대응하지 않았고, 예수의 모형에 따라 자진해서 고통을 받았고 죽음을 감수했다.

유대인들은 유대 그리스도인을 박해했지 이방 그리스도인들을 박해한 것은 아니었다. 물론 헬라인들과 로마인들은 유대 그리스도인들과 이방 그리스도인들을 구분하지 않고 1세기 후반에 이미 비웃고 조롱하며 박해했다. 그 이유는 다양했다. 그리스도인들은 그리스-로마 문화와 거리를 두었고, 극장에도 가지 않았으며, 황제를 신으로 숭배하지도 않았다. 스스로 아웃사이더가 되었고 그들의 사적인 예배는 의심받았다.

그리스도인들의 특별한 제의 의식과 비난받는 비도덕적인 행위에 관한 소문들로 어수선했다. 그 외에도 그리스도인들이 바보(Eselskopf)를 하나님으로 경배했다고 주장했다. 이 조롱은 로마인들뿐만 아니라 유대인에 의해서도 이루어졌다. 이런 비난에 대한 고고학적 증거가 남아 있다. 19세기 로마

그림 2.2. 3세기 로마의 조롱의 십자가(모조품)

에서 3세기 벽화가 발견되었는데, 이 벽화는 당나귀 귀를 하고 십자가에 못 박히신 분에게 경배하는 군인을 보여 준다. 그것에 대한 헬라어 비문은 이렇게 쓰여있다. "알렉사멘노스(Alexamenos)가 하나님을 경배하다" (그림 2.2).

그리스도인 알렉사멘노스는 그로 인해 공개적으로 조롱받았다. 혐의는 선입견의 결과로 지역에 따라서는 불법행위가 되었고, 드물게는 황제들 역시 다양한 이유로 그리스도인들을 적대시했다. 로마 역사의 악명 높은 황제 중 한 사람인 3세기 로마의 네로(Nero)는, 아마도 스스로 일으켰을, 로마의 화재를 조롱의 십자가로 그 죄를 그리스도인들에게 전가하고 그들을 희생양으로 삼았다. 81년부터 96년까지 통치했던 도미티안(Domitian) 황제는 자기 자신을 "주나 신"(*dominus et deus*)으로 부르도록 했고 "신성모독"(헬라어 ἀθεότης/아테오테스)에 대응했다. 또한 그의 통치 동안 로마와 소아시아 안에 그리스도인들뿐만 아니라 철학자들까지도 지역적인 박해를 했다. 소아시아에 사는 그리스도인들은

황제 숭배를 따르지 않았다.

110년경 처음으로 황제 숭배에 관한 제국법령이 선포되었고, 그것은 약 150년 동안 시행되었다. 트라얀(Trajan) 황제는 소아시아 황제의 총독보조관과 집정관인 플리니우스(Plinius d. J.)에게 보낸 서신에서 그리스도인들을 의도적으로 색출하려고 하지는 않았지만, 고소가 익명으로 이루어지지 않은 한에서는 그리스도인들에 대한 고소는 조사할 것을 명하고 있다. 그리스도인들에 대한 어떠한 구체적인 법률위반행위가 증명되지 않는다 해도 그리스도인이라고 알려지면 그리스도인들을 판결하는 데는 전혀 문제가 없었다. 황제는 문자적으로 설명했다.

그리스도인들을 탐문해서는 안 된다. 하지만 그들이 고소당하거나 죄가 입증된다면 그들을 처벌해야 한다. 그럼에도 그리스도인이라는 사실을 부인하고 행위, 예컨대 로마인들의 신들에게 희생제를 이행하는 것을 증명하는 자는 과거에 혐의를 받았더라도 참회하면 사면될 수 있다. 익명의 고소들은 물론 어떤 증인이 없이도 고려될 수 있다. 왜냐하면 이것은 극히 나쁜 실례이고 우리 시대의 정신과 상응하지 않았기 때문이다(Plinius II, *Briefe* 10;97).

2세기 중에는 부분적으로 주목할 만한 지엽적인, 지역에 따른 그리스도인들의 박해가 반복적으로 이루어졌다. 이미 트라얀 황제가 통치하던 117년, 저명한 안디옥의 주교인 이그나티우스는 순교자로 로마에서 죽었다. 이그나티우스 자신이 순교를 고대했는지, 야생동물이 이그나티우스를 갈기갈기 찢었는지 그리고 지금까지 전해져 오는 콜로세움(Kolosseum)의 커다란 원형경기장에서 순교했는지는 불확실하다. 이보다 훨씬 유명한 주교인 폴리캅(Polykarp)은 소아시아 지역 서머나 (Smyrna, 참고: 그림 2.1; 오늘날 이즈미)에서 2세기 중반에 죽었다. 그의 죽음에 관해서는 세부적인 보고가 전해지고 있다. 보고에 따르면 주교는 칼로 죽임을 당한 후 화형을 당했다. 비엔나(Vienne)와 남프랑스의 리옹 (Lyon)에서 177년경 많은 그리스도인은 그리스도인이 아닌 그들의 하인들에 의해서 고소당한 후 체포되거나 고문을 받았다. 대략 50명 정도 되는 유명한 남성과 여성들이 원형경기장에서 죽었다. 신앙 때문에 죽임을 당한 자들은 유대의 모형에 따라 순교자로 지칭되었고 경배되었다.

폴리캅의 순교와 관련해서 그리스도인들이 그의 유골을 모아 성대한 장례를 치러주었다고 전해진다. 그의 무덤은 기념과 숭배의 장소가 되었고, 그리스도인들은 매년 주교의 죽은 날을 기억하여 예배를 드리러 특별한 알림 없이도 그곳으로 모여들었다. 이로써 그리스도교 내의 순교자 숭배가 시작되었고, 그로부터 후에 성인 숭배가 이루어졌으며, 이것이 오늘날까지 내려오고 있다. 순교자들과 성인들은 숭배의 대상이 되었을 뿐만 아니라 청원의 대상, 때때로 기도의 대상이 되었다. 그들은 하나님의 집에 거하는 것으로 믿었고 하나님 곁에서 중재할 수 있다고 생각했기 때문이다. 가톨릭 경건에서 지금도 여전히 중요한 역할을 하는 성인들을 기념하는 성인의 날은 실제로 그들의 사망 날이다. 초기 그리스도교의 순교자 숭배의 증거들은 로마에 있는 카타콤(Katakomben)에서 찾아볼 수 있다.

알 아 두 기

그리스도인들의 박해는 3세기 중반 새로운 양상과 규모로 이루어졌다. 배후에는 로마제국의 군사적이고 경제적인 추락이 서서히 이루어졌는데, 249년에서 251년까지 통치했던 데키니우스(Decius) 황제는 전력을 다해 몰락을 막아보려 했다. 그리하여 그는 오랜 로마 종교의 부흥을 위해 전념했다. 그리스도인들을 박해하기 위해서가 아니라 이러한 부흥을 위해서 그는 249년 전체적인 희생제 칙령을 선포했다. 유대인들을 제외한 온 백성은 사망했던 황제들을 포함한 모든 고대 신에게 희생제를 드리고 공적으로 희생제를 드렸다는 것을 증명하도록 의무화했다. 이런 희생제 칙령은 그리스도인들을 어려운 상황에 빠지게 했다. 공적인 거부는 형벌이 뒤따랐다. 형벌은 재산 몰수와 강제노동, 추방과 고문, 최악의 경우 죽음이다. 일부 사람들은 이런 형벌을 받아 순교자가 되었고, 일부 그리스도인들은 숨었다. 또 다른 일부는 로마의 공무원들에게 뇌물을 주고 희생제를 드리지 않고서 희생제의 증명서(*libelli*)를 제출했다. 한편 일부 다른 사람들은 요구했던 희생제를 드렸다. 희생제는 화제용 곡물을 재단 위에 흩어 뿌린 것에 불과했기에 그 일을 그들의 신앙과는 무관한 것으로 생각했다. 물론 그리스도교 내부에서는 박해 상황에서 어떠한 행위가 올바른 것인지에 대한 격렬한 토론이 있었다. 대다수 사람은 희생제를 드린 자들을 타락한 것(*lapsi*)으로 생각했으며, 일부 사람들은 도망자들까지도 비난했다.

251년 데키니우스(Decius)가 이미 발칸의 고트족들과의 전쟁에서 죽은 이후, 발레리안(Valerian) 황제도 희생제 칙령을 선포했다. 그것은 특별히 그리스도교의 주요한 인물들을 향했다. 발레리안은 258년 주교들과 장로들과 집사들을 곧바로 사형에 처할 것을 명령했다. 그는 성직자들의 박해를 통해서 그리스도인 공동체의 구조들을 파괴하려 했다. 신들을 화해시키고 제국의 상황을 개선하는 일은 그에게도 중요했다. 유명하고 저명한 많은 그리스도인, 그들 중에는 로마와 카르타고의 주교들이 순교자로서 목숨을 잃었다. 발레리안이 260년 페르시아의 포로로 잡혀서 죽자 어느 때보다 가장 위협적이었던 박해의 파도는 멈췄다.

3세기 중엽 있었던 로마 황제들에 의해 자행된 비교적 폭넓고 참혹한 박해는 목적을 이루지 못했다. 대신에 그리스도교의 세력은 더 퍼져나갔다. 사람들이 새로운 종교에 점점 더 많이 가입하게 되면서 공동체들은 더 확장했다. 로마의 군대 안에서도 그리스도교의 신앙이 평화적인 특징을 가졌음에도 불구하고 기반을 잡았다. 이것은 고고학적 발굴이 증명한다(그림 2.2). 계속해서 여러 지역으로 장소를 변경했던 군인들의 특성은 그리스도교의 확장에 크게 공헌했다. 게다가 제국의 가장 높은 계층에서는 3세기 후반기에 이미 소수의 그리스도인이 있었다. 디오클레티안(Diokletian)의 통치 아래 대규모의 가장 가혹한 박해가 시작할 때까지 이런 발전은 몇십 년 동안 평화와 안전 시기에 조성되었다.

디오클레티안은 284년 집권하고 나서는 새롭게 로마제국의 과거의 권력과 세력을 회복하려고 했다. 강력한 개혁 의지로 그는 경제와 종교 그리고 행정과 군사 조직을 개편하려고 애를 썼다. 299/300년 황제는 모든 그리스도인의 공동체와 활동 장소를 정리했다. 303년 그는 세 개의 칙령을 반포하고, 그것을 바탕으로 그리스도교의 박해를 계획했다. 첫 번째 칙령은 그리스도교 예배를 적대시했고, 예배 장소와 성서의 파괴를 명령했으며, 그리스도인들의 예배를 금지했다. 두 번째 칙령은 성직자의 감금을 명령했다. 세 번째 칙령은 모든 성직자들이 이방신들에게 희생제를 드리게 했다. 모든 그리스도인에 대한 희생제 참여 명령은 304년에 뒤따랐다. 이런 뚜렷한 지시에도 박해들은 제국 내에서 일괄적으로 진행되지는 않았다. 박해는 동방에서, 특히 이집트에서 심했고 서방에서는 심하지 않았다. 305년 디오클레티안은 물러났다. 그러나 그의 후계자들, 특히 갈레리우스(Galerius)는 박해를 지속했다.

핵 심 포 인 트

> 1세기와 2세기 초의 박해들은 즉흥적이고 개별적이었다. 2세기 중엽 박해들은 조직적이었고 제국적으로 광범위하게 이루어졌으나, 그리스도교를 근절하려는 목적을 갖지는 않았다. 비로소 3세기 말엽과 4세기 초 박해들은 그리스도교를 적대시했다. 박해로 인해 많은 사람, 예를 들어 전체적으로 평가해서 십만 명 희생자들을 낳았으나 오히려 박해들은 그리스도교를 내적으로 강화했고 또한 외적으로 신망을 얻게 된다.

이러한 폭력적인 정책들이 황제의 목적에 도움이 되지 못했다. 디오클레티안과 그의 후계자들이 그리스도교와 싸웠지만, 결국 제국을 단결시키지 못했다. 제국을 단결시키려는 계획은 새로운 방법을 모색하게 되는데, 그것은 그리스도교와 협력을 통한 제국의 단결이었다.

갈레리우스 황제는 311년 처음으로 그리스도인들에게 예배를 허락해 주는 관용 정책을 선포했다. 313년에는 상당한 관용 정책이 뒤따랐는데, 이때 콘스탄틴(Konstantin) 황제와 리키니우스(Licinius) 황제가 관용 정책에 대해 책임졌다. 이것은 후에 콘스탄티누스적 전환이라고 지칭했다. 이것은 박해의 결정적인 종말이고 이후 그리스도교가 국가 권력과 밀접한 관계를 맺었던 시대의 시작이다.

그리스도인들을 향한 박해는 오랜 세월 동안 나타나지 않았으나 최근에 다시 발생했다. 근대의 일부 지역들에서 그리스도교가 특권을 부여받지만, 다른 지역에서는 핍박이 발생하고 비그리스도교가 다수인 민족은 국가적으로 차별과 박해와 같은 권리 침해와 강제조치를 취하고 있다. 그리스도교 안에서 누렸던 자유의 동인들이 위협받고 있다. 중국은 그리스도인들을 통제하고 처벌하는 권위적인 국가이다. 이집트에서 산재하는 강제조치들은 단순하게는 이슬람교도의 교회 파괴와 살인에까지 이어지고 있다. 또한 사우디아라비아(Saudi-Arabien)와 이란(Iran), 아프카니스탄(Afghanistan)과 파키스탄(Pakistan), 소말리아(Somalia)와 에리트리아(Eritrea)와 라오스(Laos)와 북아프리카와 우즈베키스탄(Usbekistan)에서도 그리스도인들에게 가해지는 박해 상황은 심각하다. 이라크(Irak)에서는 2003년 이후 독재자가 통치하지 않지만, 그리스도인들의 상황은 계속 악화되고 있다. 그 결과 이라크의 100만 명 그리스도인 중 70만 명이 나라를 떠났다. 그리스도교는 현재도 세계적인 종교로 간주되지만, 이 종교는 가장 강력한 억압과 박해로 고통받고 있다.

최근까지도 순교자들이 있다. 나치 시대 독일에서는 상당수의 그리스도인이 죽임을 당했다. 유명한 실례는 개신교 신학자 디트리히 본회퍼

(Dietrich Bonhöffer)와 가톨릭 신학자 알프레드 델프(Alfred Delp)이다. 보다 최근에는 라틴아메리카에서 유명한 교회 지도자들이 암살당했다. 물론 20세기의 이런 순교자들은 그들의 신앙을 지키려고 했다기보다는 그들이 (신앙을 통해서 자극을 받아) 사회적인 정의에 관여했거나 독재자들에게 대항했기 때문에 죽은 것으로 언급될 수 있다.

4. 변증가들과 교부들

박해 앞에서 그리스도인들은 폭력이 아니라 말씀으로 자신들을 방어했다. 따라서 2세기에 이미 그리스도교의 고유한 문학 장르가 발생했다. 이 장르의 작품들은 그리스도교에 대한 비판을 변호했고, 그리스도교의 신앙과 그리스도교의 종교의식을 변호했다. 이런 저술들을 변증서와 변호서(ἀπολοογία/아포로기아: 변증론)라 불렀고, 그것의 저자들을 변증가라고 불렀다. 변증가들은 사도와 사도교부의 뒤를 이은 그리스도교 인물 중 세 번째로 뛰어난 그룹이다. 특히 남성들이 변증가로 활동했다. 이들은 수사학적 능력과 헬라 철학에 해박했으며 성인이 되어야 비로소 그리스도교에 입문했다. 그들은 한때 그리스도교를 비판했지만, 그리스도교로 입문한 후 그들의 능력과 지식을 그것을 방어하는 데 사용했다.

변증가의 시대는 2세기와 3세기에서 4세기로 이어졌다. 그 이후에는 그리스도교는 이런 문헌이 필요하지 않았다. 그러나 5세기 게르만 민족을 통한 로마의 멸망으로 인해 신들과 그리스도교의 하나님에 관한 비판적인 질문들이 일었을 때, 변증가들이 등장했다. 근대에서도 계몽화된 이성주의가 모든 종교를 비롯한 그리스도교에 의문을 제기했을 때도 변증가들이 등장했다.

고대의 가장 의미 있는 변증가는 유스틴(Justin)이었다. 그는 팔레스타인의 나블루스(Nablus) 출신으로 수사학적이고 철학적인 교육을 즐기는 선생으로 활동했다. 그는 150년경 그리스도인이 된 후에도 선생으로 활동했고, 그것은 그리스도교를 위한 봉사가 되었다. 아마도 에베소와 마지막에는 로마에서 가르쳤을 것이다. 165년 그는 로마에서 고문을 당한 후 교수형으로 죽었다. 그는 많은 작품을 남겼지만, 그중 두 작품만 전해진다. 153/54년경 저술한 안토니우스 피우스(Antonius Pius) 황제에게 전해진 그의 변증서는 권위의 순종과 그리스도인의 국가에 대한 충성을 강조하고, 그들은 세례 때 "불의를 행하지 않은 것"을 맹세한 사람들임을 강조했다. 또한 그리스도인들에게 가해진 혐의들을 변론하기 위해 유스틴은 그리스도인들이 예배를 어떻게 드리는지를 세부적으로 묘사했다. 그는 세상의 "창조자"와 예수 그리스도인 "참되신 하나님의 아들"을 믿는다면서 "무신론"의 비난을 방어한다. 유스틴에 따르면, 그리스도교는 진실하고 근본적이며 모든 다른 것보다 우위에 있는 철학이다.

유스틴과 동시대에 아타나고라스(Athenagoras)도 활동했다. 그가 아테네(Athen)에 살았다는 것 외에는 전기적으로 알려진 바가 없다. 그는 유스틴에게 답장으로 『부활에 관하여』라는 작품을 저술했던 것으로 전해지고 있다. 그리스도교 변증가에게 육체적인 부활, 예컨대 "육신의 부활"을 주장한 부활 신앙의 변호 역시 하나의 중요한 관심사였다. 비그리스도교 철학자들은 그리스도인들의 이런 육체적이고 내세적인 것에 어떠한 희망도 없었고, 죽음의 한계를 넘어 비물질적인 실존 방식도 믿지 않았다. 유대인들과 후에 이슬람교도들은 그리스도적인 내세 신앙을 공유했다.

변증의 또 하나의 특별한 형태는 유대교와의 논쟁이었다. 여기에서도 유스틴은 기여했고『유대교도인 트리폰(Tryphon)과의 대화』라는 작품을 썼다. 그는 역사적인 인물인 랍비 타르폰(Tarphon)과 변증가들의 대화에 의지했다. 유스틴은 그의 "대화"에서 메시아로서 예수에 관한 신앙과 유대 종교법으로부터 전향을 확고히 했다. 그는 여기에서 가상의 유대교도와의 대화 파트너를 경멸적으로 다룬다.

변증가들과 함께 초기 그리스도교의 신학적 작업은 새로운 전성시대를 맞았다. 바울은 그리스도교의 최초의 신학자였다. 그 이후 사도교부들은 신학의 발전에 기여했다. 하지만 바울과 마찬가지로 사도교부들은 간단하고 당면한 상황과 연관된 작품들을 저술했다. 이와 반대로 변증가들의 저술은 상당히 길고 잘 구성된 작품들이고, 작품들은 때때로 다양한 관점의 그리스도교와 신학을 다루고 있다. 그리스도교 신학 그룹은 일찌감치 그리고 급속도로 변증가들의 뒤를 이었고 신학은 새로운 전성기를 맞았다. 2세기 말 처음으로 그리스도교 사상가들이 등장했다. 그들의 활동이 커다란 의미와 긴 시간 동안 지속적인 영향을 준 것을 강조하면서 후대 사람들은 그들을 교부라고 칭했다.

교부 중 첫 번째 인물은 이미 유대교를 잘 알고 있는 자로 진술된 이레니우스(Irenäus)이다. 그는 135경 태어난 소아시아 출신이었고 남아프리카 리옹(Lyon)에서 주교로 활동했다. 그곳에서 그는 아마도 200년경 소위 순교자로서(하지만 이것은 불분명하다) 죽었다. 헬라어로 저술했던 그의 대표작은 그리스도교적-신학적인 특별한 가르침의 포괄적인 설명과 반박이었고, 이것은 후에『이단 논박』(Adversus Haereses)이란 라틴어 제목으로 전해졌다. 바울의 편지(갈 5:20)에서 나타나듯이 초대 그리스도교에는 이미 개별적인 이탈자와 이탈한 당파(αἵρεσις/하레시스: 당파)에 관한 가르침이 있었고, 그것들은 이단자로 신학 분야에서 지칭되었다.

2세기 마르키온(Markion)은 이단의 선생에 속했다. 그는 흑해의 시노페(Sinope) 출신 선주였으며, 140년경 로마의 그리스도교 공동체에 입문했으나 144년 공동체에서 쫓겨났다. 왜냐하면 독창적이면서 다수가 공유하지 않았던 신학을 세우기 시작했기 때문이다. 그는 구약성서와 창조신과 거리를 두었다. 더욱이 바울의 서신들과 누가복음만을 그리스도인을 위한 것으로 주장하면서 다수 교회를 도발했다. 마르키온의 신학에 대응하기 위해 그리스도교는 신약성서의 "정경"(κανών/카논: 규범)을 오늘날 여전히 유효한 형태로 규정했고 또한 구약성서를 고수하기로 했다. 다른 '이단의 선생'은 소아시아 출신 그리스도교의 예언자인 몬타누스(Montanus)이다. 그는 하나님 나라가 곧 세상에 임한다고 선포하면서 엄격한 윤리 의식을 요구했다. 몬타누스주의자들과 마르키온주의자들의 대립교회들은 두 설립자의 죽음 이후에도 지속되었으나 차차 사라졌다.

두 번째 위대한 초대 교부인 터툴리안(Tertullian)은 몬타누스주의자와 관련이 깊다. 이레나우스와는 달리 터툴리안은 교회를 이끌었던 인물이 아니었고 헬라어가 아닌 라틴어를 사용했다. 최초로 그에 의해 중요한 신학 작품이 라틴어로 저술되었다. 196년경 그리스도교에 가입했던 터툴리안은 법률과 수사학을 배웠고, 이것은 그에게 통찰력 있고 정확한 신학적인 논증을 가능케 했다. 그는 삼위일체론에 전념했고 자연을 예로 들어서 삼위일체론을 설명했다. 그것은 샘물과 개천과 강, 태양과 광선과 빛이 세 가지 다른 사물임과 동시에 하나로 존재한 것처럼 성부와 성자와 성령도 그렇다는 것이다. 그리스도인의 생활 방식에 있어서 터툴리안은 군대 징집을 그리스도인에게 걸맞지 않은 것으로 거부했고, 엄격

한 금식을 요구했으며, 결혼하지 않은 그리스도교 여성들에게 은둔 생활
을 권장했다. 터툴리안은 카르타고(Karthago) 출신이었지만 로마에서
활동했다. 그는 약 160년경 태어났고 220년 이후에 죽었다. 터툴리안은
그리스도인으로 살면서 특히 윤리적인 문제에 엄격했고 후에 몬타누스
주의에 가입했다. 그런 이유로 다수 교회는 그를 시간이 지난 후 거짓
가르침으로 보았고, 이로써 그의 신학 역시 잊혔다.

알 아 두 기

> 교부들
>
> 이 개념은 널리 사용되고 훨씬 넓게 퍼졌지만, 그렇다고 일관되게 사용되지
> 않았다. 그것은 이미 4세기에 발생했다. 물론 신학에서 다수 교회와 일치했던
> 자만 교부로 불렸다. 특히 개신교 신학에서 통용되었고, 그럼에도 근대적인
> 개념 사용은 남성들만 교부들로 취급했다. 교회는 터툴리안과 오리게네스
> (Origenes)를 나중에 교부들로 판결했다. 왜냐하면 그들 역시 중요한 학자
> 들이었기 때문이다. 중세의 신학자들은 교부로 불리지 않았고, 마찬가지로
> 위대한 개혁가들도 교부라고 불리지 않았다. 하지만 개신교의 영역에서 근대
> 유명한 신학자들은 17세기에서 20세기까지 상황에 따라 명예 칭호 "교부"를
> 부여받았는데, 특히 요한 게르하르트(Johann Gerhard), 프레드리히 슐라이
> 어마허(Friedrich Schleiermacher)와 칼 바르트(Karl Barth)가 그렇다.

　　터툴리안과 동시대에 알렉산드리아의 클레멘스라는 한 남성이 활동
했다. 그의 생애에 관한 정보는 극히 일부만이 전해지고 있다. 그는
아마도 150년경 아테네에서 태어났고, 215년 팔레스타인 혹은 소아시
아에서 죽었을 것이다. 유스틴에게처럼 클레멘스에게도 그리스도교는

유일하게 진실한 철학이었다. 그는 구약성서의 작품들을 플라톤의 철학보다 오래되고 명예로운 것으로 보았다. "교육자"(Paedagogus)라는 제목을 가진 세 부분으로 나누어져 있는 그의 작품은 새롭게 세례를 받았던 그리스도인들이나 세례를 받기 전 서 있는 그리스도인들에게 짧게 윤리적이고 신학적인 문제를 설명해 주는 작품이다. 클레멘스는 원칙적으로 금욕적인 그리스도교를 변호하고 있다. 하지만 마가복음 10장 18-31절의 "어떤 부자가 구원을 받을 수 있는가?"라는 설교 형식의 작품에서 그는 예수의 요청, 예를 들어 모든 것을 파는 것을 문자적으로 이해하지 않도록 설명했다. 그는 이것을 예수는 인간의 마음이 소유의 구속으로부터 자유로워지라고 말한 것으로 해석한다.

우리는 클레멘스보다 교부 오리게네스에 관해서 더 많은 것을 알고 있다. 그 시대의 대부분의 다른 위대한 남성과는 달리 그는 그리스도교 가문 출신이었고 그리스도교적으로 양육되었다. 그는 일찍이 알렉산드리아에서 살았고 활동했으며 후에 팔레스타인의 가이샤라(Cäsarea)에서 활동했다. 가이사라에서 그는 유명한 그리스도교 학교를 설립했고 그 이후 학교는 지속되었다. 254년 그는 데키니우스 박해 때 받았던 고문의 후유증으로 죽었다. 오리게네스는 『원리론』이라는 저술을 통해 교리학에서 그리스도교 신앙의 체계적인 전체 설명을 한 최초의 신학자이다. 『원리론』은 헬라어 본으로 남아 있지 않고 어느 정도 문제가 없다고 할 수 없지만, 때때로 오리게네스의 위험스러운 사상을 대체로 잘 정리한 라틴어 번역본만 남아 있다. 그 외에도 그는 최초의 신학자로 구약성서의 텍스트 형성에 전념했고 히브리어 텍스트를 헬라어로 그리스도교적이면서 유대적인 번역에 힘썼다. 그 가운데 그리스도인들이 애정을 가지고 사용한 셉투어긴타(라틴어, 70인역)가 있다. 오리게네스 또한 엄격한 금욕주의자였다. "하나님의 나라를 위해서 결혼을 할 수 없었던"(마 19:12) 바로 그런 사람들에 관한 예수 말씀을 순종하기 위해서, 믿을 수 있는 전승에 따르면, 그는 스스로 고자가 되었다. 아마 오리게네스는 선생으로 막힘없이 그리스도교의 여성들을 가르치기 위해선 절제해야 하는 것이 좋은 것으로 생각했을 것이다.

포괄적으로 교회사를 썼던 최초의 교부인 유세비우스(Eusebius)는 오리게네스의 추종자였다. 유세비우스는 후에 오리게네스 가르침 아래 있지 않았지만, 가이샤라에 있는 학교에 들어갔고 가이샤라의 주교로 활동했다. 그의 『교회사』(Historia ecclesiastica)는 그리스도교의 초창기 3세기 동안을 다루었다. 자료는 부분적으로 그가 사용했지만, 오늘날 잃어버린 자료들을 바탕으로 썼다.

모든 교부 중 가장 유명한 교부 아우구스티누스(Augustin)는 클레멘스와 오리게네스와 유세비우스와는 완전히 다른 발전 과정을 가졌다. 그리스도교 부모 가정에서 태어나서 그는 먼저 수사학자로서 경력을 쌓았고 그리스도교 신앙에 대해서는 거리를 두었다. 그의 직업 활동으로 인해 그는 로마 그리고 밀라노(Mailand)로 이동했고, 밀라노에서 그는 신학자이자 그곳의 주교인 암브로시우스를 만났다. 암브로시우스의 설교는 아우구스티누스를 매료시켰고 설득했다. 아우구스티누스는 387년 세례를 받은 후 그의 고향인 북아프리카의 히포 지역(Hippo Regius)의 주교가 되었다. 그곳에서 그는 많은 신학 작품을 저술했고, 그것들은 부분적으로 오늘날까지 읽히고 토론되고 있다. 『고백록』(Confessiones)이라는 제목으로 출판된 그의 종교적인 전기는 유명하며 기도 형식으로 쓰여 있다. 마찬가지로 『하나님의 도성』(Decivitate dei)이라는 제목으로 출판된 저술은 410년 고트족들(Goten)의 로마 점령이 고대 로마

신들로부터 전향하여 내려진 신의 형벌인지에 관한 질문에 답을 제시한 것으로 잘 알려져 있다. 물론 아우구스티누스는 그리스도교와 그의 하나님을 변론했고, 이로써 이 작품은 그리스도교 변증 후기의 실례이다. 아우구스티누스는 보편 역사의 과정을 신적 세계와 악마의 세계(*civitas diaboli*)와의 지속적인 투쟁으로 이해한다. 그에 따르면 모든 사람은 악마의 세계에 속하고, 하나님을 향한 사랑이 아니라 자기애(*amor sui*)로 가득 채워져 있다.

아우구스티누스는 교부였고 교회 선생이었다. 교회 선생이라는 칭호는 특히 영구적으로 위대한 중요성을 가진 뛰어난 인물들에게 부여되었다. 아우구스티누스 이외에도 이런 그룹에 속하게 된 세 명의 위대한 남성들이 초기 그리스도교에 있었다. 그들은 이미 언급된 암브로시우스와 383~406년에 불가타(라틴어. 보편적으로 사용할 수 있는 '성서')라고 불리는 라틴어 성서번역을 했던 히에로니무스(Hieronymus)와 최초의 실제적인 교황이라고 생각할 수 있는 로마의 주교인 그레고리(Gregor)이다.

가톨릭교회는 오늘날 더 위대하고, 하지만 뚜렷하게 분류될 수 없는 교부 그룹 외에도 총 34명 교회 선생을 두고 있다. 개신교 신학에서는 교회 선생 칭호를 사용하지 않고 있다. 물론 그리스도교 역사에서 교회 어머니, 예컨대 중요한 여성들 역시 있었다. 하지만 "교회의 어머니"라는 칭호 역시 사용하지 않았다. 근대에는 "교회 여성 선생"이 있는데, 이들은 1970년 이후로 지정되어 지금까지 총 4명이다. 가장 먼저 교황은 2012년 빙겐의 힐데가르트(Hildegard von Bingen)를 교회 여성 선생으로 지칭했다.

5. 콘스탄티누스적 전환

4세기 초 박해가 목적을 이루지 못했고 그리스도교는 줄어드는 것이 아니라 오히려 계속해서 성장하자, 황제들은 그리스도인들을 박해하는 방법이 아니라 그들에게 관용 정책을 펼침으로써 제국을 강화하려고 노력했다. 결국 황제 콘스탄틴은 이를 통해 중요한 진전을 이루었고, 306년 왕권찬탈자로 불법적으로 왕권을 장악했다. 당시 그리스도교 공동체들은 이미 거의 모든 제국에 있었고, 심지어 섬나라 영국에도 있었다(참고: 그림 2.3).

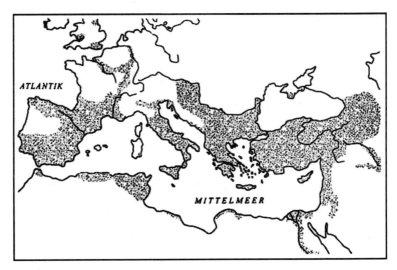

그림 2.3. 콘스탄틴 시대의 그리스도교의 확장

콘스탄틴은 황제 콘스탄티우스(Konstantius)의 아들이었고, 별명으로 콘스탄티우스 클로루스(Kontantius Chlorus)라고 불렸으며, 군인으로 경력을 쌓았고, 결국 아버지의 자리를 차지했다. 놀랍게도 아버지는

306년 영국과의 전쟁에서 죽었고, 콘스탄틴은 곧이어 불법적으로 그곳의 군대 후계자가 되었으며, 황제(아우구스투스: Augustus)라고 불렸다. 콘스탄틴은 전쟁하면서 권력을 조심스럽게 확보해 나갔고, 그 전쟁 중 가장 중요한 전쟁은 312년 로마의 입구에서 이루어진 전쟁이었다. 콘스탄틴은 티베르강(Tiber)의 건널목인 밀바우 다리에서 그의 적수인 막센티우스(Maxentius)와 맞서게 된다. 막센티우스 역시 제정을 요구했고 그의 권력 아래 로마를 차지하려 했다. 두 가지 서로 다른 그리스도교 자료들에 따르면, 전쟁 전 콘스탄틴은 그리스도의 징표를 받고 진군하라는 계시를 받았다. 콘스탄틴은 그것을 준수했고 결국 승리했다.

가이사랴의 감독이자 최초의 교회사가인 유세비우스는 콘스탄틴의 "생애" 편에서 이 전투와 승리를 전하고 있다. 황제는 직접 이 사건을 그에게 설명해 주었다.

황제는 정오에 이르러서 태양의 빛 때문에 형성된 십자가의 승리를 상징하는 표지와 하늘 위에 기록을 자신의 눈으로 직접 보았다고 설명했다. 군대는 행군하는 동안 황제의 뜻을 따랐고 이 기적의 목격자들인 황제의 군대와 황제는 환상 때문에 공포를 느꼈다. 그밖에도 그는 이 표지가 무엇을 의미하는지 심사숙고했다고 말했다. 그가 고심하면서 깊은 생각에 빠져 있는데 밤이 되었다. 잠이 들었을 때 하나님의 그리스도가 앞서 보여 주었던 계시와 함께 황제에게 나타나셨다. 그는 하늘에서 보았던 계시의 문양을 본떠서 방패에 새기고 적들을 만날 때마다 그 방패를 사용하라고 황제에게 명령하셨다.

이것은 다음과 같이 제작되었다. 금으로 도금된 긴 창자루는 횡간목을 떠받치고 있다. 전체의 최상부의 화관은 금과 보석으로 장식되어 있다. 구원자를 상징하는 표식에는 두 개의 문자가 새겨 있는데, 그리스도의 이름의 첫 두 문자이다. 두 문자는 중앙의 *P*(R에 상응하는 헬라어)가 있고, *P*를 중앙으로 하여 *X*(CH에 상응하는 헬라어)는 십자가의 형태를 그리고 있다. ⋯ 게다가 창자루에는 천 조각이 달려 있었다. ⋯ 이런 천 조각은 신의 사랑을 받은 황제의 금 흉상과 같은 모양으로 그의 아들들의 흉상을 감싸고 있었다(유세비우스, *Leben Konstantins 1*, 28f, 31).

그림 2.4. 유세비우스는 이 "표식"을 "라바룸"(Labarum: 깃발)이라고 지칭했고, 옆에 그림은 4세기 콘스탄틴("cons")의 기념 화폐를 그린 것이다. 사탄의 상징인 짓밟힌 뱀은 원시 복음인 창세기 3장 15절, 죽음과 사탄을 이기신 예수를 연상케 한다. — 이것과 그리스도와 연관시켰다.

콘스탄틴은 그의 군사들의 투구와 깃발에 그리스도를 상징하는 *X*와 *P*(그리스도의 두 개 헬라어 문자들의 조화. 또한 그리스도의 이름을 상징하는 *X*와 *P*를 결합한 기호 혹은 그리스도의 표시; 그림 2.4)를 새기고 싸웠다. 그의 군대는 그 표식을 항상 라바룸(Labarum)이라 불렀다. 그는 이 십자가의 형태의 깃발(참고: 그림 2.4.)을 들고 나가 싸우도록 지시했다. 콘스탄틴은 324년 그의 공동 통치자이자 적수인 리키니우스(Licinius)에게 승리한 후 비로소 단독 통치에 이르렀다. 그는 그의 위대한 군사적인 성과에 따라 이미 생애 동안 "대"라는 별칭을 얻었다. 오늘날까지도 우리는 그를 "콘스탄틴 대제"라고 부른다.

콘스탄틴은 그리스도교를 장려했다. 가장 먼저 그는 313년 리키니우스와 함께 그리스도교 공인 칙령을 선포했고, 리키니우스는 동방의 일부 제국을 통치했다. 이것은 문헌에 "밀라노 칙령"이라 표현되고 있다. 하지만 실제로 동방 일부 제국을 위한 단순하게 회자된 기술이었을 뿐이다. 그 기술은 그리스도인들에게 관용을 베풀었다. 콘스탄틴은 밀라노 칙령을 관용 정책으로 반포했던 것이 아니었지만 그리스도교의 확장을 촉진했다. 예를 들면 그는 그리스도교의 조언자를 가까이 두었고, 거대한 교회 건물을 베들레헴과 예루살렘과 로마와 트리어(Trier)에 건립하도록 지시했다. 현재 초대 그리스도교의 건축물은 겨우 몇몇 장소에서만 남아 있다. 라벤나의 고대 후기 교회들은 모자이크 형태로 유명했다. 여전히 트리어에는 콘스탄틴의 궁전이 서 있고, 지금은 개신교교회로 사용되고 있다. 콘스탄틴은 또한 범법자의 형벌로 십자가형을 폐지했고, 일요일을 휴일로 제정했으며, 일요일에는 그리스도인들은 매주 세상의 창조와 예수의 부활을 기념했다. 그리스도인들은 이것을 매우 기뻐했다. 역시나 이교도의 태양 숭배의 추종자들도 기뻐했다.

콘스탄틴은 그리스도교에 관심을 보이기 전에는 태양 숭배의 추종자였다. 태양 숭배는 219년경 시리아의 에마사(Emesa)에서 "들어와서" 275년 로마에 신전이 건립되었다. 태양신 숭배에서 그리스도교로 개종하는 것은 그리 어렵지 않은 일이었다. 왜냐하면 그리스도인들은 그리스도를 은유적으로 "세상의 빛"(요 8:12)으로 부르고 경배했기 때문이다. 콘스탄틴은 태양 숭배와 다른 이교 숭배를 완전히 단절하지 못했다. 그는 죽음 직전에 비로소 세례를 받았다. 죽음 직전까지 세례를 연기하는 일은 콘스탄틴 시대에 빈번히 있었던 일이다. 왜냐하면 고대 그리스도인들의 견해에 따르면, 세례를 받을 때 죄의 완전한 사면은 단지 이 한 번만 가능한 일이었다. 때문에 당시 그리스도인들은 또다시 죄를 범하지 않고 보낼 기간이 너무 길어서 세례를 연기했다.

콘스탄틴은 그리스도교의 이상과는 전혀 맞지 않았고 가족 구성원들(그의 부인과 아들)의 살해에도 주저하지 않았던 폭력적이고 잔인한 통치자였다. 그럼에도 그는 미래에는 그리스도교가 로마 국가(*res publica*)가 확신과 희망(*spes*)을 걸 수 있는 종교가 될 것이라고 믿었다. 그의 생애 동안 그의 요구로 만들어진 동전들은 그리스도를 향한 믿음과 십자가를 모든 자의 희망(*spes publica*)이라는 라틴어로 표현하고 있다(참고: 그림 2.4.).

콘스탄틴이 337년 죽었을 때 그리스도 국가는 건설되었고 용인되었지만, 헬라인들과 로마인들은 여전히 다른 종교들을 믿었고 보편적으로는 종교적인 관용이 있었다. 하지만 4세기 이것 역시 변화를 겪어야 했다. 379년 테오도시우스(Theodosius)는 황제가 되었다. 그가 유대인들을 제외하고는 제국의 모든 시민이 그리스도교의 신앙을 받아들이고 따를 것을 명령하는 동시에, 380년 그리스도교를 국가 종교로 선포했다. 그렇다고 고대 제의 의식들의 잔재가 완전히 사라지기까지는 하루 아침에 이루어진 것이 아니라 상당히 오랜 시간 지속되었다. 하지만 고대 제의들의 퇴치는 상당히 계획적으로 이루어졌고, 이때 국가는 그리스도교 지도자들과 연대하여 무력을 행사했다. 이방 신전은 폐쇄되었고 파괴되었으며, 희생제들은 금지되었다. 심지어 살인과 살해도 주저하지 않았다. 415년 알렉산드리아에서 신플라톤주의 여성 철학자 히파티아(Hypatia)가 야수처럼 살해당했다. 증가하는 종교적 탄압 역시 유서 깊은 철학 학교들에도 이루어졌다. 529년 황제 유스티안 1세(Justinian 1)의 명령에 따라 아덴(Athen)에 있는 아카데미, 즉 플라톤 사상을 기반으로 둔 고대 철학 학교가 폐쇄되었다.

> 콘스탄틴은 313년 그리스도교를 공인했고 촉진시켰으나 테오도시우스가
> 비로소 국가 종교로 선포했으며 유스티안은 529년 그리스도교를 제국의
> 유일한 종교로 만들어 주었다.

　그리스도교가 국가 종교가 된 이후 1,000년 이상 타 종교의 탄압을
지속했고 광범위한 종교적 관용을 허락하지 않았다. 18세기와 19세기
계몽주의의 힘은 비로소 그리스도교적인 세계 종교들 안에서 그리스도
교의 단독 통치를 막아섰다. 가톨릭교회는 1965년 비로소 종교 자유를
인정했고 그와 더불어 종교의 다원주의를 인정했다. 유럽의 몇몇 국가들
에서 그리스도교는 타 종교를 탄압하지 않으면서 여전히 형식상으로는
국가 종교로 남아 있다. 영국, 덴마크는 지금도 개신교 국가교회이고,
말타(Malta)에서는 가톨릭교회가 국가교회이다. 노르웨이는 2012년
국가교회의 포기를 선언했다. 독일에서는 1918년 이미 제1차 세계대전
과 혁명의 결과로 국가교회가 종결됐다. 하지만 두 나라 안에 이전 국가교
회들은 아직도 여전히 국가와 긴밀한 관계를 맺고 있다. 독일에서의 국가
의 종교세와 국가의 종교 교육이 좋은 예이다. 비텐베르크(Württenberg)
에서는 오늘날에도 대부분의 개신교 목사의 사택은 국가의 소유이고
국가가 그것들을 관리하고 있다. 바이에른(Bayern)에서는 국가가 오늘
날까지 가톨릭교회와 개신교회의 주교들과 높은 보수를 지급하는 상당
히 많은 수의 교회 행정가들에게 재정적인 지원을 하고 있다.

6. 그리스도론과 삼위일체론

초대 그리스도교의 신학 작업의 중심에는 다음과 같은 질문이 서 있었다. "예수가 누구였고 그가 오늘날 어떠한 의미가 있는가?" 이미 신약성서가 그리스도(χριστός/크리스토스: 기름부음을 받은 자)라는 별명을 제공했고 그것에 덧붙여 유대인들이 고대했던 구원자, 즉 메시아(משיח: 기름 부음을 받은 자)라고 기술했던 예수에 관한 신학적인 가르침을 그리스도론(λόγος/logos: 가르침)이라 칭했다. 그러나 그리스도인들의 질문에 대한 대답들은 처음부터 서로 달랐다. 모든 그리스도인이 예수를 중요하게 여겼고 중심에 두었으며, 예수를 이스라엘의 하나님과 긴밀한 관계 속에서 보았다는 것은 모두가 인정한 일반적인 사실이었다. 예수 자신은 이스라엘의 하나님을 아버지라 불렀다. 하지만 그는 하나님이 선택했던 인간이었는지 혹은 그 자신이 신적인 본질이었는지, 십자가에서의 그의 수치스러운 죽음은 어떻게 이해해야만 하는가 등의 대답은 다양했다.

특히 초창기 유대 그리스도인들 가운데 상당한 수의 사람들은 예수 안에서 하나님에 의해서 선택된 한 인간을 보았다. 예수는 요한의 세례 때 성령을 받았으며(막 1:9-11), 설교했고, 병을 고쳤고, 기적을 행했다. 그는 선생이었고 본받아야 하는 삶의 모범이었다.

물론 요한복음의 시작(요 1:1)에서 예수 자신을 "말씀"(λόγος/logos)으로 설명하며, 그 신적인 말씀은 하늘에서 땅으로 내려오셨고, 그 말씀은 이전에 (선재하는) 하나님과 함께하셨다. 헬라 철학, 특히 스토아 철학에는 하나님으로부터 내려와 세상을 통치하는 로고스의 사상이 이미 있었다. 변증가인 유스틴(Justin)에게서 로고스 그리스도론이 발견된다.

그는 하나님의 출산으로 발현된 로고스, 예컨대 계시된 하나님은 창조 때 관여했고, 철학자들에게 통찰력을 제공했으며, 구약의 시대에 다양한 형태로 나타났다. 예수 그리스도 안에서 그는 인간이 되셨고 하나님의 진리를 계시하셨다. 모든 인간은 그들의 이성을 가지고 로고스에 참여한다고 말했다.

터툴리안(Tertullian)은 유스틴의 이해를 이어받아 라틴어 개념으로 예수를 "세 위격"(personae) 중 한 위격으로 혹은 하나님의 발현으로 설명했다. 예수는 아들이었고, "아버지"와 "영"으로서 하나님이시다. 이와 함께 터툴리안은 "삼위일체론", 다시 말해 하나님의 삼위성에 관한 가르침을 창안했다: 하나님은 셋이며 하나이시다.

이것은 오늘날까지 그리스도교의 고유한 가르침 중 하나이다. 하지만 터툴리안의 고찰들은 또다시 과거로 빠져들게 했다. 왜냐하면 그리스도인 대부분은 라틴적 사고보다는 여전히 헬라적으로 생각했기 때문이다.

오리게네스(Origenes)는 하나님의 아들을 신적인 지혜와 동일시했고, 이런 주장의 근거를 잠언 8장 22절로 삼았다. 아들은 아버지의 영원한 탄생을 통해 발현했다. 그러므로 본질(οὐσοα/우시아)에 따라 아버지와 아들은 하나이고, 하지만 수적으로 하나가 아니시다. 성령도 마찬가지로 그것들은 서로 다른 신성의 "본체들"(ὑπόστασις/히포스타시스: 위격화)이다. 예수 그리스도 안에서 선재하신 하나님의 아들은 사람이 되셨다.

신학자 아리우스(Arius)는 콘스탄틴 시대의 전환기 때 알렉산드리아에서 색다른 가르침으로 자신의 주장을 변호했다. 그는 아버지와 선재한 아들의 관계를 새롭게 설정했는데, 하나님의 아들이 하나님의 피조물이자 두 번째라는 것이다. 그러나 다른 사람들은 예수 그리스도, 즉 아들을 피조물로 삼고, 따라서 신성이 아닌 인간의 편에 예수를 설정하는 주장을 거부했다. 그들에 의하면 하나님의 아들은 완전히 하나님의 본질이었고 하늘에서 땅으로, 인간 예수 안으로 내려오셨으나 결코 피조물이 아니셨다.

아리우스의 주장은 격렬한 논쟁을 일으켰다. 이 논쟁 때문에 그리스도교는 분열의 위기에 봉착했으며 역사에서 아리우스 논쟁을 일으켰다. 그리스도인들은 더 이상 박해를 받지 않았고, 국가가 그리스도인들과 함께 그리고 그들을 통해서 일치하고 강해지고 있다고 생각했던 바로 중요한 시점에서 그리스도교 자체 내부가 균열이 가기 시작했다. 이 때문에 콘스탄틴 황제가 논쟁에 개입한다. 그는 역사적으로 최초의 교회 회의, 곧 공의회(concilium: 모임)를 소집했으며, 공의회는 콘스탄티노플/이스탄불 근처 자신의 거주지인 니케아(Nicaä)에서 개최되었다. 공의회는 325년에 이루어졌고, 아마도 약 250~300명 정도의 주교가 그리스도교의 모든 나라 출신의 당시 교회 공동체들의 대변인으로서 참여했다. 그들 중 서방 교회 출신의 주교들은 얼마 되지 않았다.

니케아공의회는 그리스도교의 역사에서 처음으로 신앙고백, 예컨대 신앙의 가르침의 공식적인 정의를 가결했고 하나님의 아들이 "창조된 것"이 아니라 "낳아지고" 아버지와 "동일본질"(ὁμοούσιος/호모우시오스)이시라고 설명했다.

우리는 한 분 하나님이시고 전능하신 아버지와 보이는 것과 보이지 않은 것의 창조자를 믿습니다. 주 예수 그리스도와 하나님의 아들을 믿습니다. 아버지, 그 아버지의 본질에서 낳으신 독생자를 믿습니다. 그는 아버지에서 오신 아버지이고 빛에서 오신 빛이시고 참된 하나님에서 오신 참된 하나님이십니다. 그는 낳아지신 분이고 창조되지 않으신 분이며 아버지와 동일한 본질이십니다. 하늘과 땅에 있는 모든 것이 그를 통하여 생겨났습니다. 우리를 위하여 인간으로 내려오셨고 우리의 구원을 위하여 오셨으며 육신을 입으셨습니다. 그는 고난을 받으셨고 삼 일 만에 부활하셨고 하늘로 올라가셨으며 장차 산 자와 죽은 자를 심판하러 오실 것입니다. 그리고 성령을 믿습니다(*Kirchen-und Theologiegeschichte in Quellen I*, 2012, 154).

두 세대 후 381년 콘스탄티노플에서의 또 다른 공의회에서 니케아(*Nicaenum*)의 신앙고백은 확장되면서 아들 외에도 성령이 포함되었고 이 또한 신적인 본질로 설명되었다. 신적인 본질은 아버지로부터 "발현되었고", "아버지와 아들과 함께 경배를 받았고 영광을 받았다." 이렇게 그리스도교의 삼위일체론은 최종적으로 확정되었다. 그것은 오늘날까지 중요하게 지켜지지만, 그것의 진술과 언어 형식에서 반복적으로 토론되고 있다. 왜냐하면 그것은 유대의 유일신론을 전제하고 있기에 이성적으로 역설적 그리스도교의 변론이기 때문이다. 예컨대 381년(Nicaeno- Constantinopolitanum)부터 지금까지 니케아 신앙고백의 문안은 특히 거룩한 축일들에 거행한 그리스도교의 예배들 가운데 찾아볼 수 있다. (서방) 교회들에 널리 퍼져 있는 사도신경(Apostolikum)은 어떤 공식적인 교회 결정에 따른 것이 아니라 3세기와 4세기 아마도 세례식에서 형성되었다고 받아들여졌다. 물론 이것은 사도에게서 기인한 것이 아니다.

알 아 두 기

삼위일체론

"삼위일체"(*trinitas*)—독일어 Dreieinigkeit 또한 예전에는 Dreifaltigkeit
—는 전문 용어(라틴어에서 형성된 것 *tres*: drei[셋]와 *unitas*: Einheit[일
치])이다. 단신론적인 종교로서 그리스도교는 유일하게 하나님을 삼위일체적
으로 이해한다. 자기 자신 안에서 계시지만 밖으로 향하면서 구분되시는 (세
분이신) 유일하신 하나님은 예컨대 아버지와 아들과 영으로 나타나시고 활동
하신다. 유대인들과 모슬렘들은 이런 그리스도교의 신론을 비난하고, 그것이
정말로 단신론인지 의문을 품고 있다. 또한 그리스도교 내에서도 반복적인
비판이 있었다. 많은 그리스도인은 그것을 비합리적인 것으로 생각했기 때문
이다. 그럼에도 또 다른 그리스도인들, 예컨대 터툴리안은 그리스도교의 신론
을 자연의 유비로 일목요연하게 설명해 주고 있다. 가장 뛰어난 비유는 사랑의
유비적인 관계이다. 사랑하는 자와 사랑받은 자와 그들을 연결해 주는 사랑의
능력(영)은 세 개의 서로 다른 것들이고 그러면서도 동시에 하나이시다.
하나님 역시 삼위일체상 사랑의 본질로 이해될 수 있다. 사랑의 본질은 스스로
사랑이다. 아버지는 아들을 사랑하시고 아들은 아버지를 사랑하시기 때문이
다. 또한 사랑의 본질은 외적으로 향해서도, 인간들에게도 절대 고갈되지
않는 사랑으로 사랑스럽게 모습을 드러낸다. 이것은 신의 내면적인 사랑에
의해서 공급되는 사랑이기 때문이다.

　　삼위일체론의 결정과 형성은 최초의 그리스도교 공의회의 유일한
결정이 아니다. 이 외에도 부활절 축제 기간 역시 결정되었고, 이것에
관해서도 역시 그리스도인들은 오랫동안 논쟁해 왔다. 더 이상 유대인의
유월절을 따라 이 축제를 하는 것이 아니라 항상 주일에 행하고, 음력에
근거하여 그 기간을 독자적으로 계산하여 수행할 것을 결정했다. 오늘날

까지 부활절은 성탄절처럼 정해진 축제일에 거행되는 것이 아니라 연초 춘분일 이후 다가오는 보름달이 지난 첫 번째 주일에 거행되고 있다(3월 25일, 하지만 실제로 3월 20일 혹은 21일이 적절하다).

알아두기

그리스도교의 축제

부활절, 즉 예수 그리스도의 부활일을 그리스도인들은 처음부터 지켰다. 현대까지 이것은 그리스도교의 중요한 축제일이다. 단지 정확한 날짜만이 논쟁거리였다. 이것은 유대교의 유월절(חספ/Pesach)과 일치한다.

오순절, 성령강림절이자 교회 형성일은 부활절 이후에 이루어졌다. 이것은 유대교의 안식일(שבועות/Schawuot)과 상응하고 부활절 이후 50일째 되는 날에 개최되었다.

성탄절, 그리스도의 탄생일은 최초로 4세기 이후로 지켜졌다. 하지만 이것은 19세기 이후에서야 그리스도교의 주요 축제일이 되었다. 12월 25일은 원래 태양신 축제일(*Sol invictus*, 독일어 '지지 않은 태양')이었지만, 성탄절은 유대교의 수전절(Lichterfest, חנוכה/Chanukka)에 상응한다. 성탄절 전날 크리스마스이브(12월 24일)의 축제는 19세기 이후에 시작되었다. 어찌 됐든 교회적-공식적으로(12월 25일) 최초 축제일은 예수의 탄생일이다. 몇몇 교회들이 다르게 한 주 늦게 서야 성탄절을 지키는 것은 오래된 율리안의 달력의 이용과 깊은 관련이 있다.

삼위일체론이 정해지고 예수가 하늘에 세상으로 내려오신 신적인 본질의 나타나심으로 정의된 후, 예수 안에 신적인 것과 인간적인 것이

어떻게 공존할 수 있었는지에 관한 문제가 새롭게 제기될 수밖에 없었다. 그가 신적인 능력을 가지고 세상에서 활동하시는 하나님이셨는가? 그러므로 그는 인간이 아니셨나? 성서는 예수가 음식을 드셨고 음료를 마셨으며 눈물을 흘리셨으며 아픔을 느끼셨고 고난을 당하시고 죽으셨다는 것을 보여 주고 있다. 마치 한 인간처럼 말이다. 또다시 그리스도교는 예수를 순수한 신적인 본질로 생각하려는 사람들 가운데서도, 예수의 인간적인 행보만 관심을 보였던 사람들 가운데서도 분열로 위협받았다. 둘의 신학적인 분파들이 "그리스도론 논쟁"에서 갈등을 일으켰다. 때문에 콘스탄티노플에서 멀지 않은 보스포러스(Bosporus) 근처 항구 도시인 칼케톤의 교회에서 451년 공의회가 개최되었고, 니케아 신조 외에도 오늘날까지 유효하고 더 상세한 신앙고백을 가결했다. 이것은 예수 그리스도를 "참 신이자 참 인간"이라고 불렀고, 그로 인해 두 번째 역설적인 그리스도교 교리를 제정했다. 이것을 후대에는 두 본성론이라고 불렀다. 예수 그리스도는 신적인 동시에 인간적인 본성을 지니셨다. 하지만 그는 혼합된 본질이 아니라 진정한 인간이시고, 죄를 제외하고는 모든 사람이 가진 모든 것을 공유하신 분이시다.

핵 심 포 인 트

> 325년 니케아 신조(*Nicaenum*)와 381년 콘스탄티노플 신조(*Nicaeno-Constantinolitanum*)는 삼위일체론 논쟁을 종결하고 삼위일체론을 제정했다. 451년 칼케톤공의회(*Chalcedonese*)는 그리스도론 논쟁과 두 본성론을 제정했다.

칼케톤의 결정에 관한 토론 역시 상당히 오랜 기간 지속되었다. 모든 그리스도인은 그것을 받아들일 수 없었고 받아들이려고도 하지 않았다. 이 때문에 5세기와 6세기에 동방의 많은 교회는 독자적인 길을 걸었다. 그것들은 동방의 국가교회라고 불리게 되었거나 두 본성을 거부하고 그리스도의 신성만을 강조하는 그들의 신학을 고려하여 단성론(μόνος/모노스: 하나; φύσις/피시스: 본성)자라고 불리게 되었다. 결국 공의회의 결정은 첫 번째 큰 사건으로서 영속적인 교회분열의 결과를 초래했다. 현대에 들어와서야 비로소 화해가 이루어졌다.

두 본성론 역시 오늘날까지 논쟁되고 있다. 동방과 동양의 그리스도인들은 예수 안에서 고귀한, 영광스러운 신적인 본질을 우선해서 보고 있다. 반면에 서방 그리스도인들은 이미 오래전부터 예수의 인간적인 행보들, 예컨대 그의 고난을 강력하게 강조한다.

7. 금욕주의자들과 은수자들

그리스도교가 점점 더 안정되면서 특별히 경건한 신앙인들은 그리스도교적인 삶의 대안적인 형태를 열망했다. 그들 중 한편은 신학적인 가르침의 복잡한 질문에 집중했고, 그럴수록 다른 일부는 더욱더 단순하면서도 동시에 근원적인 이상들을 열망했다. 이미 3세기 후반에 이집트 남성들과 여성들은 고독 생활과 무소유 가운데서 만나는 하나님을 경험하기 위해 사막으로 들어갔다. 이렇게 종교적으로 동기를 부여받은 사막의 거주자들은 은수자(ἐρημία/에레미아: 사막) 혹은 은자(ἀναχωρεῖν/아나커레인: 격리하다)라고 불렸다. 그 결과 그들은 성서의 증거에 따라 상당 기간을 사막에 거주했고(막 1:13) 어떤 경우는 고독 생활을 취하셨던(막 9:2; 마 5:1) 예수의 모범을 따르기도 했다.

우리가 그들의 삶의 이야기에 관해서 상세하게 알고 있는 첫 번째 은수자는 안토니우스(Antonius)이다. 이 때문에 그는 최초의 그리스도교 수도사로 인정받고 있다. 안토니우스는 이집트 닐탈(Niltal)의 작은 마을 출신이었고, 헬라인이나 로마인이 아닌 토착민이자 곱트 사람이었다. 270년경 그는 금욕 생활을 결심한 후 먼저 그의 소유를 팔아 나누어주었으며 마을 근처 공동묘지에서 생활했다. 후에 그는 고독 생활을 위해 사막으로 이사했고, 황량한 성곽에 거주했으며, 최후에는 동굴에서 지냈다. 하지만 그는 그곳에서 그를 찾아오는 방문자들을 만나 가르쳤고, 상황에 따라 시민들의 거주지로 이동하여 박해를 받은 알렉산드리아의 그리스도인들을 위로했다. 안토니우스는 대략 105살의 나이로 357년에 죽었다. 홍해에서 멀지 않은 그의 최후 활동 장소였던 콜찜(Kolzim)산에 한 수도원이 건립되었고 그것은 오늘날까지 현존하고 있다(Deir Mar Antonius). 안토니우스를 개인적으로 알고 지냈던 알렉산드리아의 감독인 아타나시우스가 기록한 교훈적인 전기는 그의 생애에 관해서 증거해 주고 있다. 그의 전기 안토니우스 생애(Vita Antonii)는 빠른 속도로 널리 알려졌고 커다란 반향을 일으켰으며, 동서방의 많은 그리스도인에게 수도원 생활을 고무시켰다. 아우구스티누스 역시 이 책을 읽었고 중요하게 생각했다.

알 아 두 기

수도원주의

많은 종교에는 수도원주의가 존재한다. 그리스도교적인 것에서 나온 수도원주

의 개념은 세상 혹은 공동체로부터의 도피와 연관된 종교적으로 동기가 부여된
금욕적인 삶의 형태를 말한다. 그리스도교 수도원주의는 이집트에서 3세기에
발생했고 수도사라는 개념은 수도원의 원시 형태로, 개인의 분리된 은둔 생활
을 출발점으로 생각한 것이다. "수도사"는 헬라어에서 유래하고 헬라어 단어인
유일하게, 홀로(헬라어 μόνος/monos)와 같은 뜻을 지니고 있다. 하지만
차츰 분리의 원리가 아니라 고립된 거주지, 예컨대 수도원(claudere: 격리하
다) 안에서 크고 작은 공동체 생활을 했다. 여성 수도사는 수녀로 불렸다.
이것은 라틴어에서 유래하고 아멘에 대한 어린아이의 옹아리(보모: Kinde-
rwärterinnen)와 같은 단어로 "남을 돌보는 처녀"라는 뜻을 지니고 있다.

은수 생활은 특히 홀로 사는 데 충분히 성숙하지도 강하지도 않은
사람들이 많은 위험을 감수해야 했다. 그래서 금욕 생활을 위해 홀로
살고자 사막으로 이동했던 대부분 사람에게는 공동체 생활이 훨씬 더
적절했다. 이집트인 파코미우스(Pachominus)는 323년 수도원의 실제
형태를 건립했다. 금욕주의자들은 모여 공동체 생활을 했고, 아버지처
럼 경험이 풍성한 지도자가 공동체를 관리했다. 아버지 칭호, 예컨대
"수도원 원장"(אבא/아바)은 수도원 책임자에게 부여되었다. 한 공동체에
서 생활하는 수도사들을 공동생활 수도사 혹은 함께 공동생활을 하는
수도사들(κοινός/코이노스, koinos: 공동의, βιος/비오스: 생활)이라고 불
렸다.

시리아와 팔레스타인 지역에서는 기둥 수도사들 혹은 기둥 위에
서 있는 자들(στῦλος/스타로스)이 사람들 가운데서 외롭게 살았다. 그들
은 종종 적게는 일 년, 많게는 십 년 동안 높은 기둥 위에서 생활했고,
대부분 기둥은 교회의 앞마당에 서 있었다. 그렇게 그들은 기둥 위에서

공동체의 생활에 참여할 수 있었고, 사람들과도 이야기를 나눌 수 있었으며, 그들에게 설교할 수 있었다. 심지어 그들은 비바람이 치는 동안에도 식사를 하거나 용변을 해결하려고 기둥을 떠나지 않았다. 이런 기둥 수행자들이 실제로 많은 수가 있었다는 것은 자료뿐만 아니라 고고학적인 발굴에서도 드러난다. 물론 그리스도교적 금욕주의의 이런 특별한 형태는 오늘날까지 전해지지 않았다. 지금까지도 은수자들은 존재하고, 말할 것도 없이 공동생활 수도사들도 존재하지만, 기둥 수도자들은 사라졌다.

은수자들과 공동생활 수도사와 기둥 수도자들은 성직자들이 아니라 평신도들이었다. 초기 수도원주의는 평신도 운동이었다. 안토니우스와 파코미니우스는 사제는 물론이고 교회 행정직도 아니었다. 하지만 성직자들 가운데서도 수도원적인 삶에 관한 요구가 일어났고 그것을 본받아 살길 원했다. 교부 아우구스티누스는 성직자들의 공동체적, 수도원적 삶의 기초를 세웠고 그렇게 수도원주의 역사에서 중요한 인물이 되었다. 아우구스티누스는 히포(Hippo)의 감독이면서도 수도원적 공동체에서 다른 성직자들과 함께 살았다. 이를 위해 공동체 생활의 규칙을 기록한 아우구스티누스 수도원 규칙서를 썼다. 그것은 폭넓은 공감을 얻었고, 중세에 와서도 사제이면서도 수도원 형식으로 살면서 아우구스티누스 수도원 규칙서를 따랐던 많은 수도자가 있었다. 유명한 아우구스티누스 수도원의 수도사로는 마틴 루터(Martin Luther)가 있다. 그는 아우구스티누스수도회 수사로 20년 동안 살면서 종교개혁자가 되었다.

아우구스티누스 시대에는 성직자들도 결혼했다. 하지만 예수의 결혼하지 않은 삶처럼 아우구스티누스와 그의 동료들은 결혼하지 않았고, 그것은 시간이 지남에 따라 서방 교회의 모든 성직자의 모범이 되었다.

동방 교회에서는 지금도 일반 사제들은 결혼하고 수도원 출신 감독들만 결혼하지 않고 산다. 중세에 사제들이 결혼 생활을 하지 않은 것이 제정되어 사제 독신제(*caelebs*: 결혼하지 않은)가 시행되었다. 하지만 사제 독신제에는 종교적인 이유뿐만 아니라 현실적인 이유가 있었다. 결혼하지 않는 사제는 어떤 경우라도 합법적인 아이가 있을 수 없었고 그래서 그들의 재산을 상속할 수 없었다. 그들이 죽었을 때 그들의 재산은 교회에 귀속되었다. 물론 사제들의 많은 수가 독신으로 살 수 없었거나 원하지도 않았고 독신제 자체를 무력하게 만들어버린 일은 역사 전체를 통해서 알 수 있다. 독신제는 많은 인간적인 고통과 함께 도리어 많은 문제를 양산했다. 이 때문에 독신제의 강요 폐지 역시 종교개혁의 중요한 요청 중 하나였다.

아우구스티누스는 서방 수도원주의 역사에서 커다란 의미를 지닌 인물이다. 하지만 그보다 커다란 의미를 지닌 인물은 이탈리아 출신 베네딕트(Benedikt)이다. 그는 움브리언(Umbrien) 지역 누르시아(Nursia) 출신이었고 480년경 태어났다. 그는 로마에 체류하면서 교육을 받았고, 그 시기에 금욕적인 생활을 동경하면서 은수자와 공동체 수사로 생활했다. 520년과 530년 사이에 그는 로마의 남동쪽 몽테 카시노(Monte Cassino)에 자신의 수도원을 건립했다. 그는 우리에게 알려지지 않은 어떤 수도사에 의해 전해진 규칙서를 근거하여 오늘날까지 그의 이름을 가진 베네딕트 규칙서 혹은 베네딕투스(Bendictus) 규칙서를 썼다. 중세와 근대, 심지어 오늘날까지 베네딕트수도회처럼 직접적으로 그의 이름을 따라 붙여진 수도사들만이 아니라 서방 그리스도교의 수도사들은 베네딕트 규칙서에 따라 생활했다.

8. 영지주의와 마니교

초대 그리스도교 안에서는 특별한 삶의 형태뿐만 아니라 특별한 형태의 구원론이 발전되었다. 많은 그리스도인은 예수의 대리적인 죄 없는 고난과 죽음이, 죄에서의 인간 구원을 보증된 것으로 생각했던 반면에, 정통교리에 벗어난 자들(Außenseiter)은 인간이 인식(γνῶσις/ 그노시스)을 통해서 구원에 도달할 수 있고, 예수는 하나님에 의해서 보내진 사자였다는 견해를 주장했다. 이때 예수는 인간에게 이런 구원의 인식을 전해 준 분이었다. 그들의 종교적인 핵심 사상을 바탕으로 이름 붙여진 "영지주의자들"은 마르키온(Markion)처럼 세상과 모든 육체적인 것을 부정적으로 생각했고, 게다가 창조주, 곧 육체적이고 물질적인 창조와 이런 하나님을 증거하고 있는 구약성서 역시 부정적으로 평가했다.

우리는 몇몇 영지주의자들의 이름을 알고 있으나 그들의 생애와 가르침 일부분만을 알고 있을 뿐이다. 그 밖의 영지주의는 교부들의 논쟁을 통해서 드러났고, 교부들은 남겨진 텍스트 내용처럼 영지주의와는 거리를 두었다. 4세기 영지주의적인 텍스트들의 발견은 고대 파코미우스 수도원 근처 동굴들에서 이집트의 나일강 계곡인 나그함마디(Na Hammadi)에서 이루어졌다. 그곳에서 52개의 작품을 소장한 영지주의의 도서관이 발견되었고, 그 작품들은 이전에 전혀 알려지지 않았거나 단지 작품명만 알려져 있었던 것들이었다. 수도사들이 이 텍스트 중에서 선택해서 복음서들만 소유했거나 읽었거나 숨겨두었는지는 불분명할 뿐만 아니라 추측으로도 설명하기 쉽지 않다.

> 영지주의자들에 의하면 예수는 구원자의 선생이고, 반면에 비영지주의 그리
> 스도인에 의하면 그 자신이 구원자이시다. 영지주의자의 인간은 인식을
> 통해서 구원에 이른다. 비영지주의 그리스도인은 예수의 십자가의 죽음을
> 통해서 구원에 이른다. 영지주의자들은 그들의 인식에 상응한 생활 방식
> 자체로 구원을 받고, 비영지주의 그리스도인들은 오직 예수 그리스도를
> 통해서 구원에 이르고 그들에게 선사된 구원에 믿음과 선한 행위로 응답한다.

유일하게 영지주의적 운동인 마니교만이 매우 근접해서 파악될 수
있고 설명할 수 있다. 즉 설립자와 텍스트 그리고 이 그룹의 역사와
확장 범위에 관해서 어느 정도 알 수 있다. 마니교는 역사적 인물인
마니(Mani)에 의해서 설립되고, 그는 216년부터 277년까지 살았다.
엘케사파들(Elkesaiten) 아래 성장하면서 이미 그는 어린 시절 계시를
받아 자기만의 독특한 영지주의적인 종교를 설립했다. 그것은 유대적,
그리스도적, 페르시아적 그리고 불교적인 모티브를 결합한 것이었다.
마니는 자신을 예수의 제자로, 새로운 바울이자 요한복음(요 14:16)에
약속했던 보혜사(Parklet)로 생각했다. 근대 성서들은 보혜사를 "위로
자" 혹은 "보증인"으로 번역하고 있다. 마니는 선교 여행들을 통해 인도까
지 다녔다. 페르시아의 샤푸르 1세(Schapur I) 왕은 새로운 종교에 관심
을 보였고 마니를 자신의 편으로 만들었다. 그러나 샤푸르의 후계자
바람 1세(Bahram I) 왕 통치 아래서는 마니는 총애받지 못했고, 체포당해
고문받았으며, 추정하건대 십자가에 달려 죽었다.

그렇다고 마니교가 사라진 것이 아니라 도리어 본격적으로 시작되었
다. 마니교는 시리아와 팔레스타인을 넘어 급속도로 이집트와 북아프리

카로 확장해 갔다. 스페인과 이탈리아와 달마티아(Dalmatien)에도 마니교 공동체가 있었다. 카르타고(Karthago)의 젊은 아우구스티누스도 마니교에 빠졌었다. 어떻게 악이 세상에 들어왔는지 그리고 왜 세상이 그렇게 악했는지를 설명할 수 있는 마니교의 가르침이 그를 매료시켰기 때문이다.

마니교 교도들은 세상—그리고 하나님—을 이원론적으로 이해했다. 빛과 어두움, 악과 선, 영과 물질은 서로 대립적이다. 본질적으로 두 실재는 강력하게 나뉘어 있다. 빛의 영역에서는 빛의 아버지가 다스렸다. 그러나 불행한 환경들을 통해서 두 실재의 혼합에 이르게 되었고, 현세와 인간 생활은 두 실재에 영향을 받는다. 어떤 복잡한 신화들(Mythos)은 어떻게 그것이 혼합되었는지를 설명해 주고 밝혀 주고 있다. 거룩한 구원의 사자들, 그들 중 예수와 마니는 인간들에게 구원의 메시지를 가져온 것이다. 그들 가운데 빛의 불꽃은 숨겨져 있고, 다시 빛의 세계와 연합될 것이고, 연합될 수 있다. 이런 인식은 구원을 의미한다. 왜냐하면 이것을 알고 있는 사람은 자신 안에 있는 빛을 없애려고 모든 일을 행하려 하기 때문이다.

이를 위해 엄격한 금욕 생활은 마니교의 생활 방식을 보여 주는 특징이었고, 채식 위주의 음식 섭취와 결혼 포기가 여기에 속한다. 하지만 "선택된 자들"로 인정되었던 소규모 그룹들만 공동체들의 중심에서 살았다. 교회와 마찬가지로 선택된 자 중에 직제가 있었다. 그것은 감독, 장로, 선생이다. "청자"(Hörer)라고 불렸던 대규모의 추종자들은 그들 주위로 몰려들었다. 선택된 자들만 그들의 죽음과 함께 빛의 세계에 들어갈 수 있다고 생각했다. 하지만 청자들 역시 중생의 순환 과정에서 선택받은 자들에 속하게 될 때까지 기다리고 있었다. 다시 말해 청자도 모든 새로운 인식과 이런 인식에 상응한 생활 방식을 통해서 최종적인 구원에 다다를 기회가 있었다.

평화로운 특징에도 불구하고 마니교는 로마제국 내에서 싸움을 피할 수 없었다. 이미 그리스도교 박해자인 디오클리티안(Diokletian)은 297년에 마니교를 박해했다. 372년 그리스도인 황제인 발렌스(Valens) 통치 아래 또다시 마니교의 모든 집회는 금지되었다. 하지만 마니교의 영향은 8세기에 이르러 비로소 이슬람 확장의 결과로 사라졌다. 또한 중앙아시아에서는 11세기까지 그리고 중국에서는 16세기까지 마니교가 존재했다. 서방에서는 마니교의 사상과 원리들이 중세에 카르타고 사람들의 운동에서 다시 나타났다.

그리스도교는 처음 1세기부터 스스로 정상적인 궤도를 벗어난 다원주의적 종교였다. 역사가 진행되면서 그리스도교의 다원성은 축소되었다. 이 과정에서 그리스도교는 모든 특수한 형태들을 압박했고 싸움도 마다하지 않았으며 결국에는 완전히 근절시켰다. 콘스탄티누스적인 전환 이후 국가와 교회는 비그리스도교적인 종교들뿐만 아니라 자기들의 노선에서 벗어난 자들 역시 무력을 앞세워 제거했다. 385년 최초로 트리어(Tier)에서는 그리스도교인 중 일부 그리스도인들의 잘못된 이념들 때문에 마니교로 오해하고 죄를 뒤집어씌워 죽였다. 죽임을 당한 자들은 스페인의 금욕주의자인 프리스길라(Priscillian)와 과부 유크로티아(Euchrotia)와 무명의 3명이었다. 이 사건은 곧바로 성과로 이어진 듯하다. 아우구스티누스는 다른 사상을 가진 그리스도인들을 향한 폭력 행사를 정당화했고 누가복음 14장 23절("강권하여 데려다가")을 그것의 근거로 삼았다. 게다가 이것은 중세에 종교재판의 토대가 되었고 이단자를 향한 폭력적인 전투를 가능하게 했다.

3장

—

중세

I. 중세 교회 역사 개관

중세는 그리스도교 역사의 두 번째 시대를 일컫는다. 이 시대는 고대 교회를 뒤이은 약 1,000년에 이르는 가장 긴 세월로, 고대 그리스도교 시대를 계승한 것이다. 세 번째 종교개혁 시대는 중세에 뒤이어 근대 초기 시대를 형성한다.

중세는 "중간기", 예컨대 중간 기간, 두 시대 사이 기간이다. 그래서 이미 중세라는 명칭은 16세기에 나타났다. 1538년 최초로 스위스 역사 서술자인 애기디우스 츄디(Ägidius Tschudi)가 이 개념을 사용했다. 하지만 그 이전에 이미 1469년 이후 이탈리아에서는 라틴어 동의어들이 존재했다. 이것은 중간기였는데, 그렇게 명칭을 지었던 사람들은 비판적으로, 심지어 부정적으로 평가한 것이다. 그들은 고대를 높이 평가하고 근대 역시 높이 평가했다. 그러나 사실 이것은 고대와 근대 사이에 놓여 있는 시대를 의미하는 말이 아니다. 이런 관점은 일찍이 1373년 이탈리아인 프랑케스코 페트라르카(Francesco Petrarca)에게서 발견되었다. 오늘날 우리는 이러한 비판적인 개념을 가치 중립적으로 사용하고 있다.

알 아 두 기

> 역사의 "시대구분"으로서의 "중세"
>
> 역사는 시대별로 나누어지는데, 교회 역사 역시 그렇다. 우리는 시기 구분을 시대로 표기하고 있고, 시기 구분은 뚜렷한 공통점들을 통해서 선행 시대와

후대 시대로 구분된다. 중세는 서양에 의해서 지배되었던 시대를 말하고 그리
스도 이후 500년부터 1500년까지였다. 따라서 중세의 교회 역사를 대신하여
중세 교회사 혹은 중세 교회의 역사라고 부른다. 중세는 초기 중세, 중기 중세
그리고 후기 중세로 분류된다. 후기 중세는 14세기와 15세기를 말하고, 초기
중세와 중세 전성기 사이 경계 구분은 대체로 11세기로 하고 있다.

중세에는 그리스도교의 중심은 서방에, 즉 서양에 놓여 있었다. 그리
스도교는 우선 라틴어를 사용했다. 주로 이 당시 그리스도교의 전파자들
은 게르만 민족이었다. 800년대 칼 대제에 의해서 새롭게 설립된 로마제
국은 정치적인 권력으로서 근본적인 역할을 했다. 중세 수도원은 교회와
사회를 이끄는 중요한 원동력이었다. 이 밖에도 중세 신학 연구는 대학교
의 발생과 더불어 대단히 크게 발전했다. 신학은 우선 구원에 관한 질문과
교회에 관한 주제에 큰 관심을 보였다. 그 당시 신학자들은 특히 아우구스
티누스를 좋아하여 그의 신학을 받아들였다. 이 외에도 예수의 인간적
삶의 여정들, 예컨대 예수의 고난과 죽음이 다시 주목받았다. 중세에는
교황권이 생성되었다. 교황은 로마의 감독 출신이 되었다. 그리스도교
는 통일성의 모습을 드러냈다. 하지만 극단적인 폐쇄성으로 유대인들은
그리스도인들 아래 숨어 살아야 했고, 그리스도교는 새로운 종교 이슬람
과 적대적인 관계를 형성했다.

중세는 종교개혁과 함께 끝났다. 종교개혁은 인상적인 사실인 루터
의 95개 조항과 함께 1517년에 시작되었다. 그러나 여전히 중세의 시작
은 정확하게 규정짓지 못하고 서로 다른 주장들이 난무한다.

고대 그리스도교는 로마제국의 종교들의 하나가 되었고, 결국 제국
의 유일한 종교가 되었다. 로마제국은 게르만 민족 대이동으로 인해

압박받았다. 민족대이동은 375년 훈족의 침입으로 시작되어 568년 이탈리아를 향한 랑고바르드족의 이동으로 끝났다. 게르만 민족의 군사 령관 오도아커(Odoaker)가 서로마제국의 마지막 황제이자 나약한 황제 로물루스 아우구스툴루스(Romulus Augustulus, 유약한 황제라 불렸던) 를 폐위시켰다. 이렇게 로마를 수도로 가지고 있었던 서로마제국은 민족 대이동 때문에 476년에 몰락했다. 게르만 민족은 민족대이동과 함께 그리스도교를 받아들였다. 동로마제국, 곧 비잔틴 제국은 7세기 확장해 오는 이슬람의 압박을 받아 점차 제국으로서의 의미를 잃어갔다. 10세기 와 11세기의 휴면기를 지나 튀르키예의 통치자들은 동로마제국을 1453 년 점령했다. 콘스탄티노플의 가장 유명한 교회 성소피아 성당(Hagia Sophia, 2.1)은 이슬람 회당으로 개조되었다. 이것은 1935년 박물관이 되었으나 현재 튀르키예 정부는 그것을 다시 이슬람 회당으로 개조하려 고 계획 중이다.

이러한 점을 고려할 때 476년은 뚜렷하고 명확한 전환점을 형성했고 중세의 시작으로 볼 수 있을 듯하다. 프랭크족의 그리스도교화(498), 베네딕트수도회의 등장(대략 525), 아우구스티누스 신학의 종결(아우구 스티누스의 죽음, 430) 그리고 종교 관용 정책의 폐지는 중세의 시작과 거의 일치하고 종교 관용 정책의 폐지는 415년 철학자 히파티아(Hypatia) 의 살해와 529년 "아카데미"의 폐쇄를 통해서 증명되고 상징화되며, 이 모든 요인은 중세 동안에도 중요한 요인으로 여겨졌던 것들이다.

민족대이동은 중세 역사의 기본 조건들을 형성했다. 먼저 주로 북동 부 유럽에서 출생한 게르만 민족들은 부분적으로 이미 그리스도 탄생 이전 시기에 남으로 이주했다, 또한 375년 중앙아시아의 훈족들이 흑해 북쪽 초원 지역으로 돌진해 들어와 그곳에 그들의 제국을 설립했을 때부터 움직이기 시작했다. 훈족은 고트족을 위협했고, 한때 주로 남스웨덴과 코트란트(Gotland)에 살았던 고트족은 이런 상황에서 발칸반도를 넘어 이탈리아로, 최후에는 스페인까지 이동했다. 또한 알렌족, 수에벤족, 랑고바르드족, 반달족은 새로운 제국을 건설했다. 특히 반달족은 가장 광범위한 영역까지 이동했으며 북아프리카까지 들어가 439년 카르타고를 점령했다(참고: 그림 3.1).

핵 심 포 인 트

중세에는
― 그리스도교의 중심지들이 서방으로 이동했다.
― 서방에서 마침내 라틴어를 그리스도교의 주요 언어로 통과시켰다.
― 게르만 민족들은 그리스도교의 주요 전달자들이 되었다.
― 그리스도인이 되기 위해서는 믿음보다는 세례가 더 중요했다.
― 그리스도교는 일반 농촌 주민들도 품었다.
― 서방 문화는 통일되었으나 그리스도교적으로 폐쇄적인 인상을 주었다.
― 그리스도교는 왕권과 교권을 밀접하게 연합한 국가 종교로서 모습을 보였다.
― 새로운 종교 이슬람교는 외부적으로 그리스도교와 대립각을 세웠다.
― 신학은 우선 대학들에서 발전되었고 가르쳐졌다.
― 신학은 우선해서 구원 문제들과 구원의 장소로서의 교회를 다루었다.
― 예수 그리스도는 다시 인간으로 강조되었고 이때 고난의 인간 예수가 우선시되었다.
― 수도원은 그리스도교 내부에 중요한 역할을 했다.
― 감독들은 상위의 교회를 주도하는 관직을 맡았다.
― 감독들은 교회에서의 지위와 동시에 정치적인 권력도 가졌다.
― 로마와 그곳의 감독, 즉 교황의 중요성이 점점 더 강조되었다.

게르만 민족들은 그리스도인이 아니었고, 그들의 종교성은 거의 알려지지 않았다. 하지만 이미 4세기에 콘스탄티노플에서 고트족들의 그리스도교화가 이루어지기 시작했다. 물론 선교사들은 아리우스주의적인 특징을 지니고 있었고, 고트족을 비롯하여 그 외의 게르만 민족들과 반달족은 아리안주의자들이었다. 프랑크족은 그리스도교를 (곧바로) 받아들이지 않았다. 게르만-아리안 민족들은 후대의 그리스도 역사를 위해 더 이상 커다란 역할을 하지 못했다. 그러나 프랑크족은 가장 중요한 종교적 원동력이 되었고 가장 중요한 정치적인 세력이 되었다.

498년 메로빙거(Merowinger) 가문 출신 프랑크족 왕 클로비히(Chlowig)는 세례를 받았고, 전승에 따르면 그와 더불어 3,000명이 넘은 숫자의 동족들이 그리스도교에 가입했다. 이것은 그리스도교 역사에서 최초의 선교 세례이자 세례식이었으나 세례식에 앞서 이루어졌던 세례의 상세한 신앙 교육은 이루어지지 않았다.

프랑크족의 정치적인 힘은 강해졌다. 프랑크족에게 몰두했던 선교사들은 아일랜드와 스코틀랜드와 영국 출신으로, 로마의 감독과 연대했으며 그리스도교적인 신념을 가졌다. 이것은 754년에 역사의 유익한 만남을 만들었다. 랑고바르드족의 위협을 받은 로마의 감독 스테판 2세(Stephan II)는 프랑스로 여행을 떠났고 폰티온(Phothion)과 퀴르치(Quierzy)와 또 한 번은 파리에서 프랑크족 왕 피핀 3세(Pippin III)를 만났다. 두 명의 권력자는 동맹을 맺었다. 감독은 피핀에게 기름을 부었고 그에게 일찍이 황제들의 죄를 사해 주었던 존칭 "로마인들의 파리인"(Paricius Romanorum)을 부여했다. 이후 피핀은 이탈리아로 이동했으며 755년 랑고바르드족을 물리치고 난 후 스테판 2세에게 점령지의 넓은 지역을 선물했다. 이런 "피핀의 증여"는 로마와 프랑스 사이의 관계를 안정시켰을 뿐만 아니라 오늘날에 이르는 결과를 가져왔다.

정치적인 통치 지역을 로마의 감독에게 양도하면서 교회 국가가 설립될 수 있었고 그것은 현재까지 바티칸 국가로 존재한다. 로마의 감독 교황은 현재 교회의 우두머리이면서 자체적으로 작은 국가를 다스리고 있다.

프랑크족과 로마 감독의 연대는 서양의 교회 역사에 계속 영향을 미쳤다. 피핀 3세와 함께 시작한 메로빙거 가문의 힐더리히 3세(Chiderich III)가 폐위되고 751년부터 프랑스는 카롤링거 가문이 통치했다. 칼 왕은 771년부터 통치하였고 후에 "대제"라는 별칭을 받았다. 칼은 800년에 로마와 그곳의 감독을 방문했고 로마의 감독은 그를 위해 대관식을 행했다. 그것은 칼이 476년 멸망했던 서로마제국의 후계자임을 인정하는 상징을 넘어 "독일 국가의 신성로마제국", 예컨대 새롭게 설립되고 새롭게 정해진 로마제국을 탄생시켰다. 이 제국에서는 로마인들이 아니라 게르만 민족들, 물론 독일인이 강력한 힘을 가졌으며 로마 출신이 아니라 다양한, 주로 독일 지역 출신들이 그 제국을 다스렸다. 프랑크족들은 로마제국을 복구했으나 그들의 넓고 거대한 통치 구역인 프랑스는 9세기에 멸망했다. 오늘날 독일과 프랑스는 프랑스와 칼 대제의 유산으로 여겨지고 있다.

칼 대제는 다방면에서 그리스도교를 장려했다. 가까워졌으나 아직 비그리스도교 민족들의 선교를 담당해야 했듯이 교육을 장려한 일도 이에 속해 있었다. 독일의 북부와 남부에서 칼은 그리스도교를 작센인들 (Sachsen)에게 전달했고, 이것은 폭력을 동원하여 이루어졌다. 다시 여기서도 선교 세례가 이루어졌다. 하지만 작센인들은 새로운 종교를 따랐고, 폭력적인 선교가 이루어진 후 백 년 동안 작센인들은 황제 자리를 차지했다. 919년부터 오토 가문, 예컨대 작센의 통치자 가문이 다스렸다.

또한 칼 대제는 제국 내부의 그리스도교회를 가속화했다. 또 그는 수도원을 강력하게 장려했다. 결정적으로 그와 그의 카롤링거 가문의 후계자들이 황제직에서 공헌한 점은 베네딕트수도원이 서양에서 수도원 생활의 지배적 위치와 단독 형태가 되도록 다른 형태의 수도원 생활을 밀어냈다는 점이다.

오토 가문 아래에서는 감독들에게 정치적인 권력을 부여하는 것이 일반화되었다. 황제들은 고위층 귀족들을 감독으로 임명했고, 그들에게 교회뿐만 아니라 정치적인 통치권을 부여했다. 이것은 제국의 안정화에 크게 기여했다. 왜냐하면 감독들이 결혼하지 않고 살아서 그들의 통치 지역들을 그들의 자녀에게 상속할 수 없었기 때문이다. 이것은 정치적으로 성공적인 모델이고 후대 소위 "오토 제국의 교회 제도"라고 불렸다. 그러나 교회에는 상당한 해를 끼쳤다. 정치적으로 활동한 감독들이 대체로 자신들의 교회 직무를 소홀히 했기 때문이다. 그럼에도 이런 제도는 독일에서 지속되었고 나폴레옹(Napoleon)이 정치적인 감독 세력을 종식시켰던 19세기 초까지 독일 역사에 엄청난 영향을 주었다.

교회 권력과 정치권력의 통합이 이루진 것과 동시에 교회의 정치적 우위에 저항하고 반대하는 수도원 운동이 교회 안에서 일어나기 시작했다. 이를 위해서 프랑스의 남동부에 한 수도원인 클뤼니(Cluny)가 있다. 수도원 창립자는 909년 혹은 910년 설립된 부르군디의 베네딕트수도사들의 대수도원장에게 수도원 원장의 자유로운 선발권을 부여했다. 이것은 대단히 특별한 경우였다. 왜냐하면 오래전부터, 베네딕트수도원 규칙서의 원리와는 다르게, 귀족 수도원 설립자들과 수도원의 소유자들은 수도사 중에서 수도원장을 선발했던 것이 아니라 임의로 수도원장을 선발했다. 이때 특히 그들 중 친밀한 귀족 가문 출신 유복자에게 수도원 원장 자리를 마련해 주는 것이 일반적이었다. 설립자들과 소유자들은 보통 수도원의 보호 영주였고 후견인들이었기 때문에 사실상 수도원의 모든 것을 그들이 결정했다. 이런 상황에서 클뤼니는 자유로웠고, 면제된(*eximere*: 제외하다) 이런 자유를 이용했으며, 수도원 생활을 새롭게 꽃피울 수 있었다. 다른 수도원들도 빠르게 클뤼니수도원처럼 수도원 설립자나 소유주들의 권리에서 면제되는 것을 원했다. 따라서 수도원의 자유로운 분위기가 조성되었고 이것은 곧 수도원의 부흥으로 이어졌다.

수도원들로부터 시작된 자유에 대한 외침은 점점 교회 전체로 퍼져갔다. 감독직처럼 고위직도 선발로 임명한 것이 아니라 고위 귀족들이 독점하여 고위직을 임의로 임명하는 일이 오래전부터 교회 안에서 관례가 되어 있었다. 평신도 황제가 교회 감독들을 선발하여 임명했다. 더더욱 세속의 최소한 힘과 영향력이 감독직에 미쳤던 곳에서도 이런 일은 빈번했다. 이렇게 세속적인 권력의 소유자(평신도)들은 서임권(*Investitur*, 문자적으로 성직복의 지급)을 교회의 남자들에게 행사했다. 로마 감독들은 평신도 서임권에 반대하여 1059년부터 투쟁했고 그것을 금지했다. 이러한 결정은 이전까지 대체로 협력 관계였던 제국의 두 사람, 즉 황제와 교황 사이에 갈등이 야기되는 계기가 되었다. 대표적인 갈등은 황제 하인리히 4세(Heinrich IV)가 평신도 서임권의 금지 사항을 지키지 않고 1075년 밀라노(Mailand)에서 한 감독을 임명했다. 그리고 1076년 당시의 교황 그레고리 7세(Gregor IIV)에게 서임권 금지법이 폐기된 것으로 주장했다. 곧바로 그레고리는 황제를 교회에서 파문했고 황제의 사제 임명을 무효 처리했다. 하인리히는 1077년 이탈리아 카놋사(Canossa)까지 도보로 걸어가 그레고리에게 용서를 구하고 나서야 파문이라는 곤란한 상황에서 벗어날 수 있었다. 1078년과 1080년 그레고리 7세는 평신도 서임권을 결정적으로 금지했다. 하지만 1122년 보름스(Wormser)의 종교협약에서 타협이 이루어질 때까지 황제와 교황 사이의 갈등은 교황과 황제가 바뀔 때마다 그들 사이에 여전히 펼쳐졌다. 타협은 황제가 서임권을 양보하면서 이루어졌다.

동시에 11세기 동방 그리스도교와 서방 그리스도교 관계에서 다양한 갈등이 발생했다. 1054년 로마와 콘스탄티노플, 즉 서방과 동방 사이의 결정적인 분열이 이루어졌다. 당시 양측 교회의 감독들과 최고 대표자들은 예수 그리스도의 교회에서 서로를 파문했다. 양측 그리스도 중심지들 사이에서의 논쟁은 이미 9세기에 시작했다. 로마가 니케아-콘스탄티노플(381)의 신앙고백에다 비밀리에 부가적인 단어를 삽입시켰기 때문이다. 하지만 첨가된 단어는 대단히 신학적으로 중요한 의미를 지니고 있었다. 이것은 라틴어 "필리오케"(*filioque*)라는 단어로, 성령이 성부와 "성자"로부터 발현한다는 것이다. 이뿐만 아니라 더 큰 신학적 차이점들이 덧붙여졌고 이것들은 오늘날까지 정리되지 않은 상태다. 동방 교회들(러시아정교회, 그리스정교회, 동방정교회)은 로마 감독인 교황에게 예속되는 것을 절대 원하지 않았다. 그러나 1054년 선언했던 상호 파문은 1965년에 철회하면서 양측이 분열한 후 900년 이상 지나서야 원상 복구되었다.

교황과 황제는 각각 독립적으로 12세기와 13세기에 대학들을 세웠다. 대학은 수준 높은 교육에 이바지했으며 또한 신학에 새로운 기초를 제공했다. 오늘날까지 신학은 대학 학문이며 중세에 뿌리를 두고 있다. 물론 교육은 중세에는 남자들의 전유물이었다. 따라서 그들만이 대학에 입학할 수 있었다. 여자들을 위한 교육의 기회는 수도원에서 가능했다.

중세의 가장 유명한 고등 교육을 받은 여성은 빙엔의 힐데가르덴(Hilde-garden von Bingen)이다. 그녀는 알체이(Alzey) 근처 베르메스하임(Bermersheim) 출신의 귀족이었으며, 1151년부터 1179년 그녀가 죽을 때까지 빙엔 근처 여성수도원 루페르트베르크(Rupertsberg)를 이끌었다. 그녀는 많은 신학 서적을 저술했고 또한 상담자로, 설교가로 활동하면서 훌륭한 위로를 전했다. 2012년 교황은 그녀에게 교회 교사의 지위를 부여했다.

황제와 교황들이 서임권의 문제로 서로 갈등을 빚었던 반면에, 이슬람의 셀주크 가문, 곧 튀르키예 영주의 왕조에 대항한 전쟁에서는 서로 힘을 모았다. 1095년 십자군원정이 시작되었다. 그러나 1099년 예루살렘이 점령되었다. 이후에도 여러 차례의 십자군원정이 이루어졌지만, 십자군원정은 1291년 또 다른 이슬람의 통치 왕가인 이집트 출신 맘르케 사람들을 통해서 팔레스타인의 북부에 중요한 항구 도시인 아코(Akko)의 탈환과 함께 끝났다.

전쟁이 끝나고 마음껏 부를 누리던 교회는 12세기부터 저항을 받기 시작했다. 1175년경 부유한 한 상인 발도(Valdes: 페트루스 발데스는 아님)는 리옹에서 후에 그의 이름에 따라 불린 발도파의 가난한 자들의 운동과 설교하는 자들의 운동을 설립했다. 교회가 그들의 퇴치를 위해 신속하고 강력하게 대응했음에도 발도파는 외진 알프스 산골짜기에서 살아남았고 오늘날까지도 이탈리아에는 발도파 교회가 존재한다. 이 외에도 카타르파(Kathar)의 교회를 향한 비판적인 운동은 발도파보다 훨씬 더 급진적이었다. 아마도 "이단자"라는 개념이 그들의 이름에서 유래하지 않았나 싶다. "카타르"는 "정결한 자"(καθαροί/카타로이)라는 의미를 지닌 헬라어로, 그 개념이 그들에게 붙여진 이름이었다. 왜냐하면 그들은 철저하게 그리고 엄격하게 금욕적인 삶의 방식을 실천했기 때문이다. 그들의 시작은 발도파와 마찬가지로 12세기에 일어난 운동으로 라인란트(Rheinland)와 플란드르(Flandern)와 샹파뉴(Champagne)에서 발생했다. 카타르파는 발도파처럼 숨었던 것이 아니라 남프랑스 성들에 교회당을 설립하고 활동했다. 그들은 그곳 지역 귀족들의 지지를 받았고 남프랑스 중심지인 알비(Albi)의 이름을 따서 알비파(Albigenser)라고 불릴 정도였다. 물론 그들 역시 탄압을 받았고, 소위 알비파는 십자군원정군에 의해서 남김없이 근절되었다.

실제로 교회는 급진적인 영성가들을 위한 교회 내적인 배출구를 열어놨지만, 동시에 지속해서 교회 비판에 대한 새로운 종교적인 각성을 억제시켰다. 급진적인 움직임들이 바라는 관심은 수도원 운동의 새로운 형태를 탄생시켰다. 그것은 수도사들에게 사적인 소유를 금했을 뿐만 아니라 공동소유조차도 허용하지 않았다. 이제 수도사들은 그들의 수도원이 소유했던 넓은 경작지의 수확에 의존하지 않고 정규적인 구걸로 생계를 꾸렸다. 따라서 그들을 탁발 수도사라고 불렀다. 가장 중요한 탁발 수도원은 아시시의 프란체스코(Franz von Assisi)가 설립한 프란체스코 수도회와 도미니쿠스(Dominikus)가 설립한 도미니코 수도회이다. 이 외에도 두 탁발 수도회보다 중요성은 덜하나 유명한 아우구스티누스 은자회(Augustiner-Eremiten)가 있었다. 이곳에서 후에 한 유명한 수도사를 배출하는데, 그가 종교개혁자 마틴 루터이다.

탁발 수도사들은 도시에 살면서 활동했다. 그들은 전에 있었던 수도원의 수도사와는 달리 사람들의 환심을 샀다. 그들은 예배를 집례했고 신앙인들에게 예배 설교들을 제공했다. 설교는 탁발 수도사의 주요 관심사 중에서도 중요했다. 이 때문에 도미니코 수도회를 소위 "설교종단"이라 불렸고, 그것의 라틴어 이름(*Ordo Fratrum Praedicatorum*: 설교형제단: 약어로 OP)은 여전히 오늘날에도 그렇게 불리고 있다. 물론 그들은 중세에는 상황에 따라 "성만찬"만을 시행하면서 설교를 하지 않을 때도 있었다. 도시에는 다수의 장로와 사제들을 가진 교회들이 많이 있었으나 그들은 주로 소위 조용히 미사들, 예컨대 교회 없는 주의 만찬을 위한 예배를 드렸다.

사제는 그의 교회 예배실의 제단에 혼자 서서 라틴어로 그쪽을 향해서 중얼거린 후 예배를 집례했고, 떡을 먹었으며 포도주를 마셨다. 그는 이것을 하나님께서 마음에 들어 하실 것이라고 확신했다. 사람들은 예배에 참여했을 때 주의 만찬의 떡인 성체만을 받을 수 있었을 뿐 포도주잔, 곧 성배는 받지 못했다. "성배 금지"는 시간이 지남에 따라 일반화되었다. 왜냐하면 그리스도인들은 포도주를 그리스도의 피로 생각했고, 이로써 포도주를 멀리했으며, 포도주를 부으면서 혹시 잘못 부을까 봐 두려워했기 때문이다. 중세는 주의 만찬 자체를 희생제(Opferhandlung)로 여겼다. 주의 만찬을 피를 흘리지 않은 갱신 혹은 예수의 십자가 죽음의 반복으로 강조하면서 개념상 반영된 것은 "성체"가 "희생제물"(*hostia*)이라는 뜻이다. 교회가 행하는 성만찬의 통례적인 시행 외에 성인 숭배와 성인 기도(Anrufung)는 모든 종류의 선한 행위(가난한 자들을 위한 자선행위, 교회의 헌금 혹은 성지순례 등)를 자신의 영혼 구원을 위해서 행하는 일로 이해하는 것과 마찬가지로 중세 경건의 중심에 있었다.

발도파와 카타르파의 교회 비판적인 운동들과는 별도로 중세 후기에 지금까지도 중요한 신학적으로 보증된 개별적인 인물 두 명이 교회 비판자로 나타났다. 그들은 14세기 영국의 존 위클리프(John Wyclif)와 15세기 보헤미아의 얀 후스(Jan Huss)이다. 두 사람은 종교개혁의 필요를 미리 앞서서 가졌고 이 때문에 때때로 종교개혁 이전 개혁자들로 언급된다. 루터는 실제로 후스의 영향을 받았다. 후스는 1415년 그의 가르침 때문에 콘스탄츠(Kontanz)에서 화형을 당했다. 위클리프는 주의 만찬 때 포도주가 실제로 그리스도의 피가 된다는 가르침에 최초로 의문을 가졌다. 후스가 죽은 이후 그의 추종자들은 "평신도 성배"를 요청했다. 이것은 주의 만찬에서의 포도주가 사제를 위한 것일 뿐만 아니라 모든 신앙인을 위한 것이기 때문이다.

대학과 함께 신학의 황금기라는 중세의 새로운 그림이 그려진 이후, 중세 후기에 들면서 소위 르네상스(재생)라는 포괄적인 갱신 운동의 맥락에서 신학 발전은 계속 이루어졌다. 르네상스는 고대 문화를 다시 부흥시키길 원했다. 르네상스의 한편에서는 인문주의라는 학문적인 운동이 일어났는데, 이것은 고대 언어와 저술들에 새로운 관심을 가졌다. 종교개혁은 인문주의 맥락 안에서 성서와 초대교회로 회귀에 근거한다. 인문주의는 또한 가톨릭 개혁, 즉 가톨릭교회의 종교개혁에 새로운 양상 역시 제공했을 것이다.

중세 후기의 사건들은 물론 교회적-제도적 영역에서 문제를 일으켰다. 교황은 중세에 그의 권력과 명성을 계속해서 확장했다. 하지만 중세 후기에는 많고 큰 위기로 좌초되었다. 먼저 불화, 곧 교황 분열(Schismen)이 일어났다. 두 명 혹은 세 명의 교황이 동시에 다스리는 일이 발생했으며, 이들은 서로의 정당성을 인정하지 않았다. 다른 한편으로는 교황들이 프랑스의 영향 아래 들어가면서 로마가 아닌 아비뇽(Avignon)에 거주했다. 이런 폐해를 극복하려고 15세기에는 두 번의 대규모의 공의회(Pl. 또한 공의회들)가 콘스탄츠(Konstanz)와 바젤(Basel)에서 개최되었다. 교황 분열의 문제는 청산될 수 있었으나 실제적인 교황권의 개혁은 성공하지 못했다. 교회가 종교개혁을 이때 시작해야만 했던 것처럼 전면적인 가톨릭교회 개혁을 향한 요청은 공의회의 영역에서 공공연하게 이루어졌다.

서방 교회가 교회 내부의 일로 바빴던 반면에, 중세 후기에 동방 교회는 늘 커다란 외부적인 위협에 놓여 있었다. 튀르키예 사람들과 이슬람교는 자신들의 세력을 계속 확장했고 그리스인들과 그리스도교를 위협했다. 동방 교회는 로마와의 타협을 통해 서방의 보호를 받고자 노력했다. 그러나 타협은 이루어지지 않았다. 1439년 페라라(Ferrara)와 플로렌츠(Florenz)에서 개최되었던 연합공의회에서도 아무런 성과가 없었다. 튀르키예 사람들이 1453년 동방 그리스도교의 중심지를 점령하면서 콘스탄티노플은 이스탄불(Istanbul)이 되었다. 이슬람권의 위협과 점령은 동방 학자들의 서방으로의 도피로 이어졌다. 이때 학자들은 고대 헬라 필사본들인 교부들과 철학자들의 텍스트를 들고나왔다. 그것은 서방의 학문에 새로운 자극을 제공했다. 튀르키예 사람들은 간접적으로 종교개혁에 영향을 미쳤다. 콘스탄티노플의 몰락으로 인해 일어난 묵시적인 경향, 즉 세상의 임박한 종말의 기대는 종교개혁을 고무시켰다. 따라서 강조할 수 있는 것은 튀르키예 사람들이 없는 종교개혁은 없다는 주장이다.

중세 후기는 종교개혁으로 이어졌다. 종교개혁은 이루어져야 했다. 이런 움직임 안에서 교회분열이 잠시 일어났을 뿐 필연적인 일은 아니었다. 종교개혁은 전체 교회개혁에 부분적인 영향을 미쳤고, 이에 따라 중세 교회 일치를 근대에도 유지할 수도 있었을 것이다. 혹은 종교개혁은 좌초될 수도 있었든지 혹은 교회 일치가 유지되었거나 아니면 재생되었거나 할 것이다.

II. 중세 교회 역사의 주요 주제들

1. 선교

중세에 게르만 민족들은 그리스도교의 가장 중요한 전파자들이었다. 나중에 슬라브족들(Slawen)이 가세했다. 그리스도교는 선교의 과정 중에 ─부분적으로는 평화롭게, 부분적으로는 폭력적으로─ 두 민족을 만났다.

오늘날 독일에 속해 있는 지역에 로마 시대에 이미 설립된 최초의 그리스도교적인 공동체가 있었다. 예를 들면 쾰른(Köln)과 트리어(Trier) 그리고 바젤(Basel)이다. 우리가 알고 있는 모든 것에 따르면 로마인들은 그곳에서 이미 3세기에 그리스도교를 믿었다. 또한 은둔자들(Einheimliche), 즉 켈트인들 역시 로마인들을 통해서 그리스도교와 접촉했을 것이다. 그러나 주로 이런 공동체들은 민족대이동의 과정 중 몰락했고, 트리어만이 로마 시대부터 중세에 이르기까지 계속해서 그리스도교적인 공동체가 존립했었다는 것을 제시해 줄 수 있을 뿐이다.

최초의 게르만 민족들의 역동적인 선교화는 4세기 콘스탄티노플에서 이루어졌다. 서고트족들이 그것에 영향을 미쳤다. 그들 가운데 갑바도기아에서 성서를 고트어로 번역했던 그리스도인인 고트족 후손 울필라(Ulfila 또한 불필라: Wulfila)가 선교사와 감독으로 활동했다. 울필라와 그의 전달자들은 다수 교회에서 이단으로 정죄되었던 아리안주의자들이었다. 따라서 게르만 민족은 특수한 경향을 가진 아리안주의자들이 되었다. 그들이 이런 자신들의 신앙을 구체적으로 어떻게 실행했는지는 알려지지 않는다. 왜냐하면 저술로도 고고학적으로도 증거가 부족하기 때문이다.

알아두기

고트족들에서 유래한 아리안주의적 특성을 가진 그리스도교 신앙 은 또한 랑고바르드족(Langobarden)과 반달족(Vandalen)과 부르군디 족(Burgundern)과 수에벤족(Sueben)에게 전달되었다. 다른 게르만 민족, 그들 중 중요한 프랑크족은 중부 유럽, 오늘날의 프랑스와 독일 지역에 자리를 잡았다. 하지만 여전히 그리스도교와 거리를 두었다.

정치적으로 그리고 군사적으로 성과를 거둔 프랑스의 통치자이자 메르빙거(Merwinger)의 가문 출신 클로비히(Chlodwig)가 그리스도교로 전향하고 498년 세례를 받았을 때 프랑크족은 496년/497년에 전환기를 맞았다. 가톨릭의 감독인 레미기우스(Remigius)는 클로비히에게 랭스(Reims)에서 세례를 베풀었다. 몇 세기 이후 7세기 초부터 아일랜드(Irland) 출신 수도사들이 활동했고, 그들 중 가장 유명한 수도사인 콜룸바(Columba 혹은 콜롬반)는 프랑크족들 가운데 선교사로 활동했으며, 수도사들은 수도원들을 설립했다. 수도원 설립자 중 가장 유명한 인물은 스위스에 성 갈렌(Gallen)이다. 게르만 민족의 그리스도교회는 계속 진보를 이루었다. 8세기에 베네딕트수도원 수도사이자 영국 출신인 보니파티우스(Bonifatius)는 그리스도교의 선교를 위해 헤센(Hessen)과 튀링겐(Thüringen)에서 활동했다. 그 사이에 메로빙거 가문을 몰락시켰던 카롤링거 프랑크 가문은 이 시기에 북독일, 작센(Sachsen)에서 선교했고, 이때 그들의 선교는 무력이 동반되었다(참고: 그림 3.1).

발칸반도(Balken)에 거주했던 슬라브족 역시 오랫동안 그리스도교에 속하지 않았다. 8세기 초에 시작한 근본적인 선교 사역은 비잔틴 선교사이자 "슬라브족들의 사도인" 키릴(Kyrill)과 메토드(Method)를 통해서 이루어졌으며 9세기에 성과를 거두었다. 그리스도교화를 위하여 그들은 슬라브인들의 문어체를 만들었고 그것과 더불어 독특한 슬라브족의 문화를 위한 기초를 놓았다. 가톨릭교회는 그들을 오늘날 "유럽의 수호성인", 즉 근대 유럽문화의 조상으로 지명했다.

러시아는 그리스도교를 콘스탄티노플로부터 받아들여 10세기에 기틀을 마련했다. 15세기에 들어 러시아 교회는 독립했다.

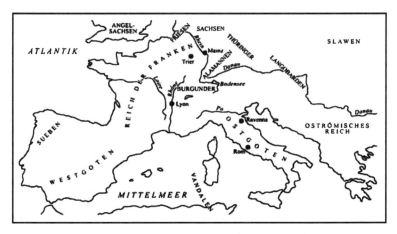

그림 3.1. 5세기 게르만 민족들

2. 수도원

수도원은 중세의 유산이 아니라 중세에 가장 중요한 그리스도교 내부의 세력이었다. 상당히 많은 사람이 수도사와 수녀로 살았고, 수도원은 교회와 신학에서뿐만 아니라 사회 전반과 경제적인 분야에 큰 영향을 미쳤다.

서양의 수도원은 동방을 모범으로 시작했고 형성되며 만들어졌다. 서양 수도사들은 인간의 채울 수 없는 깊은 고독을 찾기 위해 대체로 높은 산, 깊은 계곡, 어두운 숲과 외딴섬을 이용했다. 그러면서 점점 서양 수도원은 근본적인 원리들과 체계들을 발전시켜 나갔다.

최초로 아일랜드, 스코틀랜드, 영국 출신 수도사들이 프랑크족들의 거주지에서 활동했다. 지금까지도 이에 관련한 하나의 에피소드가 전해진다. 525년경 이탈리아에 설립된 베네딕트수도원은 주도적인 세력이 되었다. 베네딕트수도원은 수도사들의 다양한 삶의 조건에 적응할 수 있도록 유연한 규칙을 세웠고 다른 형태의 수도원만큼 그렇게 엄격하지 않았다. 이뿐만 아니라 카롤링거 왕가, 특히 칼(Karl) 대제의 아들인 경건한 왕 루드비히(Ludwig)가 베네딕트수도원을 공식적으로 장려하면서 주도적인 세력이 되었다. 시간이 지남에 따라 베네딕트수도원은 독립적으로 집권의 자리를 구축했다.

어떤 베네딕트수도원은 종교 부분에서뿐만 아니라 경제적인 중심지가 되었다. 교회와 학교와 병원과 숙박시설을 소유했으며, 때때로 100명 이상의 수도사를 위해 생활필수품과 옷을 생산해야만 했다. 중세의 어떤 수도원은 수도원 촌락을 이루었는데, 많은 사람과 많은 건물을 가진 보다 큰 주상복합 형태였다. 현재 중세의 형태로 보존된 수도원 촌락지는 칼스루에(Karlsruhe)에서 멀지 않은 마울브론(Maulbronn)이다. 그 외에도 우리는 이상적인 수도원 형태의 평면도를 보여 주는 9세기 건축물의 도면을 소유하고 있다(그림 3.2). 도면은 오늘날 스위스의 성 갈렌 수도원 안에 보존되어 있고 이 때문에 성 갈렌 수도원 도면이라 불린다.

하지만 베네딕트수도원은 중세 초부터 점점 더 귀족의 영향권 아래 들어갔다. 더는 수도사들은 그들의 처지에서 수도원 원장을 선출하지 못하고, 실제로 수도원을 소유하고 그것을 보호하는 귀족들이 그들에게 속해 있는 사람을 원장으로 임명했다.

그러나 909년/910년에 남부 프랑스 공작 아키텐(Aquitanien)의 빌헬름 3세(Wilhelm III)는 이런 관습을 폐지했고 그가 설립했던 수도원에 자유로운 원장 선발을 약속하면서 그것을 교황의 보호 아래 두었다. 이것은 부르군트(Burgund)에 클뤼니(Cluny) 수도원이다. 이런 실례는 빠르게 성과를 거두었다. 점차 수도원은 교황의 예속 아래 다시 예전의

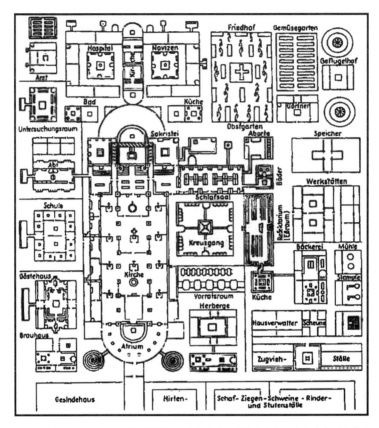

그림 3.2. 성 갈렌 수도원 도면: 베네딕트규칙서에 따른 이상적인 수도원의 평면도(복사본)

자유를 획득하게 되었다. 이런 수도원들의 수도원 생활은 번창했다. 수도사들은 수도원에서 예배를 드렸고 거의 모든 시간을 기도에 헌신했다. 베네딕트(Benedikt)의 기본 규칙은 여전히 지켜졌다. 그것은 "기도하고 노동하라"(*ora et labora!*)이다. 그 외에도 이 수도원들은 많은 입회자가 있었고 그것과 더불어 입회자들이 많은 재산을 증여했기 때문에 수도원들은 빠르게 부유해졌다. 그러자 수도원들은 웅장한 교회를 건립하기도 했다.

이렇게 클뤼니에서 시작했고 이어서 영향을 받은 여타의 많은 다른 수도원들이 번창하자 이에 반대한 저항이 일어났다. 1098년 브루군트 근처에 있는 시토(Cîteaux)에 몰레스메(Molesme)의 로베르트(Robert)라는 수도원 원장이 새로운 수도원을 설립하면서 개혁자들과 함께 시작했다. 이 수도원이 세워진 지역을 따라 명명된 시토회 수사들의 종단이 발생했고, 여전히 베네딕트수도원 규칙서에 따라 살면서 다시금 가난과 단순한 생활에 가치를 두었고 노동을 강조했다. 수도원 교회들은 탑이 없이 세워졌으며 이것은 높은 상징성을 가졌다. 가장 유명한 시토회 수사는 클레르보 베른하르트(Bernhard von Clairvaux)이다. 그는 1090/91년 남부 프랑스에서 태어났고, 1115년 수도원 원장으로 선출되었으며, 1153년에 클레르보 수도원에서 죽었다(그림 3.3). 그는 위대한 신비주의자로 하나님을 완전히 간접적으로 경험했고 계시들과 예언을 남겼다. 후에 그리스도교 신비주의는 시토회의 여성수도원들에서 꽃을 피웠고, 무엇보다 13세기와 14세기 만스펠트(Mansfeld)의 백작령에 있는 헬프타(Helfta)에서 번창했다. 신비주의는 은둔적(μυεῖν/미예인: 닫혀있다, 숨기다)이며 종교의식에 있어서 엘리트적인 형태이다. 신비주의는 강도의 차이가 있지만 모든 역사 동안 그리스도교와 동행했다.

카르투지오 수도회 수사들(Kartäuser)은 시토회 수사들보다 훨씬 엄격한 금욕적 수도 생활을 했다. 서부 알프산 지역 안에 있는 샤르트르(La Chartreuse)에 그들의 본원(Stammkloster)을 가졌고 그 지명을 따서 이름 지었다(그림 3.3). 상주하는 거주민처럼 모든 수도사는 수도원의 작은 방에서 각각 거주하면서 자신을 스스로 관리했다. 단지 기도를 위해서만 한 곳에 모였다. 그들은 하루의 많은 시간을 침묵했다.

평신도이든 사제이든 수도사로 모두 베네딕트수도회나 카르투지오

수도회나 시토 수도회에 속했다. 하지만 중세에 새롭게 순수한 사제만을
위한 종단이 생겼다. 그곳에서 일부 수도사들만 사제로 안수를 받았을
뿐만 아니라 모든 수도사는 사제이기도 했다. 여기에 속한 종단은 바로
프레몽트 수도회(Prämonstratenser)이다. 이들은 아우구스티누스 규칙
서에 따라 살았으며 그들의 본원이 있는 북프랑스 지역(그림 3.3) 프레몽
트(Prémontré)의 지역 이름을 따서 수도원 이름이 붙여졌다. 처음에는
프레몽트 수도회 수사들은 외딴 수도원의 다른 수도사들처럼 은둔해서
살았다. 그러나 차츰 그 숫자가 증가하면서 사제들이 협력했다. 그러자
프레몽트 수도회 수사들은 수도원적인 공동체 의식 안에서 아우구스티
누스의 규칙과 모범에 따라 교회에서 살게 되었다. 그들은 수도사들의
규칙에 따라 정해진 삶을 살기 때문에 "규칙 준수 참사회원"(Kanoniker)
혹은 그들의 교회 성가대에서와 기도 봉사 때문에 "수도참사회원"
(Chorherr)이라고 불렸다.

시토회 수도사들과 카르투지오회 수도사들은 수도원의 근본정신으
로 되돌아가길 원했다. 아시시의 프란체스코(Franz von Assisi)는 훨씬
더 급진적이었다. 그는 단순하고 가난하게 살뿐만 아니라 전적으로 그리
스도의 모범에 따라 살길 원했다. 그는 완전한 보장도 없는 채 정주하지
않고 이곳저곳을 옮겨 다니며 설교했다. 프란체스코(혹은 프란치스쿠스)
는 최초 탁발 수도사들의 공동체를 설립했고, 그 어느 다른 종단의 수도사
들보다 더 급진적으로 모든 소유 또한 공동체의 소유까지도 포기하며
자비로운 자선에 의지해 살았다. 그러한 "삶"과 "참회"를 진행하는 것은
단지 사람들 가운데서, 단지 도시들에서만 가능했다. 도시에서 떨어져
있는 외딴 산이나 계곡을 찾았던 베네딕트수도회 수도사들과 시토회
수도사들과는 달리 탁발 수도회는 수도원을 도시의 외곽에 벽을 세우고

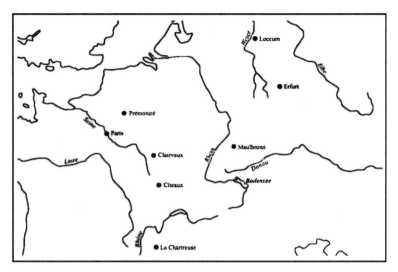

그림 3.3. 12세기의 새로운 종단의 주요 수도원들

건립했다. 프란체스코회 수사들은 그것을 자신의 소유로 삼길 원하지 않았다. 그들이 거주하는 건물들은 그들 자신의 소유가 아니라 그 지역 교회 감독의 소유였다.

프란체스코는 예수 계승의 이념에 사로잡혀 있었고 예수가 경험했던 (고난받았던) 것을 자신이 체험하기를 간절히 원했다. 그는 그레시오 (Greccio) 근처 어떤 숲속에 외양간과 구유를 만들었다. 이것은 오늘날까지 예수의 탄생을 기념하는 일반적인 형태의 계기가 되었고, 1223년에는 성탄절을 기념했다. 1224년 이후 프란체스코는 주기적으로 눈에서 피눈물을 흘리는 예수의 성흔(*stigma*)을 받았다. 그는 예수의 십자가의 고통을 느끼려고 올라간 라벤나(La verna)산에서 아마도 종교적인 황홀경의 상태에서의 상흔(Verletzung)이 나타났다. 하지만 동료들은 그가 1226년에 죽고 나서야 비로소 이런 "상흔"에 관심을 보였고 그것을 하나님께서 그에게 제공했던 징표로 해석했다. 그의 추종자들에게 프란체스코는 제2의 그리스도가 되었다. 그가 죽은 지 2년 후에 교황은 프란체스코를 성인으로 추대했다. 그는 아시시에 묻혔고 많은 사람은 그의 묘를 오늘날에도 방문할 수 있다. 2013년 새롭게 선출된 교황이 그의 이름을 받아 그를 교황 자신의 모범으로 삼는다고 말했을 때, 프란체스코는 새롭게 중요성을 획득했다. 이미 오랫동안 점점 대중적으로 된 프란체스코-순례길이 있는데, 이 길은 아시시에서 로마로 연결되어 있다. 독일에는 오늘날 프란체스코 수도회 형제들이 더는 존재하지 않으며, 지금까지 종합해 보아도 50명 이상을 넘지 못했다.

알아두기

수도원, 수도사들, 수녀들

중세에는 이미 빈번하게 어린이들이 제공되었다. 일반적으로 그들을 희생제물(*oblatus*: 바쳐진 자, 희생된 자)이라 부른다. 하지만 근본적으로 수도사가 되는 길은 단계별로 이루어졌다. 먼저는 견습 수사(*novitus*: 새로운, 젊은)였다. 수습 기간이 끝나야 비로소 "수도서약"을 했는데, 이것은 하나님께 가난, 순결과 순종을 서약한다. 그 외에도 베네딕트수도회 수도사들은 정주 생활(*stabilitas loci*)을 서약했다. 수도서약은 다른 말로 수도서원식(*profiteri*: 공식적으로 고백하다)이라고 한다. 서원은 구속력이 있었고, 더욱 정확하게는 전 생애 동안 구속력을 지녔다. 수도원 탈퇴는 고려되지 않았지만 불가능한 일은 아니었다. 수도사들은 또한 특별한 옷(*habitus*: 관습, 옷)을 입었다. 수도사들은 중앙을 삭발(*tonsura*: 가위)한 독특한 머리 모양을 했다. 수도원 일상생활은 기도 시간(*hora*: 시간)에 맞춰 정해졌다. 매일 9번까지 시계 주위를 돌았고, 자정까지 수도원에서 기도했으며, 그때 특히 시편을 노래하고 낭송했다. 저녁 만찬은 수도원 식당(*refectio*: 재생산, 저녁 시간)에서 먹었다. 잠은 공동 침실(*dormire*: 자다)과 작은 방(*cella*: 작은 방)에서 잤다. 한 명의 수도원 원장(אבא/abba: 아버지) 혹은 한 명의 프리오르(*prior*: 선배)가 수도원을 관리했다. 규칙서(*regula*: 원칙)는 각양의 삶을 규정해 두고 있다. 예를 들면 정해둔 일들을 배분했던 수도사들의 회의를 수도원회의(Kapitel) 라고 말했다. 왜냐하면 규칙서에 이미 수도원회의가 명시되어 있었기 때문이다. 수도원에서 비수도사들이 들어올 수 없었던 영역은 수도원의 밀실 (Klausur; 라틴어. *claudere*: 잠그다)이라고 불렸다. 수도원 회랑, 예컨대 일반적으로 4각 형태로 놓여 있는 숙고의 길 역시 수도원의 밀실에 속했고, 그 길에서 행렬이 이루어졌으며, 행렬 때 함께 십자가를 함께 들었다. 수녀들은 특히 더 엄격한 수도원 밀실에서 살았고 그들의 머리카락과 얼굴을 감싸고 다녔다. 수도원에 속하지 않지만 필요한 세상과의 접촉을 위한 대화의 장소가 있었으나, 수녀들에겐 단지 격자 모양의 대화 창문이 있었을 뿐이다.

프란체스코는 대단한 카리스마(Charisma)가 있었고 여성들을 매료 시켰다. 아시시 출신의 20살도 되지 않은 귀족의 딸인 클라라(Klara)는 프란체스코 수도회에 가입했다. 여성이었기 때문에 그녀는 물론 프란체 스코와 그의 동료들과 함께 이곳저곳을 동행할 수 없었다. 그녀는 아시시 에서 수도 생활에 호의적인 젊은 여성들과 함께 한 수도원에서 살았다. 그녀는 교회사의 최초의 여성으로서 그 수도원을 이끌었고, 수도원을 위해 1247년경 고유한 생활 규칙서를 썼다. 그녀는 프란체스코가 죽은 지 얼마 되지 않아 1253년 아시시에서 죽었고 1255년 성인으로 추대되 었다. 그녀의 성체(미라화된 시체)는 아시시에 그녀의 이름을 따서 만들어 진 수도원의 납골당에 안치되어 있다.

프란체스코 수도회 수도사들 이후에 다른 탁발 수도회도 발생했다.

스페인의 카스틸라 출신의 귀족인 도미니쿠스(Dominkus)는 1206년에 도미니코 수도회를 설립했다. 도미니코 수도회 수도사들은 프란체스코 수도회 수도사들과는 달리 사제들이었고 처음부터 교회 내부에 비판적이고 파괴적인 세력들(이단자들)과 싸우는 것이 주요 목적이었다. 이 때문에 그들은 1231년 교황에 의해서 설립된 종교재판소, 예컨대 도약과 이단자들의 "연구"(Insquisitio)와 심판을 위해 교황청 산하에 둔 관청의 가장 중요한 지지자가 되었다. 하지만 도미니코 수도회 수도사들은 다른 특별한 차원에서 의미를 지니는데, 중세 후기에 도미니코 수도회 수도원 안에 수녀들과 수도사들 가운데서 신비주의가 번창했다.

또 다른 탁발 수도회는 아우구스티누스 은자회가 있었다. 은수 수도사들은 프란체스코 수도회 수도사들과 도미니코 수도회 수사들과 비교할 정도의 중요도는 없다. 그들을 아우구스티누스 수도회 수도사라고 부른 이유는 아우구스티누스 수도회 규칙서에 따라 사는 데서 유래했고, 은수자들이라고 부른 이유는 고독을 좇는 자들의 거주지 출신이라는 데서 유래했다. 그렇지만 사실 그들은 완전히 도시 수도원들 안에서 살았다.

12세기 후반 도시 안에서 베긴회들(Beginen)이 수도원적인 삶을 자유로운 형태로 실천했다. 그들은 여성들이었고 작은 공동체들 안에서 살았다. 수공업을 해서 의식주를 조달했으며, 어린 소녀들을 양육했고, 환자들을 돌보았다. 공동체의 이름은 아마도 꾸밈없고 베이지색의 면으로 만들어진 옷을 입고 다녀 나온 것으로 보인다. 중세 후기에는 대도시에서 10개 혹은 많게는 20개의 서로 다른 베긴회들이 존재했다.

중세 말에는 약 24개의 서로 다른 종단들과 수천 개의 수도원이 있었다. 그것들은 도시의 형태에 영향을 미쳤고 풍경까지도 바꾸어 놓았다. 모든 도시는 도성 내에 더 많은 수도원을 들여왔고, 확실하게는 민중의 10%는 비록 철저하지 않았지만 수도원적 삶을 살았다. 그러나 중세 후기 수도원들의 폐해가 컸다. 기도 의무도 가난 의무도 정결 의무도 지켜지지 않았다. 수많은 수도사와 수녀들은 그들의 삶의 형태가 극히 단순하게 제공될 수 있을 것이라 생각했다. 따라서 반복해서 일어난 개혁의 움직임은 수도원의 근본적인 이상들을 회복하려는 시도였다.

수도원은 중세에 질적으로든 양적으로든 그리스도교를 위한 높은 중요성을 지녔는데, 그것은 그리스도인들의 신앙적인 삶의 이상에 지대한 영향을 미쳤다. 중세 그리스도인들은 수도사들과 수녀들로 살지 않았지만, 그들처럼 살려고 했다. 특히 도시 안에서 설교하면서 그리스도교의 이상들을 전달했던 탁발 수도회들은 이것에 공헌했다. 그들은 사람들에게 참회와 순종(Nachfolge)과 금욕 생활을 강화했고 또한 성만찬의 규칙적인 수령을 강조했다. 그들은 모든 신앙인에게 임박한 죽음을 상기시켰다.

중세 그리스도교의 경건, 특히 중세 후기 경건은 죽음의 공포에 사로잡혀 있었다. 그들에게 죽음은 다반사였다. 아기들은 출산 이후 얼마 되지 않아 죽었고, 엄마는 분만 과정에서 죽었으며, 젊은 사람들은 전염병으로 갑자기 죽음을 맞이했다. 그래서 사람들은 죽음을 준비하고자 했다. 왜냐하면 죽음의 순간 운명은 저편에서 결정된다고 믿었기 때문이다. 이를 위해 교회는 죽어 가는 자들에게 종부성사(최후의 기름을 발라주는 행위)를 거행했다. 오늘날에도 가톨릭교회에서 환자 도유식의 형태인 종부성사가 있다. 그 외에도 수도원과 교회 안에는 죽은 자들을 위한 기도가 있었다.

중세의 그리스도인들은 죽음 이후의 삶을 믿었다. 신학자들과 설교가들은 극히 적은 수의 사람들, 예를 들면 성인들만이 죽음 이후 곧바로 하나님께로 갔다고 가르쳤다. 이 때문에 성인들을 대변자(Fürsprecher)로 부를 수 있었다. 많은 인간은 정화 장소인 연옥에 들어갔을 것이다. 연옥은 그들의 죄에 대한 형벌을 받고 최후의 심판과 영원한 천국의 삶이 준비되는 곳이다. 따라서 사람들은 연옥에 대한 두려움이 있었고, 설교자들은 두려움을 부추겼다. 하지만 연옥에 이어 천국이 있으므로, 연옥에서의 영혼의 운명(Los)은 기도(면죄)를 통해 평온하게 된다고 가르쳤다.

핵심 포인트

연옥은 정화 장소(fegen: 정화하다)이고, 지옥은 아니다. 두 장소에서 죽은 자들은 확실히 고통스럽게 형벌을 받게 된다. 하지만 연옥에서는 한시적(일시적인 형벌)이고, 지옥에서는 영구적(영원한 형벌)이다. 가톨릭 신학에 연옥설은 여전히 오늘날까지도 있고, 종교개혁은 그것을 폐지했다. 하지만 지옥 사상은 계속해서 지켜지고 있다. 연옥 존재의 성서 근거는 마 5:25f; 마 12:32; 고전 3:15이 관련 있을 것으로 추정된다.

중세 교회의 관점에서 대부분 사람의 최후는 천국으로 정해져 있다. 단지 일부 사람들(악명 높은, 고집스러운 이단자와 악명 높은 대죄인들)만 하나님과 멀어져 영원한 고통이 있는 지옥에 들어간다.

중세 사람들의 죽음에 관한 서로 다른 관점들은 그림과 교회의 공간들 그리고 (책 출판이 이루어짐에 따라) 책에서 나타난다(그림 3.4). 심판날에 예수 그리스도가 세상의 심판자로 지구 위의 왕좌에 앉아 있고, 이 역할에서 예수 그리스도는 항상 벌거벗은 상체를 드러낸다. 또는

그림 3.4. 중세 후기 관점에서의 최후의 심판(한스 쏘이펠라인[Hans Schäufelein]의 목판화 조각)

그리스도는 십자가에서 괴롭힘을 당하고, 손에 무언가를 들고 있는 천사들은 그를 감싸고 있고, 성인들도 그를 감싸고 있다. 두 명의 특히 중요하고 영향력 있는 성인들인 마리아와 세례 요한은 죽은 자들을 위해 기도하고, 사람들을 위해 그리스도에게 호소하고 변호한다. 천사들은 천국으로 향했던 죽은 자들을 연옥에서 데리고 나와 그들을 낙원으로 인도하고, 그곳에서 그들은 다윗 왕의 영접을 받는다. 셀 수 없는 많은 무리가 천국의 기쁨을 향해서 출발한다. 소수의 다른 사람들은 마귀의 영접을 받아 나체와 묶인 채로 지옥으로 끌려간다. 그들은 그곳에서 영원한 고통을 받는다. 중세 사람들은 죽음 이후에 하나님의 심판을 당연한 것으로 여겼고 어떠한 그룹에 속하길 원해야 하는지 잘 알았다. 이 때문에 그들은 천국을 향하는 그룹에 속하려고 모든 것을 행했다.

3. 십자군원정

초대 그리스도교는 모든 폭력을 거부했다. 그러나 콘스탄티누스의 전환기에 바뀌었다. 내외적인 적대자들을 향해 무력을 동원해 싸웠고 비그리스도인들이 그리스도교에 가입하도록 다소나마 무력을 행사했다. 선교 활동은 십자군원정을 통해 이곳저곳에서 이루어졌고 또한 전쟁이 동반되었다. 말하자면 8세기 작센에서만 그랬던 것이 아니었다.

그리스도인들은 11세기에 처음으로 멀리 이동하면서 "하나님의 이름으로" 부득이하게 전쟁을 치렀다. 많은 전투의 참가자들은 옷 위에 십자가를 차고 다녔다. 때문에 십자군 참여자들과 십자군 기사단들에게 십자군원정이라는 명칭이 뒤따랐다. 십자군원정의 참여자들은 그들의 전쟁이 정의롭고 거룩한 것으로 생각했다. 그렇다고 전문 용어인 "성전"(heiliger Krieg)을 사용하지는 않았다. 그 용어는 19세기 되어 비로소 나왔고, 이슬람교도들 역시 그 용어를 그리스도인들로부터 받아들여 사용했다.

일부 교황은 십자군원정을 독려했다. 1095년 교황 우르반 2세(Urban II)는 남프랑스의 클레멘트공의회(Synode)에서 "신앙을 갖지 않은 사람들을 향해 출정할 것"을 독려했다. 동방, 특히 이슬람 셀주크 사람들의 통치 지역에서는 거룩한 그리스도교의 땅에 해를 입은 소식들이 들려왔으며, 그 이면에는 순례자들을 향한 위협과 압박이 있었다. 그리고 동방 그리스도교의 수도인 콘스탄티노플과 소아시아에서 셀주크 사람들의 계속된 만행에 관한 걱정스러운 목소리가 끊이지 않았다. 사람들은 위협을 느꼈다.

이미 1096년 전사들은 최초로 동방 방향으로 향했다. 정확히 말해서 1099년 7월 15일 그들은 거룩한 땅 예루살렘을 점령했고 유대인들과 이슬람교도들을 무차별적으로 죽였다. 점령된 지역들에서 십자군원정자의 국가가 건립되었고 소유자의 안전을 위해 수많은 주목할 만한 성들이 건축되었다.

십자군원정은 계속해서 이어졌다. 12세기의 유명한 시토수도회 수도원장인 베른하르트 클레르보는 십자군원정을 독려했다. 모든 십자군원정이 성과를 거둔 것은 아니었으며, 원정 때마다 항상 전투가 일어나지도 않았다. 이 원정을 통해 유럽 사람들과 동방 사람들 사이 그리고 그리스도인들과 이슬람교도들 사이에 만남과 협력과 문화적인 교류가 있었다.

알아두기

십자군원정은 결국 그 목적에 이르지는 못했다. 즉, 팔레스타인의 종교적 도시들을 지속해서 그리스도교적으로 통제하는 것에는 성공하지 못했다. 이슬람교도가 고용한 이집트 출신 노예 용병들은 팔레스타인을 그들의 통치권 아래 두었다가 결국 이슬람교도들에게 넘겨 주었다. 그들은 1291년 항구 도시이자 요새로 팔레스타인 지역에서 그리스도교의 최후의 보루인 아코(Akko)를 점령했고 그곳을 완전히 파괴했다.

서양에 미친 십자군원정의 영향은 마냥 긍정적이지 못했다. 십자군원정은 무역의 성장을 가져왔고 낯선 나라 문화와의 만남은 새로운 지식을 들여왔다. 예수와 그의 삶의 방식에 관한 관심 역시 늘어났다. 그러나 다른 한편으로는 새로운 질병들, 특별히 그중에서 나병이 서양으로 옮겨져 왔다. 그리고 많은 십자군원정 참여자들이 장애를 안고 돌아왔거나 고향으로 되돌아오지 못했다.

4. 교황권

오늘날 교황은 예수 그리스도의 대변자로서 제자 베드로로 생각된다. 이것은 역사적으로나 신학적으로도 맞지 않고 적절치 않다. 교황권의 역사는 중세에서 처음으로 그 기원을 찾을 수 있다. 교황은 원칙적으로 로마의 감독 이상도 이하도 아니며 많은 감독 중 한 감독이었을 뿐이다. 하지만 로마는 그리스도교에서 특히 중요한 도시이다. 베드로가 로마의 공동체를 세웠다는 것은 가능하지만, 사실 증명할 수 없다. 교황은 베드로에 의해서 설립된 공동체에서 다른 후계자들이 그의 후계자가 된 것처럼 베드로의 후계자이다. 베드로가 예수 그리스도의 대변자라는 주장은 마태복음 16장 18절에 근거한다. "너는 베드로이다. 내가 이 반석 위에 나의 교회를 세울 것이다." 물론 로마의 감독만 이런 주장을 한 것은 아니다. 앞선 시대에는 로마의 감독 이외에 다른 감독들도 이 예수의 말씀을 자기 자신과 그들 교회의 관직에 관련시켰다. 왜냐하면 예수가 베드로와 모든 제자와 모든 사도들, 즉 모든 감독을 지명했기 때문이다.

> 교황은 원칙적으로 단지 많은 감독 중 하나, 로마의 감독이다. 그런 사람이
> 전체 교회를 다스릴 수 있다는 주장은 역사의 과정에서 발생했고 비로소
> 관철되었다. 오늘날 교황에 관하여는 특별히 가톨릭교도와 개신교도가
> 상당한 의견 차이를 가지고 있다. 또한 교회사 진술에서 교황권에 대한
> 서로 다른 관점은 지금도 계속되고 있다. 많은 가톨릭교회 역사가는 교회
> 역사를 대체로 교황의 역사로 서술하고 있다.

　　로마 황제의 권력이 쇠퇴했을 때 로마 감독의 세력과 자의식은 성장
했다. 서로마제국의 몰락은 교황권의 성장을 가져왔다. 로마의 감독은
이때 로마를 넘어서는 중요한 인물이 되었다.

　　754년 프랑스 왕 피핀 3세(Pippin III)와 스테판 2세(Stephan II)와의
만남과 800년 프랑크 왕 칼(Karl)과 레오 3세(Leo III)와의 만남은 매우
중요했다. 피핀은 교황에게 이탈리아의 넓은 지역을 선물했고, 그 결과
교회 국가의 건설을 할 수 있었다. 중세에 교황은 전체 서유럽과 중유럽과
남유럽의 그리스도교를 영적으로 다스렸을 뿐만 아니라 중앙 이탈리아
를 정치적으로 다스렸다. 오늘날까지도 극히 축소됐지만, 자체적인 대
사들과 자체적인 우체국, 자체적인 군인들(교황 친위병), 독립적인 유로
(Euro)를 가진 교회 국가인 바티칸으로 존재한다.

　　피핀의 증여는 실제로 일어났던 반면에, 거짓으로 만들어진 교황에
게 이루어진 다른 증여 이야기, 곧 콘스탄티누스의 증여 이야기가 있었
다. 8세기부터 교황들은 제시된 자료들을 근거로 314년부터 335년까지
다스렸던 교황 실베스터 1세(Silverster I)가 콘스탄틴 대제의 생애 동안
황제의 주권으로 라테란 언덕(Lateranhügel) 위에 있는 황제 궁정과 도시

로마와 "모든 지역, 이탈리아의 도시들과 서양의 일부 지방들"을 넘겨받았다고 주장했다. 이것으로 교황들은 자신의 세속 통치권을 주장할 수 있는 근거를 마련할 수 있었다. 하지만 15세기에 이미 그 일이 거짓인 것으로 주장하는 비판자들이 등장했다.

피핀은 교황에게 교회 국가를 선물했고, 칼 대제는 교황으로부터 황제 권력을 부여받았다. 피핀과 칼 이후 교황들은 알프스산맥 북부의 왕권과 후에 황제직을 임명했던 왕과 황제들과 깊은 인연을 이어갔다. 이렇게 콘스탄틴과 테오도시우스의 통치 아래 4세기에 설립된 왕권과 교권의 연합은 약화하지 않고 지속했다. 물론 11세기 교회 안에서 높아가는 교황권의 주장은 새롭게 일어난 자유의 이념과 함께 결합했다. 이 자유 이념은 수도원 운동 덕분이었고 클루니를 중심으로 일어난 개혁 움직임 덕분이었다. 그 움직임으로 인해 수도원이 효과적으로 그리고 점차 외부 세속 권력에서 자유로워졌다. 교황과 황제 사이에도 힘겨루기가 있었다. 그것은 역사 기록에 남겨져 있는 서임권 논쟁으로 몇십 년 이후 비로소 보름스 협약과 함께 끝이 났다.

카롤링거 시대 이후 황제가 선택한 주교들과 원장들과 자유로운 주교직들과 중요한 수도원 원장직들의 소유권을 보호해 주었을 뿐만 아니라 빈번하게 그들 친인척 혹은 측근의 소유권을 보호해 주었다. 11세기에 교회는 이 권리를 다시 방어했고 황제의 독단적인 행동을 시모니(Simonie)라고 비판했다. 그것은 사도행전 8장의 이야기에 근거한 것이었다. 시몬이라고 부르는 마술사가 사도들로부터 안수를 통해 성령을 전수할 수 있는 능력을 받기 위해서 사도들에게 돈을 제공했다. 1058년 교황의 측근 출신인 추기경 훔베르트(Humbert von Siva Candida)가 "시몬주의자들"에 대항하는 저술을 집필했는데, 여기에서 한 평신도를 통한 영적인 것의 임명을 신랄하게 비판했다. 이후 라테란에서 개최한 공의회(Synode)는 이런 견해를 고수했다. 당시 제국에서는 잘리어 족 출신 하인리히 4세(Heinrich IV)가 지배했다. 하인리히 4세는 1075년 밀란(Mailand)에서 그의 마음에 든 대주교를 임명하고 또한 지중해에 감독들을 세우면서 교황 그레고리 7세를 자극했다. 교황은 12월 경고를 보냈고 계속해서 하인리히를 압박했다. 하인리히는 1076년 1월 교황에게 순종할 것을 다짐하면서 그에게 철회를 요구했다. 하지만 4주 후 교황은 자기 뜻을 정하고 하인리히가 물러나도록 요청했다. 그의 신하로 순종을 하지 않아도 되는 것으로 여겨 그를 교회에서 추방했다. 독일의 감독들과 공작들은 곧바로 교황을 따랐고 하인리히에게서 벗어났다. 하인리히는 왕권에 가장 큰 위협을 받자 이탈리아를 향한 참회 순례를 결정했고 교황과 개인적인 만남을 결정했다. 1077년 1월 28일 하인리히는 카놋사(Canossa), 즉 포에벤(Poebene)의 남부 외곽 교황의 성에서 그레고리와 만났고 용서를 구했다. 교황은 그를 다시 교회 공동체에 받아주었다.

물론 갈등은 지속되었다. 1080년 하인리히는 다시 교회 공동체에서 추방당했다. 그는 그때 대립 교황 라벤나의 비베르트(Wibert von Ravenna)를 지명했으나 비베르트는 임명될 수 없었다. 교황에게 대놓고 맞서려 했던 하인리히의 새로운 시도 역시 슬프게도 좌초되었다. 1105년 12월 31일 그는 해임당했고 반년 후 1106년 8월 7일 죽었다.

그레고리 7세는 평신도 서임권 금지를 1078년과 1080년에 반복했다. 1088년부터 재임했던 우르반 2세(Urban II)도 평신도 서임권 금지를 분명히 했다. 하지만 공석 충원에 대한 갈등들은 계속되었고 이탈리아와 독일에서 프랑스와 영국으로 확대되었다. 제국에서 최종적으로 교황

칼리스트 2세(Calixt II)의 주도 아래 1122년 보름스(Worms)에서 계약 체결을 위한 심의가 이루어졌다. 이것이 보름스 협약이다. 평신도 서임권 금지가 확정되면서 세속권력은 단지 감독들의 취임식에는 협력을 인정했으나 어떠한 상황에도 감독 임명에는 관여할 수 없었다.

알 아 두 기

황제권과 교황권, 제국과 교회

성탄절에 로마에서 교황 레오 3세(Leo III)를 통한 칼 대제의 대관식으로 하나의 새로운 황제의 나라(*Imperium*)가 탄생했고, 이것은 고대 로마제국의 계승자로 이해되었으며 1806년까지 지속되었다. 그러나 로마제국과는 다른 한계들과 지리적인 중심지가 달랐기 때문에 중세가 진행되는 과정에서 "독일 민족의 신성로마제국"이라는 칭호가 부여되었다. 황제가 실제로 독일어를 사용했고 독일 지역에 상주했음에도 불구하고 "고대 제국"(Das Alte Reich: 이 칭호는 오늘날도 일반적이다.)에는 어떠한 "독일제국"도 없었다. 하나의 새로운 독일제국은 1871년에야 비로소 건설되었다. 제국은 성스러운 권리와 교회와의 친밀한 관계, 특히 성직(sacerdotium)의 대표자로서의 로마의 감독과 긴밀한 관계를 맺고 있었다. 그것은 주요 귀족들과 선제후들(Kur, Kür: 선택)에 의해서 선발된 왕이 교황을 통한 대관식을 하고서야 비로소 황제가 되었다는 것에서 드러난다. 왕들이 교황과 갈등을 일으켰을 때 황제대관식은 때때로 늦어졌거나 완전히 중지되었다. 최후의 황제대관식은 1520년에 개최되었다. 이후에는 통치자들이 대관식을 치르지 않고서도 황제 칭호를 획득했다.

교황들은 중요한 주제들을 커다란 교회 회합인 공의회에서 합의했고 규정을 지켰다. 중세에는 다양한 공의회가 개최되었는데, 1200년경 교회 대리자들은 3주 동안 개최되었던 공의회에 참가했다. 공의회는 로마의 라테란 언덕 위의 교황청 외에도 교황교회에서 개최되었다. 이 때문에 라테란공의회로 불린다. 공의회는 모두 5번 있었다. 가장 중요한 제4차 라테란공의회는 교황 인노센트 3세(Innozenz III) 주도 아래 1215년에 개최되었다. 여기에서 카타르파와 발도파, 십자군원정들에 관해서 토론되었으며, 모든 그리스도인이 적어도 일 년에 한 번은 참회 해야 했고 주의 만찬에 참여하도록 규정했다. 또한 주의 만찬은 신학적 으로 더 상세하게 규정되었다. 공의회는 만찬 때 떡과 포도주가 그리스 도의 몸과 피로 바뀌게 된다고 결정했다. 본질(Substanz)에서 이런 변화 (Transsubstantiation: 본질의 변화)가 이루어진다. 장신구의 모형처럼 외형상의 변화는 아니다.

교황들은 주로 로마에 거주했으므로 이탈리아에서 살았다. 일시적 으로 프랑스에서 거주하기도 했다. 1305년에서 1376년까지 교황들은 남프랑스 아비뇽(Avigon)에 새로운 교회와 교황청을 건립했다. 왜냐하 면 로마에서의 생활이 힘들고 불안전했기 때문이다. 사실상 그들은 아비 뇽을 집으로 느끼지 못했기 때문에 아비뇽에서의 탈출에 관한 토론이 반복적으로 이어졌다. 이 시기를 이스라엘의 바벨론 포로기로 비유하여 아비뇽 포로기라고 강조하여 부른다. 왜냐하면 프랑스 왕궁의 영향력 아래 아비뇽의 교황들이 머물러야 했기 때문이다.

교황은 선출되었다. 교황의 선발권은 추기경들이 가지고 있었다. 추기경들은 로마와 그 주변 출신의 아주 중요한 사제직이다. 대부분 선거는 문제없이 진행되었다. 하지만 때때로 갈등이 발생했고, 이런 갈등은 한 사람의 교황이 아니라 두 사람의 교황 혹은, 아주 드문 일이지만, 세 사람의 교황을 낳은 결과를 초래했다. 선출된 세 명의 교황은 서로의 권력을 인정하지 않았다. 두 명 혹은 세 명의 교황은 동시에 직무를 수행했고 항상 그랬듯이 각각은 확실한 추종 세력이 있었기 때문에 교회는 나뉘었다. 이 때문에 분열(σχίσμας-chisma: 나눔, 분열), 곧 교회의 분열이 이루어졌다.

가장 극적인 교황의 분열은 1378년에서 1417년까지 지속되었다. 두 개의 공의회가 교황 분열을 끝내기 위해서 1409년 파리에서 그리고 1414~1418년 콘스탄츠에서 개최되었다. 여기에서 시급한 교회 개혁을 위한 토론이 이루어졌고 뒤이어 1431년 7월 개혁공의회가 바젤에서 열렸다. 하지만 공의회의 회의들은 금방 멈췄다. 교황 에우겐 4세(Eugen IV)는 공의회를 12월로 늦추면서 볼로냐(Bologna)로 옮겼다. 참가자 대부분은 이런 교황의 행동에 따르지 않았고, 공의회는 교황 없이 계속해서 협의해 나갔다. 1437년 에우겐은 다시 개입하면서 장소를 페라라(Ferrara)로 옮겼다. 회의에 참여한 일부는 그를 따랐지만, 다수는 계속해서 바젤에서 회의를 진행했고 결국 1439년 에우겐을 파문시켰다. 이어 새로운 교황 펠릭스 5세(Felix V)를 선출했고 교회가 교황(교황주의) 또는 감독들(공의회주의)에 의해서 인도되어야 하는지에 관한 문제를 토론했다. 1448년 회의 장소는 로잔(Lausanne)으로 바뀌었고, 그때 펠릭스가 퇴임하면서 공의회가 연기되었다. 이와 동시에 공의회가 페라라에서 그리고 파문당한 에우겐과 함께 한 다른 공의회가 1439년부터 플로랜스(Floranz)에서 개최되었고 동방의 그리스도교의 대변자들과 함께 재연합(연합)을 주제로 토론했다. 이 연합은 결정되었으나 사실 달라진 것은 없었다. 결국 페라라-플로랜스공의회는 로마로 이동하여 1445년에 종결되었다.

　좌절된 개혁 공의회는 교황 분열과 함께 외부적으로 교회에 손상을 입혔다. 더 나아가 교황들은 자신에게 완전히 세속적인 것들과 향락을 제공했고 교회에 무관심하면서 15세기와 16세기 초에는 교회에 더욱 큰 상처를 입혔다. 르네상스 시대의 교황들은 완전히 르네상스적 인간이었고, 이 때문에 그들을 르네상스 교황권이라고 부른다. 이 시기에 로마와 이탈리아의 다른 도시들의 웅장한 건축물들과 모든 종류의 뛰어난 예술 작품들은 오늘날까지도 높은 가치가 있는 업적이라 할 수 있다. 동시에 그들은 끝없이 전쟁을 일으켰고, 근본적으로 결혼하지 않고 절제하는 삶이 의무임에도 불구하고 여성들과 태어난 아들과 딸로 둘러싸여 있었다. 이런 상태는 매우 심각하여 일부 비판자들에 의해 조소 거리가 되었다. 그들은 가장 높은 베드로가 개인적으로 그에 의해서 지명된 제자들에게 어떻게 천국을 향하는 입구를 막았는지 조롱하면서 교회의 위기를 설명했다.

　중세 교황권의 역사는 스캔들로 가득하고 부조리로 가득 차 있다. 처음에는 알려지지 않았지만 후에 주장되었던 9세기에 여성 교황, 즉 여성 교황 요한나(Johanna)가 있었다는 것은 하나의 전설이다. 역사는 13세기에 발생했고 오늘날 책들과 영화들의 소재로 계속해서 다양하게 회자되고 있다. 이것은 이미 중세 때부터 다양하게 믿어졌고 오늘날 인터넷상에 퍼져 있다 하더라도 교황들의 선출 상황에서 성별 검사가 있었다는 주장은 잘못된 것이다.

5. 스콜라주의

중세에는 새롭고 유례없는 신학의 부흥이 이루어졌다. 초대 그리스도교에서 오리게네스와 암브로시우스 그리고 아우구스티누스와 같은 위대한 신학자들이 있었다. 그들의 활동은 개인적이었으며 재야학자로 혹은 감독으로서 영향을 미쳤다. 그러나 중세 전성기의 신학은 한 기관을 탄생시켰는데 그것은 바로 대학이다.

중세 초는 고대 교회처럼 각각의 감독과 학자들이 신학의 영역에서 작품을 저술했고 영향을 미쳤다. 그것들은 부분적으로 오늘날에도 읽히고 현재까지 영향을 미치고 있다. 예를 들면 우리는 8세기 영국에 살았던 박식한 베다(Beda, 별명: Venerabilis, "존경을 받을 만한 자")의 덕택으로 시간 계산을 할 수 있게 되었다. 예를 들어 그리스도의 탄생 이후 연도의 계산과 중세 초 교회사의 일목요연한 열람이 가능해졌다. 영국의 캔터베리(Canterbury)와 프랑스의 라온(Laon)처럼 감독교회들의 지역 이곳저곳에 신학부들이 있었다. 유명한 안셀름(Anselm, 11세기)은 아오스타(Aosta) 출신의 베네딕트수도회 수도사였고 캔터베리에서 활동했으며, 라둘프(Radulph, 12세기)와 빌헬름(Wilhelm, 13세기)과 같은 또 다른 안셀름은 라온에서 활동했다.

12세기와 13세기에는 새로운 유형의 건물을 가진 기관으로 대학들이 발생했다. 12세기 의학자들과 철학자들이 협력해서 가르치는 일을 했던 살렐노(Salerno)와 법학자들이 12세기의 말엽 전에 그들의 학문 활동을 더 견고하게 제도화했던 볼로냐(Bolona)가 선구자로 여겨진다. 1200년경 파리에서는 아마도 그 이전에 다양한 분야에서 앞서 있던 작은 학교의 교사들이 협력하여 "대학"(*universitas*. 종합성)이라는 학문의 촉진을 위해 배우려는 자와 가르치는 자의 공동체를 형성했다. 파리는 최초의 근본적이고 최초의 전체 대학으로 여겨진다. 그곳에서는 당시 존재한 모든 학문(철학, 의학, 법학, 신학 등)을 교육했다. 계속해서 곧바로 옥스퍼드(Oxford, 1200), 캠브리지(Cambridge, 1209), 살레망카(Salmanca, 1218), 파두아(Padua, 1222)에 대학이 생겨났다. 독일의 대학들은 1386년에야 비로소 하이델베르크(Heidelberg)에, 1388년에는 쾰른(Köln)에 설립되었다. 초창기 대학들이 이렇게 다소 급작스럽게 형성되었던 반면에, 후에 설립된 대학들은 교황과 황제의 허락을 받아야만 했다. 그 때문에 각 대학은 지엽적이고 지역적인 권력의 보호를 받았다.

대학에서는 보편적으로 형성하고 있는 기본교육이 진행되었다. 기본교육은 고대 교육의 규칙에 따라 라틴어, 더 나아가 수사학과 논리학, 자연과학과 같은 수학과 음악으로 이루어졌다. 대학에서 공부하는 기본적인 학문의 목포 지향점은 의학과 법률과 신학이었다. 그때 신학은 모든 학문의 가장 최고 학문이었다.

대학들에서의 신학 수업 진행은 독립적이고 독특한 형식으로 이루어졌다. 이에 대하여 후대에 와서 스콜라주의라는 개념을 부과했다. 이 개념은 부정적으로 사용된 욕설로서 중세 후기에 발생했다. 현재에는 가치 중립적으로 사용된다. 중세 신학은 스콜라적, 즉 학파적(schola: 학파)이었다. 실제로도 그랬다. 전혀 혹은 절대 자유로운 신학 공부가 아니라 신학이 전달되고 구체화하면서 이전에 이미 정해져 있는 교회 전통에서 나온 진리가 있었다. 따라서 암기 공부가 비중이 높았다. 교수들은 강의했고, 학생들은 그 내용을 단어까지도 열심히 받아쓰면서 이해해야 했다. 왜냐하면 아직 인쇄소가 없어 책값이 비싸 가질 수 없었기 때문이다.

강의는 지식을 전달해 주었다. 학생들은 진리에 벗어난 오류에 대항하여 진리를 수호하는 일도 배워야 했다. 이것은 공개토론으로 행해졌고, 토론회들은 고정된 규칙을 따라 이루어졌으며, 교수들은 그것을 감독했다. 이 전통은 이어받아 오늘날에도 대학에는 강의들이 존재하고 박사과정에서는 여전히 공개토론이 진행된다. 일반적인 수업 진행에서의 공개토론은 세미나와는 구분되었다. 롬바르디아(Lombardei) 출신이자 파리에서 가르친 신학자 중 한 사람인 페투르스 롬바르두스(Petrus Lombardus)가 1155~1157년 사이에 집필한 명제집은 기본적인 신학 교과서였다. 그는 교부들의 신학적인 명제들(*sententiae*)을 수집해 체계화했으며 개요로 구성했다.

페투르스 롬바르두스 외에도 페투르스 아벨라르드(Petrus Abaelard)와 토마스 아퀴나스(Thomas von Aquin)와 보나벤투라(Bonaventura)는 위대한 스콜라 신학자들에 속한다. 페투르스 아벨라르드는 1079년 낭트(Nantes) 기사 가문에서 태어났고, 라온의 안셀름(Anselm von Laon)에게 배웠다. 그는 파리에서 강의했고, 그때 한 여학생과 비운의 사랑에 빠지게 된다. 그녀의 삼촌은 아벨라르드를 거세했고, 이 사건은 더 이상 교회에서는 물론 학문적인 경력을 쌓을 수 없도록 그를 좌초시켰다. 거세당한 자는 사제로 임명될 수 없었기 때문이다. 아벨라르드는 그의 사랑 엘로이사(Heloisa)처럼 수도원에 입문했다. 하지만 비자발적인 수도사 아벨라르드는 신학자로서 활동을 지속했고 중요한 작품들을 저술했다. 『예 그리고 아니요』(*Sic et non*)라는 책이 1121~1126년 사이에 출간됐다. 거기에서 그는 교부들의 서로 모순적인 진술들을 모았고 어떻게 모순들이 극복될 수 있는지를 제시해 주었다. 그는 1142년 죽었다.

아벨라르드가 죽고 1세기 후 이탈리아의 아퀴나스 귀족 출신의 아들인 토마스가 파리대학교 신학부 교수로 활동했다. 그는 도미니코 수도회의 소속으로 1224/25년에서 1274년까지 살았다. 그의 가장 중요한 작품은 미완성인 『신학대전』(*Summa theologiae*, 신학적 가르침의 총론 혹은 간단하게 Summa)이다. 이 작품에서 그는 극히 세분화한 논증들로 거의 모든 당시의 신학적인 질문들을 다루었다. 그의 논증에서 아리스토텔레스의 철학은 높은 권위를 가질 정도로 중요성을 지녔고, 한편으로 그것은 그에게 비난을 가져왔다. 토마스에 의하면, 하나님은 인간들에게 인식될 수 있고 증명될 수 있다. 토마스가 제시했던 다섯 가지의 신 존재 증명은 오늘날까지 유명하다. 예를 들면 그는 명백한 세상의 계획적인 질서에서 목적지(τέλος/텔로스)와 계획적인 근원자를 추론하는 방식이었다. 이런 증명 방식을 "목적론적" 신 존재 증명이라 부른다. 토마스가 중세에 많은 신학자 중 위대한 신학자로 여겨지는데, 그의 명성은 16세기에 이어 다시 19세기에 상승했다. 1879년 교황은 그의 명석함을 고려하여 그를 신학적 연구를 위한 모범으로 삼으면서 전체 다른 스콜라 신학자 중 "모든 신학자의 리더이자 스승"으로 평가했다.

토마스의 동시대 인물이고 동향인 보나벤투라(Bonaventura)는 위대한 토마스에 필적할 만한 인물이었다. 보나벤투라는 약 1217년에서 1274년까지 살았으나 프란체스코 수도회의 소속이었고 그 수도회의 총무원장이었다. 그는 잠깐 파리에서 가르쳤다. 그는 원래 요한네스 피단자(Johnnes Fidanza)라고 불리었다. 하지만 1253/54년 그의 최초 출판물에서 자기 자신을 후대에 널리 알려진 보나벤투라(문자적인 의미: 선한 것이 다가올 것이다)라고 소개한다. 그는 많은 신학 작품을 저술하면서 아리스토텔레스 전통보다는 플라톤 전통에 따라 창작했다. 그리스도는 보나벤투라에 의하면 인간과 하나님과의 중재자이다. 중재자로 존재할 수 있고 인간을 하나님께로 다시 인도하기 위해서 그리스도 자신은 인간이자 동시에 하나님이 되셔야 했다. 이것은 이미 고대 교회가 가르쳤던 것이었다. 하나님께로 되돌아가는 인간의 여정은 보나벤투라에 의하면 세 단계이다. 그것은 정화를 거쳐서 계몽과 완성에 도달하는 것이다.

대학에서 촉진된 스콜라 신학 외에도 중세에는 수도원에서 촉진된 다른 형태나 내용의 중요한 수도원 신학이 있었다. 가장 중요하고 대표적인 인물로는 시토 수도회의 원장이자 십자군원정 설교자 베른하르트 클레르보였다. 그는 수백 개의 설교와 일부 신학적인 내용을 담고 있는 수백 개의 편지와 광범위한 신학 논문을 무엇보다 많이 저술했다. 그의 신학은 한편으로 성서에 기초하고, 다른 한편으로 죄 많은, 하지만 하나님을 갈망하는 인간의 종교적인 경험에 기초한다. 그가 말하는 경험은 그리스도를 말씀 안에서뿐만 아니라 겸손과 고통 안에서 만나는 것이다.

알 아 두 기

스콜라신학과 수도원신학		
	스콜라신학	수도원신학
장소	대학	수도원
목표	성직자 교육	수도원의 경건한 생활
목적	토론, 논쟁	묵상, 관상
방법	논리적, 변증적	수사적, 시적
문헌	논문	설교

스콜라 신학은 중세 후기에는 궤변을 늘어놓는 형식으로 변질했다. 신학자들은 주의 만찬의 떡을 다 먹어버린 생쥐에게 어떠한 일이 일어나는지에 관한 문제를 설명하려 했다. 또 다른 신학자들은 칠판 그림들 (Tafelzeichnungen)을 통해서 화체설을 설명하려고 했다.

그 외에도 학자들은 더 있었다. 영국 출신 옥캄의 빌헬름(Wilhelm

von Ockham)은 중세 후기의 위대한 신학자들에 속한다. 그는 1285년경 옥캄(Surry)에서 태어났고 프란체스코 수도회 수도사로 파리대학교에서 가르쳤다. 그는 교회 정치적인 이유로 인해 교황으로부터 파문당했다. 정작 빌헬름은 직무 대행 교황 요한네스 22세(Johannes XXII)를 이단자로 간주했다. 그는 자신의 교회와 화해를 하지 못한 채 1347년 뮌헨(München)에서 죽었다. 빌헬름은 신학과 신앙 사이를 구분했다. 그는 하나님의 전능함과 자유를 강조했고, 인간에게 자체적으로 자신의 구원을 위해 무언가를 행할 필요성을 강조했다. 빌헬름은 많은 다른 신학자들에게 영향을 미쳤고, 그래서 옥캄주의라는 신학적이고 철학적인 방향이 발생했다.

6. 인문주의

중세 전성기에 대학과 연계한 신학의 부흥 이후 중세 후기에는 새로운 학문의 비상이 있었다. 이 새로운 학문의 비상은 한참 뒤에 인문주의라는 칭호가 붙여졌고, 인문주의는 고대와 마찬가지로 개별적, 제도적으로 구속받지 않은 학자들이 특징이었다.

인문주의자들은 헬라적인 고대 로마로의 귀환이라는 모토 아래 교육과 개인성을 촉진했다. 동시에 그들은 인간적인 것(humanum), 인간의 고유한 것, 인간을 인간답게 만드는 것을 진술하길 원했다. 그들은 가장 먼저 세기가 지남에 따라 라틴어보다 오히려 헬라어에 관심을 가졌다. 그들은 초대 그리스도교 교부들의 텍스트 등 이전에 잊혔거나 전혀 관심을 받지 못한 텍스트에 새롭게 관심을 가졌다. 또한 그들은 아리스토텔레스 연구에서 간과된 것들과 고대 철학자 중 가장 위대한 철학자이지만 당시 거의 잊혔던 플라톤에게 관심을 가졌다.

핵 심 포 인 트

> 인문주의는 르네상스 시대의 학문적인 운동이었다. 그것의 관심사는 고대
> 교육 전통의 부흥이었다. "원천으로 회귀"(*ad fontes*)는 모토였다. 그것은
> 그리스도교의 초창기 텍스트와 개인을 다시 주목했고 또한 성서에 주목했다.
> 그래서 종교개혁의 길이 열렸다. 인문주의 없는 종교개혁은 없다!

　인문주의자들은 신학이 다시 성서로 돌아가도록 했고, 교회는 새롭
게 교회 초창기의 이상들을 모범으로 삼았다. 이들에게 중세는 비판적으
로, 때때로 심지어 무시되면서 고찰되었다.

　가장 위대하고 영향력 있는 인문주의자는 로테르담(Rotterdam)에서
태어난 학자 에라스무스(Erasmus)다. 그는 생애 대부분을 바젤과 브라
이스가우(Breisgau)의 프라부르크(Freiburg)에서 보냈고 바젤에서 죽
었다. 처음에 그는 신약성서의 필사본들에 관심을 가졌다. 그는 신약성
서의 헬라어 필사본을 새롭게 라틴어로 번역했다. 또한 그는 교회에서
통용되고 있던 교부 제롬(Hieronymus)이 번역한 『불가타성서』(*Vulgata*)
의 몇 가지 실수를 교정했다.

　우리는 여전히 중세의 많은 인물처럼 에라스무스가 언제 태어났는지
전혀 모른다. 적어도 그가 태어난 해는 1466년과 1469년 사이일 것이다.
그의 탄생은 아직 어떤 책에서도 분명하게 기록으로 남아 있지 않고
세례 또한 그렇다. 에라스무스는 정식으로 결혼하지 않은 사제의 아들이
었으므로 근본적으로 존재해서는 안 되는 아이였다. 왜냐하면 사제는
당연히 금욕 생활이 의무였기 때문이다. 그는 특히 데벤터(Deventer)에

있는 학교에 다녔고, 1487년 수도사가 되었으며, 1492년 사제로 안수를 받았다. 그리고 그는 1517년 그의 수도회의 서원에서 벗어났다. 에라스무스는 1500년부터 저술가로 활동했다. 그가 수집한 라틴어 단어들과 거기에 설명을 덧붙인 아다지아(Adagia)는 베스트셀러가 되었다. 1515년에는 『달콤하게도 전쟁은 경험이 부족한 자처럼 보인다』(*Dulce bellum inexpertis*)라는 제목으로 최초의 유럽 고대 전쟁기를 썼다. 이미 1496년에 위대한 학자는 자기 자신에게 교부 제롬의 친구로 기억될 수 있는 데지데리우스(Desiderius, 갈망에 애태우는 자)라는 야심 찬 별명을 붙였고 1536년 죽었다.

또 다른 중요한 인문주의자는 요한네스 로이홀린(Johannes Reuchlin) 이다. 그는 포르츠하임(Pforzheim) 출신이고(1455년 탄생) 1522년 스투트가르트(Stuttgart)에서 죽었다. 그는 법학자였지만 라틴어와 헬라어의 전문 지식을 가졌다. 게다가 그는 히브리인들에게 히브리어를 배웠으며 1506년 획기적인 작품인 『히브리어의 교본』(*De rudimentis hebraicis*) 을 출판했다. 1510년에는 어떤 보고서를 통해 당시 독일 내에서 유대 작품들을 위협적으로 소각하는 것에 반대했다. 그로 인해 그는 많은 적이 생겨났으며, 이들 대다수는 도미니코 수도회 수도사들이었다. 하지만 교육을 받았던 자들 가운데서는 칭송을 받았으며, 특히 젊은 인문주의자들의 존경을 받았다.

인문주의자들에 의해서 시작되었던 것들은 후대 계몽시대에서 연속적으로 이어졌다. 따라서 유럽의 문화는 지속해서 인문주의적인 경향을 띠게 되었다. 오늘날도 인문주의적인 김나지움(Gymnasien)은 인문주의를 떠올리게 하고 여전히 라틴어와 헬라어를 가르치고 있다. 그리고 오늘날에도 신학생들이 고대 언어를 열심히 공부하는 것 역시 인문주의적 유산이다.

7. 그리스도인들과 유대인들

그리스도교는 유대교에서 발생했지만 일찍부터 유대교와 거리를 두었으며 결국 나누어졌다. 유대인들도 예수를 그들의 메시아로 인정하지 않았고 그리스도교와 일정한 거리를 두었다. 그들은 예수로 인한 그리스도교를 유대교와는 차별된 새로운 종교로 생각했다. 유대교와 그리스도교는 처음부터 서로 비방하고 모욕했다. 그리스도교는 콘스탄티누스 전환기 이후에는 감독과 황제의 공적인 행동 안에서 폭력적으로 유대교를 공격했다. 그뿐만 아니라 그리스도교의 일반 사람들도 유대인을 향한 계속된 폭력행위와 압력을 가했다. 물론 누구도 유대교를 그렇게 제거하려는 의도가 있었던 것은 아니다. 유대인들은 하나님으로부터 버림받은 자들이라는 인식보다 그리스도인들을 오히려 더 큰 경고와 심판으로 여기고 살아야 했다. 유대인들은 그리스도인 중 소수집단으로 살면서 그리스도인들의 육신의 가시로 여겨졌다. 왜냐하면 유대인들의 그리스도인들을 향한 비판적 문제 제기는 그리스도교 신학자들을 자극했기 때문이다.

중세에는 그리스도인과 유대인의 관계가 점차 더 악화했다. 그것에 대한 책임은 그리스도인들이 떠맡았다. 십자군원정에 관련하여 많은 사람은 다음과 같이 말했다: "우리가 '이슬람교도들'(비하한 말. 이슬람은 그리스도인들과는 달리 창시자의 이름에 따라 명명되지 않는다)과 싸우기 전 그리스도인들은 이미 유대인들과 본토에서 전쟁을 치렀다." 십자군원정 참여자들은 1096년 라인탈(Rheintal)에서 상당히 많은 유대 회당을 파괴했다. 수많은 유대인이 죽임을 당했다. 이런 상황에서도 몇몇 감독들은 그들을 보호하려고 애를 썼고 많은 사람을 구할 수 있었다. 십자군원정대가 1099년 예루살렘에 이르렀을 때, 그들은 거룩한 도시에 살고 있던 곧 출정하게 될 이슬람교도들뿐만 아니라 그곳에 사는 전쟁과 무관한 평화로운 유대인들까지 학살했다.

십자군원정 기간에 그리고 그 이후에도 유대인들의 삶의 상황은 더욱 힘들어졌다. 그들은 유대인이라고 표시된 옷을 입고 다니도록 강요받았으며 차츰 권리를 상실해 갔다. 그 외에도 유대인들이 그리스도인들과 그리스도교에 위해를 가한다는 흉흉한 소문들이 퍼져나갔다. 유대인들이 그들의 종교의식에서 어린아이의 피를 사용하려고 그리스도교 아이들을 납치해 살해했다는 소문들이 성행했다. 또한 유대인들이 유대계 그리스도인과 그리스도에 대한 혐오를 부추기려고 교회에서 주의 만찬의 떡(호스티엔: 그리스도인들을 위한 그리스도의 몸)을 훔쳐 가서 바로 찢고 찌르고 부숴버린다는 식의 소문, 유대인들이 그리스도인들에게 해를 입히거나 죽이려고 샘물 등에 독을 넣었다는 식의 불합리한 소문들이 널리 퍼졌다.

유대인들이 살고 있었던 일부 지역에서 인신 제사의 비난, 성체 훼손의 비난 혹은 샘물에 독극물을 탔다는 비난이 일어나면, 곧바로 유대인들은 고발되었고 체포되었으며 심판을 받거나 살해되었다. 박해의 파고는 유대 전체 공동체를 빈번하게 흔들어 놓았다. 반유대적 고소들과 그것과 관련된 신화적 내용은 부분적으로나마 지금까지도 여전히 받아들여지고 있다. 1475년 아마도 유대인들에 의해서 트리엔트(Trient)에서 죽은 두 살의 시몬(Simon)은 가톨릭교회에서 1965년까지 순교자로 숭배를 받고 있었다. 티롤(Tirol)의 린(Rinn)에서는 1994년까지 인신공양이 있었다. 바이에른의 데겐도르프(Deggendorf)에서는 1992년까지 14세기의 성체 훼손을 기억하려고 순례를 행했다.

그림 3.5. 여성으로 회당(왼쪽)과 교회(오른쪽) (예식서에서 나온 장식화, 14세기)

유대교에 대한 부정적인 견해는 중세 사람들에게 비유적으로 표현되었다. 흔히 많은 교회가 교회 정문에 파괴된 회당 공동체와 승리한 교회의 모습을 두 명의 여성으로 비유하여 서로 나란히 그렸다 (그림 3.5). 오늘날까지도 이런 소개들은 많은 교회 건물에서 쉽게 찾아볼 수 있다. 따라서 근대 교회는 명확한 반유대적인 예술품을 지닌 건물들에서, 유대 공동체와 함께 한 도시들 안에서 그리스도교의 예배를 진행해야 하는 어려운 문제를 떠안고 있다. 일반적으로 안대를 차고 있는 회당 여성(영적인 것에서 그리스도인들에 의해 맹목적으로 주장된 유대인의 상징)은 어려운 계명의 부담 때문에 구부러진 모습으로 유대교 율법들의 상징을 손에 들고 있다. 회당의 창은 부서져 있다. 이것은 그들의 몰락을 상징한다. 회당의 우두머리는 몰락했다. 반면에 교회의 여성은 승리와 통치의 상징으로 왕관을 쓴 채 우두머리로서 당당하게 수직으로 서 있다. 그녀는 명예의 표시인 연단 위에서 있고 손에는 주의 만찬을 상징하는 성배와 성체(Hostie)를 들고 있다. 그와 더불어 그녀는 가장 높이 십자가를 든 모습으로 승리를 상징하고 있다.

이 외에도 많은 교회 안에 그리고 곁에 설치된 반유대적인 그림인 〈유대인의 돼지들〉은 눈멀고 패배한 회당의 소개보다 훨씬 더 심각했다. 그 그림들은 유대인들이 돼지의 엉덩이를 핥고 소변을 마시며 젖을 빨고 있는 모습으로 극히 혐오스럽고 자극적이다. 돼지는 레위기 11장 7절, 신명기 14장 8절과 이사야 65장 4절에 근거해 유대인들에게 불결한 것이기에 거부되었던 동물이었다. 유대교를 믿는 유대인은 누구도 돼지고기를 먹지 않는다. 그러니 유대인들을 돼지로 비유한 것은 그들을 모욕하고 비방하는 어떤 방식보다도 끔찍한 것이었다.

중세 후기 도미니코 수도회와 프란체스코 수도회, 아우구스티누스 수도회 종단의 수도사들은 설교에서 여전히 유대 공동체가 있는 도시에서 그들의 추방을 선동했다. 무역업자와 고리대금업자인 유대인들의 돈으로 그리스도인들이 살아야 했고 또 고리대금으로 힘들어지자 이미 언급했던 비난들 외에도 고리대금업자에 대한 비난이 증가했다. 그러나 사실 그리스도교 체제 안에서 유대인들이 일반적인 직업을 가질 수 없었기 때문에, 간접적으로 고리대금업과 무역으로 살도록 강요받았다는 것을 인정해야 할 것이다.

15세기와 16세기 초 많은 곳에서 이루어진 유대인 추방의 몇몇 실례로 들자면, 1432년 작센, 1442년 바이에른, 1498년 뷔르템베르크(Würtberg), 1510년 브란덴베르크(Brandenberg)에서 있었다. 종교개혁 시기에도 유대인 추방은 줄어들지 않았다. 오히려 추방은 강화되었다. 루터도 유대인의 추방을 자신의 저술을 통해서 지원했다.

알 아 두 기

유대교에 의하면 1492년 스페인에서의 유대인 추방은 독일의 도시
들에서 일어난 그 어떤 추방보다 심각했다. 여러 세기 동안 많은 수의
유대인은 스페인에 살면서 그리스도인들과 이슬람교도들과 협력했고
나라의 문화와 경제 부흥에 공헌했다. 교황이 2년 후 "가톨릭 왕들"이라
는 영광스러운 칭호를 부여했던 이사벨라(Isabella) 여왕과 페르디난드
2세(Ferdinand II) 왕은 1492년 모든 유대인이 그리스도인이 되든지
아니면 스페인을 떠나든지 둘 중 하나를 선택하도록 했다. 이것은 지금까

지의 역사에서 가장 큰 유대인 박해의 시작이었다. 15만 명은 그들의 고향을 떠나 남쪽(북아프리카), 서쪽(포르투갈), 북쪽(프랑스, 네덜란드) 혹은 동쪽(이탈리아, 튀르키예)으로 이동했다. 5만 명은 세례를 받았으나 부분적으로 고향에서 그들의 유대교 신앙을 신실하게 지켰다. 2만 명은 도주 중 살해당했고 극히 일부는 자살했다.

스페인의 추방으로 유럽의 유대교는 영적이고 종교적인 중심지를 상실했다. 이것은 유대인들뿐만 아니라 전체 서양 문화에 영향을 미쳤다. 스페인 대신 먼저 네덜란드와 후에 동유럽이 대신하면서 동유럽에서 16세기 초 프라하(Prag)와 폴란드에 새로운 유대인의 중심지가 세워졌다.

스페인의 유대인 추방은 시칠리아 왕가의 추방(1493)으로 이어졌고, 포르투갈의 추방(1496/97)과 나바라(Navarra)의 추방(1498), 나폴리 추방(1510)과 백작령 프로방스(Provence)의 추방(1501)이 몇 년 사이에 이어졌다.

유대인들은 70년도에 일어난 성전 파괴 사건과 비교될 만큼 스페인의 추방을 대재난으로 인식했다. 우연한 일이지만 8월 3일의 유대인 추방의 날과 더불어 유대력의 5월 9일과 유대 전승에 따른 첫 번째와 두 번째 성전 파괴가 이루어졌던 날은 유대교를 믿는 자들에게는 결코 우연한 일이 아니었다.

8. 그리스도인들과 이슬람교도들

그리스도인들과 이슬람교도들은 중세 십자군원정의 전쟁들과 콘스탄티노플(Konstaninopel) 주위에서 일어난 전쟁 그리고 스페인에서 적으로 만났다.

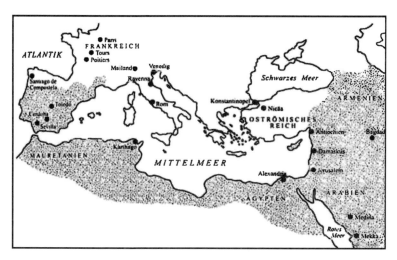

그림 3.6. 8세기 이슬람의 확장

　이미 이슬람이 발생한 후 몇 세기 동안 이슬람-아랍의 민족들은 로마제국의 넓은 지역을 점령했고(그림 3.6) 그리스도교를 밀어냈다.

　732년에는 남프랑스의 투르즈(Tours)까지 쳐들어왔던 이슬람교도 아랍인들은 8세기에 이미 이베리아반도까지 점령했고 15세기까지 이곳은 부분적으로 아랍에 속해 있었다. 정복자 중에 많은 수였던 바르바리 사람들(Berber)은 무어족(스페인어 moros)으로 불렸다.

　스페인의 이슬람교도들은 그 나라를 이슬람화하지 않고 그리스도인들과 유대인들을 용인했다. 이슬람의 통치 아래 있는 동안 중세는 세 종교 사이에 문화적인 교류와 놀라운 협력이 이루어졌다. 이러한 유일무이한 협력으로 인해 많은 문학 작품과 예술 작품이 탄생했고 오늘날까지도 여전히 영향을 주고 있다. 무엇보다 아랍인들이 유럽에 아리스토텔레스 철학을 전수해 주면서 유럽의 정신 문화를 강력하게 고무시켰다. 중세 초 서방에서는 그리스도 이전의 위대한 헬라 철학자의 작품들에 관해 그 무엇도 알려진 바가 없었다. 그러나 이슬람교도들은 동방 그리스도인들에 의해서 아랍어로 번역된 아리스토텔레스의 작품들을 가지고 있었다. 이슬람 그리고 유대적, 아랍적으로 학자들은 그의 작품들의 연구에 헌신했고, 그것을 주석했다. 스페인 안에서 아랍어로 써진 아리스토텔레스의 작품과 주석서들은 라틴어로 번역되었다. 이로써 서양에서 아리스토텔레스 철학의 새로운 발견과 더불어 대학의 철학과 신학 분야에서 폭넓은 수용이 이루어졌다.

핵 심 포 인 트

> 그리스도교와 이슬람은 각각 절대적인 진리를 주장했다. 물론 이슬람교도들은 유대인과 그리스도인들 안에서 성문서로 생각되는 "책의 소유자"로 생각했고, 그것들을 사용했던 종교적인 소수집단으로 그들을 인정했다. 이와 반대로 그리스도인들은 이슬람교도들을 이단의 추종자들로 보았고 그런 이유로 그들과 싸웠다. 중세에 이슬람은 모든 것에서 그리스도교보다 더 관용적이었다.

그리스도교에 관해서 이슬람은 종교적이든 신학적이든 전혀 관심이 없었다. 이슬람교도들은 그리스도인을 종교현상에서 절반 정도에 멈추어서 버린 인간들로 간주했다. 왜냐하면 이슬람교도들은 예수를 거치지 않고서 모하메드(Mohamed)를 통해 완성된 하나님의 계시에 도달되었기 때문이다. 반면 그리스도인들은 이슬람교도들을 그리스도교에서 떨어져 나간 아리안주의 분파에 동조한 사람들로 간주했다. 왜냐하면 이슬람교도들은 예수 안에서 단지 선지자를 보았을 뿐 진정한 하나님의 아들로 생각하지 않았고, 게다가 예수가 십자가에서 죽었다는 것을 강조했기 때문이다. 이슬람교도들은 그리스도인들이 진리의 길을 인식할 수 있을 거라고 믿었던 반면에, 대부분 그리스도인은 이슬람교도들을 포기했다. 이단자들과는 대화도 나누지 않았다. 단지 개별적으로 선교 활동이 있었는데, 대체로 도미니코 수도회 수도사들에 의해서 이루어졌다.

점차 스페인은 북쪽으로부터 다시 그리스도교로 돌아섰다. 이슬람은 이를 저지하기 위해 군사적인 전쟁을 치렀고 패배를 당했으며, 죽지 않았다면 추방당했다. 그리스도인들은 처음에는 유대교 소수집단을 용인했다. 왜냐하면 유대인들이 전쟁 비용을 도왔기 때문이다.

스페인의 재그리스도교화는 로마적, 가톨릭의 재그리스도교화이다. 이전 이슬람의 통치자 아래 존재했던 스페인의 그리스도교는 전쟁을 통해 사라졌다. 스페인의 그리스도교 추종자들은 이슬람화된 그리스도인들("이슬람화된 자들")로 비난받았다. 재탈환(재정복)은 이슬람교도들과 유대인들과 스페인적인 그리스도인들을 동시에 향한 것이었다.

로마-가톨릭 그리스도인들은 스페인에서 유명한 성인, 즉 세베대의 아들 장로 야고보와 함께 전쟁터로 나갔고, 9세기 북서부스페인 산티아고(Santiago de Compostela, 그림 3.6)에 묻혔다고 주장했다. 야고보는 전쟁의 성인이었다. 로마-가톨릭 전쟁의 참여자들은 전쟁에 앞서 그를 불렀고 전쟁 시 그를 그린 그림이나 조각상을 소지했다. 이 때문에 오늘날도 여전히 스페인 교회(역사적인 야고보와는 관계없이) 안에서 마치 이슬람교도들의 머리를 쳐버릴 것처럼 위풍당당한 그의 모습을 볼 수 있다. 사람들은 그를 무어족의 살인자라 부른다.

야고보-순례길은 그의 명예와 재탈환에 이용되었고 유럽의 모든 나라가 스페인으로 향하게 했다. 또한 수많은 순례자는 스페인이 큰돈을 벌도록 했다. 야고보 순례길은 가장 인기 있었지만 또한 중세의 가장 심각한 순례길에 속했다. 야고보 순례길은 "십자군원정"만큼이나 악명이 높았다. 그럼에도 "십자군원정"은 오늘날 일반적으로 금지되었고, 반면에 야고보 순례길은 예상치 못한 높은 평가를 받았다. 심지어 개신교 그리스도인들에게도 그런 평가를 받았다.

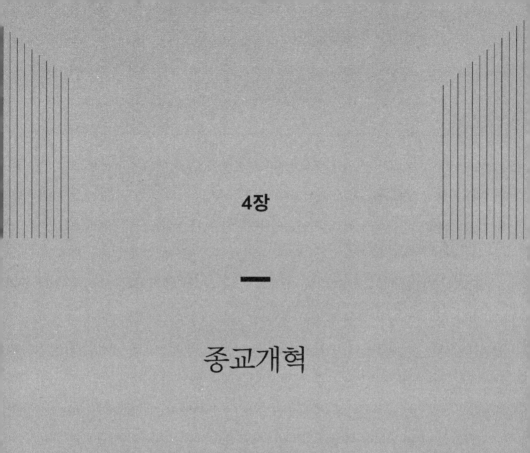

4장

—

종교개혁

I. 종교개혁 교회 역사 개관

'종교개혁'(Re-formaton: 재-형성)은 '소급하여 – 형성하기'(*reformare*:
본래 소급하여 형성하다, 원상회복하다 또한 개편하다, 개선하다)를 의미한다.
중세 후기에 들어 높이 평가된 고대에 새롭게 관심을 둔 '인문주의'의
영향을 받아 많은 신학자와 교회의 인물들, 그들 중 누구보다 마틴 루터는
16세기 전반부에 신학과 교회의 변화를 원했다. 이 변화는 갱신이 아니
라 본질적이고 오래 유지해 온 것을 새롭게 설정하고자 하는 것이었다.
이렇게 종교개혁은 일어났다. 그러나 종교개혁자의 의도와 다르게 갱신
과 근대화의 의미로 변화를 가져왔고, 모든 의도와 달리 서양의 그리스도
교를 두 개의 커다란 종파와 서로 경쟁적인 많은 교회로 영속적으로
분열시키는 결과를 낳았다.

알 아 두 기

역사의 "시대구분"으로서의 "종교개혁"

역사는 여러 시대로 나뉘는데, 교회 역사도 마찬가지이다. 이전 시기 및 다음
시기와 명백한 공통점으로 구분되는 시기를 한 시대로 나타낸다. 종교개혁은
매우 짧은, 40년이 채 안 되는 시대로 개신교 영역의 교회 역사 서술에서만
강조되고 있다. 시대구분 개념으로서의 종교개혁은 그 시대에 이미 사용되었
다. 루터 자신은 명백한 폐해를 고려하여 1517년 1월 한 설교에서 '교회에
대한 위대한 개혁'(*maxima reformatio ecclesiae*)을 이미 진술했다. 루터
자신이 종교개혁가가 될 것이라고는 1517년 초기까지 전혀 생각지 않았다.
종교개혁은 1517년 10월 31일에 시작되었고, 이에 따라 오늘까지 10월 31일
은 개신교에서 '종교개혁의 날'로 지키고 있다.

중세 후기에 사실 "머리"(교황)와 "지체들"(공동체)에 있어 교회 개혁
(reformatio)이 다양하게 요구되었으나 결과는 없었다. 1515년경 비텐
베르크(Witenberg) 아우구스티누스 은자회 수도사 마틴 루터는 자기
수도원에 앉아서 어떻게 인간이 하나님의 뜻을 완전히 성취할 수 있고
성서의 언어로 '의인'이 될 수 있는지 깊이 생각하고 있었다. 루터는
수도원 제도를 진심으로 받아들이며 행한 수도조차도 온전히 하나님의
뜻에 따라 살 수 없다는 사실을 수도원에서 몸소 체험하였다. 그는 "의인
은 믿음으로 살리라"라는 로마서 1장 17절 말씀을 숙고하는 가운데,
하나님은 완전한 율법의 성취를 요구하시는 것이 아니라 단지 실제적인
믿음만을 요구하신다는 것을 깨달았다. 이것이 그에게는 복음의 총체였
는데, 신약성서가 증언한 것처럼 문자적으로 말하면 "유익한 정보" 혹은
"좋은 소식"이었다. 그러므로 루터와 종교개혁을 따르는 자들을 복음주
의로 표현하는 것은 적절하다. 물론 당연하기는 하지만 당시 가톨릭교회
의 추종자들과 오늘날 가톨릭 교인들도 자신들을 복음에 매인 자로 생각
한다.

루터는 신학적 깨달음을 통해 종교개혁자가 되었다. 중요한 것은
내용적으로는 믿음의 의, 형식적으로는 성서에 일관되게 전념하는 것이
다. 그는 교회의 신학과 실천을 자신이 성서를 근거로 깨달은 것에 따라
판단하기 시작했다. 바로 이점이 종교개혁의 성서 원칙으로 여겨진다.
루터가 특히 불쾌하게 여겼던 것은 당시 유행한 성서의 근거가 미진한
면죄부 제도였다. 이것으로 교회는 사람들에게 돈을 대가로 하나님의
죄의 심판에 대한 면제를 약속하였다. 교회가 이 제도의 근거로 삼은
것은 교회는 교회의 보화(thesaurus ecclesiae)를 갖고 있다는 것인데,
바로 예수님과 성자들의 선행을 통해 하나님에게서 획득한 공로로 교회

가 이것을 죄인들에게 나누어 줄 수 있다는 것이다.

1517년 10월 말 루터는 면죄부를 반대하는 95개의 라틴어 논제를 대학 논쟁을 위해서 글로 작성했으며, 10월 31일 중요한 교회의 인물들과 몇 명의 동료들에게 보냈다. 이것은 루터의 의도와 상관없이 인쇄되어 급속이 퍼져나갔고 커다란 반향을 일으켰다. 루터는 교회의 중심적인 적폐의 뇌관을 건드리고 말았다.

교회는 이해하거나 받아들이지 못하고 다른 대책으로 반응했다. 로마에서 루터를 상대로 교회의 소송이 이루어졌고 1520/21년 그를 이단자로 판단하고 교회에서 추방해야 한다는 결론을 내렸다. 하지만 이것으로 루터 자신도 사건 자체도 끝나지 않았다. 루터는 그사이에 신학자뿐만 아니라 정치가 등 많은 후원자를 얻었다. 비록 황제(1519년부터 칼 5세가 다스렸다) 역시 루터를 정죄하고 사형선고를 내렸지만, 루터는 살아남을 수 있었고 자신의 의지대로 계속 활동할 수 있었다. 그의 사상을 근거로 개혁이 일어났고 새로운 교회가 세워졌다. 새로운 교회에서는 예외의 경우만이 아니라 규칙적으로 설교하였고(참고: 그림 4.1), 예배는 라틴어가 아니라 독일어로 드려졌으며, 저녁 만찬(Abendmahl)은 빵만 아니라 잔도 분배되었다. 목사는 결혼하였고, 성인들은 더는 숭배되지 않았으며, 성서와 십자가에 달리신 그리스도를 바라보았다(참고: 그림 4.1). 그러나 여전히 비텐베르크 종교개혁의 영향을 받은 개신교교회에서도 남자와 여자들이 분리되었고 성만찬에서 무릎을 꿇었다. 신자들은 빵과 포도주를 직접 자신의 손이 아닌 목사로부터 분배받았다(참고: 그림 4.1).

루터 외에 본질적으로 그의 영향을 받아 활동한 다른 종교개혁자 중 취리히의 츠빙글리(Ulrich Zwingli)와 제네바의 칼빈(Johannes Calvin)이 유명하다. 루터와 츠빙글리는 개인적으로 서로 알았으나 논쟁을 벌였다.

그림 4.1. 개신교 예배 (동시대의 목판화). 루터가 설교가로 묘사되어 있다.

루터와 칼빈은 개인적으로 아는 사이는 아니었으나, 루터는 칼빈과도
서로 논쟁을 일으켰다. 그러므로 취리히와 제네바의 종교개혁은 각자의
길을 갈 수밖에 없었다. 그럼에도 종교개혁에서 가장 중요한 것은 독일의
루터 주변에서 일어난 사건들이었다.

　　1530년 교회의 상황들을 아우크스부르크(Augsburg) 제국의회에서
다루었고, 이것은 황제가 요청한 것이었다. 개신교 교인들은 큰 기대를
했다. 왜냐하면 황제가 미리 자신은 다툼을 끝내고 각자의 견해를 "사랑
으로" 경청하고 "일치와 평화"를 세우고자 한다고 알렸기 때문이었다.
루터 편에 선 사람들은 자신들이 작성한 신앙고백을 제출하였다. 이러한

아우크스부르크 신조는 오늘날까지 개신교교회의 중심 문서로 필립 멜랑히톤(Philip Melanchthon)의 책임 아래 작업이 이루어졌다. 그는 비텐베르크의 대학교수로 1518년부터 루터의 편에 서 있던 인물이었다. 개신교 사람들은 자신들 편에서 일치를 위한 준비가 되어 있음을 보여 주고자 노력했고, 종교개혁과 적대자들 사이에 공통적인 것을 강조하면 서 기독교 가르침의 핵심에 관해서가 아니라 몰래 유입된 악습들에 관한 것을 설명하려고 했다. 무엇보다도 열띤 주제인 교황 제도는 완전히 제외되었다.

신앙고백은 로마 가톨릭교회와 황제에 의해 거부되었고 전쟁이 임박 하였다. 그래서 1531년에 개신교인들은 막강한 방위동맹, 슈말칼덴 동맹 을 결성하였다. 슈말칼덴 동맹은 튀링겐의 도시 슈말칼덴(Schmalkalden) 의 이름에 따라 붙여졌고(참고: 그림 4.2), 그곳에서 그들은 동맹을 위해 만났다. 그런데 황제는 외부의 상황, 곧 프랑스 사람, 튀르키예 사람, 교황과의 전쟁에 전념해야만 했고, 종교개혁은 여러 곳에서 계속하여 전개되었다. 종교개혁의 중심지는 작센(Sachsen)주와 헤센(Hessen)주 와 팔츠(Pfalz)주 그리고 소위 제국 도시로 불리는 뉘른베르크(Nürnberg) 와 슈트라스부르크(Straßburg) 같은 크고 독립된 도시들이었다. 1534년 뷔르템베르크(Württemberg)주도 포함되었다. 슈말칼덴 동맹은 점점 강해졌다.

1540/41년 황제는 다시 활동을 재개하면서 평화적인 일치를 위해 노력했다. 동시에 그는 양 진영의 신학자들이 문제 삼았던 논쟁적 질문들 을 다루려고 종교회의를 소집하였다. 그러나 그것은 부분적인 일치를 이루었을 뿐 실패로 끝났다.

1545년 가톨릭 측에서는 커다란 제국적 교회 모임을 개최하였다.

모임 장소는 트렌트(Trient)였으며, 따라서 그것은 트렌트공의회(또는 라틴어 *Tridentinum*)로 지칭되었다. 이것은 1563년까지 이루어졌다. 개신교인들은 1545년에 참여하지 않았다. 왜냐하면 공의회는 결국 개신교인들이 거부했던 교황의 권위 아래 모였기 때문이다. 공의회는 종교개혁을 인정하지 않고, 가톨릭의 믿음과 교리를 새롭게 규정하며 교회개혁을 주도하였다.

1546년 루터가 세상을 떠났고, 같은 해 황제는 개신교인들에게 전쟁을 선포했다. 이 전쟁은 슈말칼덴 동맹을 향한 것으로 슈말칼덴 전쟁이라고 불린다. 1년 후에 개신교인들은 패배하였고 종교개혁은 끝난 것 같았다. 많은 장소에서, 특히 뷔르템베르크에서 종교개혁 조치들이 다시 파기되었다. 그러나 1552년 개신교의 제후 작센의 모리츠(Moritz von Sachsen)가 황제에 대항하여 적절하게 대처하면서 형세는 바뀌었다.

1555년 아우크스부르크에서 다시 제국의회가 열렸다. 독일의 그리스도교 분열이 적어도 당분간 지속될 것이라는 명백한 장기간 토의가 이루어진 이후 제국회의는 종교적인 대립 속에도 지속적인 평화 유지를 합의 결정했다. 종교개혁 추종자들과 로마 가톨릭교회의 추종자들은 앞으로 전쟁을 다시 해서는 안 되었다. 이제 통치자들에게 종교개혁을 찬성할지 반대할지 결정할 권리가 주어졌고, 그 백성들은 통치자들을 따라야 했다. 다시 말하면 통치자가 자기 지역과 백성의 종교도 결정했다.

핵 심 포 인 트

종교개혁 시대에는…

독일과 스위스가 교회 역사의 중심지였다.

헬라어와 히브리어가 라틴어와 더불어 기독교에 중요한 언어로 등장했다.

— 얼마 전 발견된 신대륙의 백성들은 (무력으로) 기독교화되었다.

— 유아세례의 유지를 통하여 그리스도인이 되는 것에 있어 세례가 믿음보다
  더 중요한 것으로 머물렀다.

그리스도인 존재와 그리스도인으로 머무는 것에 있어 행위나 교회의 구성원
이 아니라 믿음이 중심적인 것이 되었다.

평민, 수공업자, 여성 역시 신학자로 활동했다(평신도 신학자).

서방 문화의 종교적 통일성이 지속적인 교회분열로 깨졌다.

종교개혁자들은 새로이 국가교회를 창설하였고 왕좌와 제단의 밀접한 연합
을 이루어 냈다.

유대교와 이슬람교는 결코 대안적인 종교로서 인식되거나 중시되지 않았다.

신학은 여러 대학교에서 새롭고 커다란 발전을 맛보았다.

신학은 구원의 문제를 다루었고 믿음을 구원에 이르는 길로 이해하였다.

예수 그리스도는 무엇보다도 고난받는 자로 이해되었다(십자가 신학).

1200년 동안 이루어진 수도원 제도는 개신교교회 영역에서 사라졌다.

주교는 개신교 영역에서 힘을 잃었고 새로운 주교 역시 세워지지 않았다.

개신교 측에서는 영주에게 주교의 권력이 귀속된다고 여겼다(비상주교).

로마의 주교는 중요성과 힘을 잃었다.

1555년 독일에서의 종교개혁은 끝이 났다. 취리히와 제네바에서의
종교개혁은 각각 독립적, 부분적으로 또 다른 역사를 가졌다. 츠빙글리
는 루터보다 훨씬 이전인 1531년에 이미 세상을 떠났고, 칼빈은 루터보

다 훨씬 후인 1564년에 죽었다. 비텐베르크, 취리히, 제네바에서의 다양한 종교개혁들은 유럽에서 다른 반향을 일으켰다. 스칸디나비아 같은 나라에서는 비텐베르크의 사상들이 관철되었고 루터교회가 세워졌다. 영국과 네덜란드 같은 다른 나라에서는 칼빈이 더 많은 공감을 얻었고 칼빈주의적인 교회가 세워졌다. 츠빙글리의 호응은 취리히와 스위스에만 머무르고 한정되었다.

종교개혁이 승리한 곳에서는 개신교의 원칙이 관철되었는데, 평민에게서도 시골에서도 역시 그러했다. 이런 과정을 최근의 역사학에서는 교파주의화로 간주한다. 사회 전체, 문화 전체, 모든 가족과 개인 각자가 교파의 이상에 묶이고 특징지어졌다. 이것은 기나긴 과정이었는데, 다양한 지역에서 전혀 다른 결과와 차이를 냈고 성과를 거두었다. 개신교 관계 당국들은 교파주의화를 가속화했고, 이를 위해 설교와 교육을 이용하였으나 법의 힘과 경찰 권력을 사용하기도 했다.

종교개혁은 교육과 보편 교양과 여성 교육, 상급의 교육과 대학 교육도 촉진시켰다. 개신교 목사는 배운 사람이어야 했다. 뷔르템베르크 같은 몇몇 개신교 지역에서 이러한 목표가 이미 16세기 말경에 도달했지만, 다른 개신교 지역들은 이를 위해 100년 또는 심지어 200년 이상 긴 기간이 필요했다. 그러나 곳곳에서 교육을 시행했던 목사관들은 교육의 핵심, 나아가 사회의 지성적인 핵심으로 자리 잡았다. 독일은 "시인과 사상가의 민족"(Saul Ascher)이 되는데, 개신교 목사관의 덕택이었다. 많은 저명한 독일 작가와 학자들이 개신교 목사관에서 나왔다. 영향은 현재까지도 지속되어 얼마 전 개신교 목사관 출신의 연방 수상이 독일을 다스렸고(번역자 주: 앙겔라 메르켈, Angela Merkel), 개신교 목사관에 살았던 연방 대통령이 독일을 대표하고 있다. 가톨릭 신자들은 모든 교육적인 노력에도 이에 대응할 만한 어떤 것도 갖지 못했다. 트렌트공의회 결과, 가톨릭 사제직도 교육을 요구했으나 독신주의를 고수함으로 가톨릭 사제관은 독일의 정신적 엘리트들의 부화 장소가 될 수 없었다. 마찬가지로 일반교양 영역에서도 독일의 개신교 지역들이 주도했는데, 19세기 말 프로이센 지역에 관한 연구들이 이를 잘 보여 주고 있다.

종교개혁의 결과, 독일과 유럽은 계속해서 교파별로 분열되었다. 그것은 역사상 최초의 커다란 교회분열을 의미하지 않는다. 동방 교회와의 분열과 동방정교회와의 분열은 종교개혁의 분열보다 앞서 일어나 오늘까지 여전히 존속하고 있다. 그러나 종교개혁의 교회분열은 다른 성질을 갖고 있었다. 이 분열은 나라와 도시, 때때로 가족에게까지도 이루어져 특히 고통스러웠고 인간의 삶을 강하게 침해했다. 오늘날 개신교인들(Protestanten)은 분열을 필연적이고 의미 있고 최종적으로는 풍성한 다원주의로 보는데, 이 다원주의가 종교의 영역에서 자유와 발전에 이바지한 것이다. 이와 반대로 가톨릭 신자들은 오늘날도 여전히 일치의 상실을 아쉬워하고 유럽의 그리스도교 분열을 한탄하고 있다. 따라서 이들은 2017년 종교개혁 500주년을 축하할 수 없고 원하지도 않았다.

약 40년 동안의 종교개혁사는 교회 역사에서 가장 짧은 연대기에 속한다. 물론 이 시기는 많은 사건이 동시다발적으로 일어났고 신학적, 교회적으로 엄청난 중요성을 갖고 있지만 말이다. 그러므로 개신교 신학에서는 이러한 40년의 시기를 독립적인 시대로 다루며 이 기간을 1000년의 중세 시대만큼, 아니 이보다 더 관심을 기울이고 있다. 그러나 다른 이들은 40년의 종교개혁 기간을 오늘까지 지속되는 근대 시대 500년에 또는 1789년(프랑스혁명)까지 지속되는 근대 초기 300년에 편입시키고 있다.

II. 종교개혁 역사의 주요 주제들

1. 루터의 생애와 신학

마틴 루터는 1483년 아이슬레벤(Eisleben)에서 광산업자의 아들로 태어났다(참고: 그림 4.2). 혹은 1482년과 1484년을 루터가 출생한 해로, 그가 어린 시절을 보낸 만스펠트(Mansfeld)가 출생지로 고려되기도 한다(그림 4.2). 하지만 생일이 11월 10일이라는 것은 확실하다. 왜냐하면 루터는 당시 관습에 따라 태어나자마자 세례를 받고 그날의 성자, 4세기 투르(Tours)의 주교로 활동했던 마틴(Martin)이라는 이름을 얻었기 때문이다. 그는 막데부르크(Magdeburg)와 이어서 아이제나흐(Eisenach)에서 라틴어 학교에 다녔다. 그의 아버지는 루터가 만 21세가 되고 대학의 기초과정을 성공적으로 마쳤을 때 에르푸르트(Erfurt, 참고: 그림 4.2)에서 법학을 공부하도록 권고했다. 하지만 첫 학기가 끝나자마자 루터는 곧바로 두 번의 결정적인 삶의 전환기 가운데 첫 번째 전환기를 경험했다. 슈토테른하임(Stotternheim, 참고: 그림 4.2)의 들판에서 갑자기 내려치는 뇌우(雷雨)로 인해 두려움이 엄습하자 예수의 할머니인 성(聖) 안나에게 만약 살아남는다면 수도사가 되겠다고 서원했다. 루터는 살아남았고 약속을 지켜 1505년 에르푸르트의 아우구스티누스 은둔자 수도원에 들어갔다. 수도원장은 루터의 재능을 알아보았고 그에게 신학 공부를 할 것을 권고하고는 사제로 서품을 받도록 이끌었다. 1512년 루터는 박사학위를 획득하고는 학업을 마쳤고 신학 교수가 되었는데, 에르푸르트에서가 아니라 새로 세워진 비텐베르크(Wittenberg, 참고: 그림 4.2) 대학에서였다. 여기서 그는 1546년 죽을 때까지 가르쳤다.

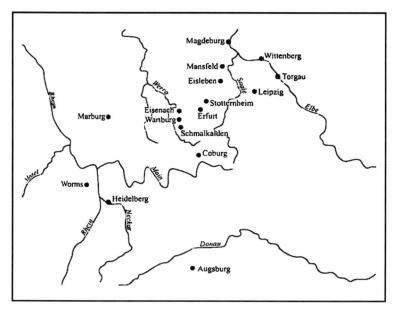

그림 4.2. 루터 도시들

그는 에르푸르트에서 인문주의를 접했으나 실제로는 인문주의의 영향을 받지는 않았다. 또한 루터는 1511/12년(최근에 새로이 시기가 확인됨) 로마로 여행을 갔고, 이 여행은 루터에게 교회의 오류들을 분명하게 보여 주었다. 하지만 그의 발전에 결정적인 것은 신학적인 깨달음이었다. 이것은 1515년경 비텐베르크의 수도원의 탑에 있는 연구실에서 일어난 사건인 탑상 체험이다. 루터는 성서가 하나님의 '의'에 관해 말할 때 그 의가 심판하시는, 인간을 죄로 인해 처벌하시는 하나님을 생각한 것이 아니라 용서하시는, 인간의 죄를 사하시는 하나님을 생각한다는 사실을 깨달았다. 하나님은 인간에게 믿음 외에 다른 것을 기대하지 않으시고 오직 믿음만을 기대하시는데, 루터에게 있어 믿음은 참된 것으로 여기는 동의의 의미가 아니라 깊은 신뢰, 자신을 하나님께 맡기는 것을 뜻한다.

루터는 이때 그의 삶과 신학의 전환점에 관하여 단 한 번 그 맥락에서 상세하게 진술했고, 그것은 1545년 라틴어 전집 제1권 서문에서 언급하고 있다.

나는 그 의로운 하나님을 미워하다가 마침내 하나님의 자비하심으로 밤낮으로 오래 묵상하면서 다음과 같이 단어의 맥락에 관심을 기울이게 되었다. "하나님의 의가 그 안에 계시 되는데, 의인은 믿음으로 산다고 쓰여 있는 것처럼 말이다." 이때 나는 하나님의 의를 의인이 하나님의 선물을 통해 믿음으로 살게 되는 의로 이해하기 시작했고, 이것의 의미는 복음을 통해 하나님의 의, 수동적인 의가 계시 된다는 것, 이 의를 통해 자비로운 하나님이 "의인은 믿음으로 살리라"라고 쓰여 있는 대로 믿음을 통해 우리를 의롭게 만드신다는 것을 이해하기 시작했다(Deutsche Geschichte in Quellen und Darstellung 3, 2001, 90-92).

루터는 1515년까지 이러한 깨달음의 결과들을 알아챌 수 없었다. 1517년에도 10월 마지막 날에도 공개적으로 95개 논제의 형태로 표현된 면죄부에 대한 비판의 결과들을 인지하지 못했다.

1517년 루터는 교회의 면죄부에 관한 선동을 점차 걱정스럽게 바라보았다. 면죄부는 면제와 같은 의미로 교회 측에서 하나님의 벌이 면제되는 것이며, 그렇지 않으면 죄를 지은 인간이 이것에 대한 대가를 치러야 하는 것이었다. 교회에서 통용되던 기본원칙은 모든 죄에는 처벌이 따라야 한다는 것으로, 이 처벌은 늦어도 죽은 후에 저세상에 들어갈 때, 소위 연옥에서 이행되어야만 했다. 연옥은 정화의 장소로 이해되었고 여기서 죄에 대한 처벌이 집행되었다. 루터는 이러한 연옥의 존재를 의심했고 하나님의 이름으로 하나님의 벌을 용서할 권리가 교회에 있다는 것에 이의를 제기했다. 또한 그가 강력하게 비판한 사실은 교회가 돈을 내는 대가로 이러한 면죄부를 부여하고 이 금전 수입으로 로마의 교황 교회, 베드로 성당의 신축을 재정 지원했다는 점이다.

핵심 포인트

> 면죄부는 죄의 용서가 아니라 연옥에서의 벌의 면제를 의미하고, 연옥은 악명 높은 죄인과 이단자가 영원한 벌을 받아야만 하는 지옥이 아니라 정화 장소로서, 비록 고통스럽지만 하늘나라를 준비하는 곳이다. 연옥에서 벌은 지은 죄에 대해 내려진다. 모든 죄에는 용서가 이루어진 이후에도 (시간적으로 기한이 정해진) 벌이 있다. 용서는 죄를 통해 깨진 하나님과의 관계를 다시 회복하나 처벌은 면제하지 못한다. 어린이 훈육과 비교될 수 있다. 아이가 나쁜 일을 하면 부모는 아이가 뉘우치는 한 용서하기 마련이고 아이를 여전히 사랑한다. 그러나 일정한 기간 벌을 준다.

　　루터의 논제는 1517년 10월 31일, 비텐베르크에서 중요한 축제일인 만성절(萬聖節) 전날로 거슬러 올라간다. 오늘까지 개신교교회는 10월 31일을 '종교개혁의 날'로, 이날 다음에 오는 주일을 '종교개혁기념주일'로 지키고 있다. 루터가 논제를 당시 공개적으로 게시했는지, 대학의 게시판으로 사용되는 비텐베르크 성곽교회의 문에 붙였는지("논제 게시")는 논쟁 사항이다. 아마도 그는 논제를 서신으로 널리 알렸을 것이다.
　　루터는 라틴어로 작성된 95개 논제로 토론을 원했다. 따라서 논제를 작성하고 널리 전했고 편지로도 보냈다. 이것을 비텐베르크 성곽교회의 문에 붙였는지는 알 수 없는 일이다. 논제 자체에 대해, 그것의 신속한 확산과 엄청난 반향에 대해서는 틀림없는 사실이다. 루터는 무엇보다도 인문주의자들 가운데서 동의를 얻어냈다. 루터 탄생 몇십 년 전에 발명된 인쇄술은 독일과 독일 너머로의 신속한 확산을 가능케 했다. 이러한 새로운 소통 가능성이 없었다면 종교개혁은 성공하기 어려웠을 것이다. 인쇄술이 없었다면 종교개혁은 없었다! 종교개혁은 분명한 신학적인 깨달음과 유리한 정치적 상황의 덕을 본 것을 넘어서 소통의 사건이기도 했다. 특별한 중요성을 가진 것은 소위 팸플릿이었는데, 그것은 때때로 몇 페이지 안 되는 작은 분량의 저렴한 인쇄물이었기에 신속하게 재인쇄 되어 확산될 수 있었다. 당시 사람의 대부분은 읽을 수 없었기 때문에 그림도 종교개혁의 주장, 이념, 요구 등을 전파하는 데 사용되었다(참고. 예를 들어 그림 4.3, 4.4). 루터의 작품들은 베스트셀러였다. 1519년 말에 이미 서로 다른 루터의 작품 45편, 총 259판이 전파되었는데, 이는 약 26만 개의 인쇄물에 해당한다. 1521년에 루터의 전체 출판 부수는 이미 50만 인쇄물을 넘어섰다. 당시 1판으로 약 1,000부가 인쇄될 수 있었다. 성공적인 루터 작품들의 판수는 두 자릿수나 되었고 또한 여러 언어로 번역되었다. 작품들은 짐수레로 이곳저곳을 옮겨 다니는 서적 상인들에 의해 생필품과 다른 물건들처럼 시장에서 팔렸다.

1518년 4월 루터는 하이델베르크(Heidelberg, 참고: 그림 4.2)에서 자신이 속한 종단(Orden) 내에서의 토론에 참여해 95개 비텐베르크 논제에 다른 것들을 추가하였다. 그래서 그는 일반적으로 매우 높은 평가를 받고 있는 아리스토텔레스 철학을 비판하였고 또한 인간은 하나 님과의 관계에서 자유의지를 가지며 하나님을 받아들이거나 거부할 수 있고 믿음을 결정할 수 있다는 사실에 문제를 제기했다. 그는 인간이 아주 의존적이고 수동적이고 전적으로 하나님의 배려하심에 달려 있다고 보았다.

로마가 루터에 대한 소송절차를 이미 시작한 이후 1518년 10월 루터는 아우크스부르크에서 제국의회와는 별개로 교황 사절 추기경 카예탄(Thomas Cajetan)을 만나 그로부터 심문을 받았고 그의 주장을 취소할 것을 요구받았다. 루터는 그와 함께 믿음이 갖는 구원의 의미와 "교회의 보화"에 관해 토의했다.

1519년 루터는 라이프치히(Leipzig, 참고: 그림 4.2)에서 또 다른 토론에 참석하였다. 여기서 그는 잉골슈타트(Ingolstadt) 출신의 신학 대적자이자 인문주의적인 사고를 했으나 교회와 교황을 신실하게 돕는 에크(Johann Eck)를 만났다. 여기서도 루터는 계속된 새로운 논제에 관한 관심과 저항을 동시에 받았다. 그는 교황의 통치권을 비판했고 공의회는 오류를 범할 수 있다고 언급했다. 이로써 로마 교회의 기초를 흔들었다.

그럼에도 루터와 그를 따르는 자들은 중세 후기의 모델에 따라 커다란 교회 모임인 공의회를 강력하게 요구했고, 오해들에 대한 논의와 제거를 위해 가능한 한 민족적인 차원의 공의회("국가 공의회")를 요구했다.

1519년부터 루터는 일반 대중에게 시선을 돌리고 독일어로 수많은 적은 분량의 작품(Sermone, 담론)을 썼고, 이것은 설교의 스타일로 세례, 결혼, 저녁 만찬, 죽음과 같은 그리스도인의 삶의 근본 문제를 다루었다. 1520년에는 소위 종교개혁 핵심 작품 3권이 나왔다.『독일 그리스도인 귀족에게』(짧게 말해『귀족작품』)는 당국자들에게 교회개혁에 착수할 것을 촉구하였고, 구체적인 개혁 프로그램을 제시하였다. 여기에는 시골 사람들과 심지어 소녀들에게 적용되는 교육 운동도 포함된다.『그리스도인의 자유에 관하여』는 신자는 하나님에 의해 받아들여진 자로서

"모든 것의 주인"이지만 동시에 이웃을 섬기는 "종"이라는 사실을 설명한다. 루터는 라틴어 작품 『교회의 바빌론 포로에 관하여』(*De captivitate Babylonica ecclesiae*)에서 자신의 성례론을 전개한다. 책의 제목은 이스라엘 백성이 한때 바빌론에 포로로 잡혔던 것을 넌지시 암시하고 있다. 루터는 교회의 현재 상황이 비참하게 추방당하고 교황 아래에 치욕스럽게 포로가 된 것과 같다고 느꼈다. 그는 교황을 해가 갈수록 더욱 비판적으로 보았고 이미 1520년에는 교황을 요일 2장 18절에 따라 적그리스도, 즉 교회를 내부로부터 파괴하는 그리스도의 마지막 최대의 대적자로 보았다. 이와 달리 멜랑히톤(Melanchton)은 1537년까지도 복음적인 가르침과 설교를 허용하고 자신의 능력은 하나님의 법에 근거하고 있다고 주장하지 않는 교황이라면 수용할 수 있다고 생각하였다.

그러는 사이에 로마에서는 일반적으로 이단자에 대하듯 루터에게도 동일한 조치를 취했다. 루터는 1520년 6월에 정죄를 받았고 소위 공식적인 "교황의 교서"(Bulle)에서 교회로부터 축출되는 파문의 위협 아래 자신의 주장을 철회할 것을 요구받았으나 철회하지 않았다. 그렇기에 1521년 1월 로마는 루터를 다시금 정죄하고 공식적으로 파문하여 교회에서 배제했다. 이것으로 루터는 이단자의 처지가 되었고 장작더미에서 죽음을 맞이한 모든 이단의 운명을 고려해야 했다. 그러나 수백 년 이후 처음으로 상황이 다르게 되었다. 루터의 영주, 프리드리히 현제(賢諸)로도 불리는 작센의 프리드리히(Friedrich)는 스스로는 루터의 추종자가 아니면서도 비텐베르크의 수도사이자 교수를 보호하는 데 손을 썼다. 그는 선제후로서 황제 선출에 참여하였고 제국의 막강한 권력 가운데 하나로서 황제에게 루터가 초청되고 심문을 받도록 영향력을 행사했다.

1521년 4월에 루터는 황제가 제국의회를 소집하고 모인 보름스

(Worms)로 향했다(참고: 그림 4.2). 당시 황제는 합스부르크 가문 출신의 칼 5세였는데, 그는 스페인에서 출생했고 또한 왕으로서 스페인을 다스렸다. 그는 바로 2년 전에 독일에서 황제로 선출되었고 그의 첫 제국의회를 개최한 것이다. 루터는 황제 앞에 초대받아 나가 자신의 책들에 대해 질문을 받았고 자신이 쓴 것을 철회할 것을 요청받았다. 그러나 루터는 저항하며 자신의 양심은 성서에 매여 있노라고 말했다. 오직 누군가 성서로 또는 이성적 근거로 자신을 납득시키기만 한다면 기꺼이 철회할 것이라고 했다. 하지만 황제는 이것에 동의하지 않았고 "보름스 칙령"으로 루터에 관해 "8개 조항" 추방령(생활공동체로부터 배제)을 내렸다. 다시 말해 황제는 루터의 체포와 처형을 명령한 것이다. 그럼에도 루터는 무사히 보름스를 떠났고 100년 전 후스(Johann Hus)가 콘스탄츠(Konstanz)에서 당했던 것처럼 즉시 처형당하지는 않았다.

루터의 단호한 행동에 대한 소식은 신속하게 널리 알려졌다. 팸플릿에는 사건에 관하여 글과 그림으로 보고되었다. 그 사건은 해석되고 전설로 꾸며지게 되었다. 루터가 실제로 냉정하게 말한 마지막 말 "하나님 저를 도와주소서, 아멘!"은 오늘날 아직 많이 인용되는 "저는 여기에 서 있을 뿐 저는 다른 어떤 것도 할 수 없습니다"로 과장되었다. 1521년의 목판화(참고: 그림 4.3)는 수도사로서 루터가 한 손에 성서를 가지고 구교회의 고위관직자들에게 맞서는 모습을 보여 주는데, 그들 가운데 삼중관이라는 왕관으로 알 수 있는 교황, 테가 넓고 평평한 모자로 알 수 있는 추기경 그리고 높은 모자로 알 수 있는 주교가 있다. 주교들과 추기경들은 보름스에 있었으나 교황은 그곳에 있지 않았다. 그리고 루터는 보름스에서 교회의 대변자들이 아니라 황제와 대화를 나누었을 뿐이다. 이렇게 그림은 모든 사실과 다르게 그려졌지만 올바르게 그 사건을 해석했다.

그림 4.3. 보름스에서의 루터 (동시대인의 목판화)

루터의 상대자는 사실 황제가 아니라 교회였다. 루터는 황제가 아니라 교회와 상대하고 싶어 했다.

　황제의 결정으로 인해 루터는 극도로 위험에 빠졌다. 그래서 그의 영주는 또다시 구제책을 궁리했다. 루터가 고향 비텐베르크에 도착하기 전에 프리드리히(Friedrich)는 도적의 습격을 가장해서 튀링겐의 숲, 아이제나흐(Eisenach)에 있는 바르트부르크(Wartburg)에 그가 숨어 지내도록 해 주었다(참고: 그림 4.2). 거의 1년을 머무는 동안 공적으로는커녕 친한 동료들조차도 일어난 일을 알지 못했다. 그러나 루터 자신에게는 긍정적인 시간이었다. 그는 매우 조용하게 위대한 작업을 곧바로 착수했는데, 그것은 히브리어와 헬라어 본문의 성서를 독일어로 번역하는 일이었다. 바르트부르크에서 그는 신약성서 번역을 시작하였고, 1522년 9월에 인쇄되어 세상에 나왔다. 그래서 그것은 『구월성서』(September-testament)로 불린다. 이미 루터 이전에도 독일어로 된 성경들이 있었지만, 라틴어를 통하지 않고 직접 히브리어에서 구약을, 헬라어에서 신약을 독일어로 번역한 사람은 없었다. 루터는 이 방법을 통하여 번역의 실수를 피하고 성서의 본질적인 내용을 가능한 신뢰할 수 있게 전하고자 했다. 구약의 번역은 루터가 멜랑히톤(Melanchthon)과 다른 동료들의 도움을 받아 1534년에야 비로소 마칠 수 있었다. 멜랑히톤은 비텐베르크의 성서 번역에 많은 도움을 주었기 때문에, 루터 성서는 원래 루터-멜랑히톤 성서로 불리는 것이 더 적절하다.

비텐베르크에서는 루터 없이 종교개혁이 계속 진행되었다. 대학생들은 빵과 포도주로 저녁 만찬을 드렸다. 사제는 독신 서약을 깨고 결혼했으며, 예배는 독일어로 그리고 바뀐 예전으로 드려졌고, 교회에서는 화상들과 제단들이 제거되었다. 대학교의 루터 동료, 칼슈타트(Andreas Bodenstein von Karlstadt)는 1522년 초에 첫 개신교교회 규정과 예배 규정을 만들었다. 하지만 변화와 함께 동요 역시 증가하였다. 화상을 제거할 때 폭력이 난무하게 되었는데, 이것은 드물지 않은 일이었고 "화상(畫像) 파괴"로 불린다. 몇몇은 유아세례를 폐지하려고 했고 급기야는 유아세례를 받았던 성인들과 현재 살고 있는 모든 성인을 다시 세례받게 하고자 했다. 어떤 이들은 성서에 관해 어떤 것도 더는 알고자 하지 않았고 직접적인 하나님의 영감에 호소하려 했다.

루터가 1520년 "만인사제주의"(또한 영적인 사제주의, 모든 신자의 사제주의)를 주장하였을 때, 루터 스스로 이러한 현재까지 끝없이 이어지는 운동에 부딪혔다. 이 가르침이 말하는 내용은 (세례와 믿음이 전제된) 모든 그리스도인은 어떤 면에서는 "사제"라는 것이다. 따라서 직접적으로 하나님과 관련을 맺기에 중재자로서의 교회 성직자에 의존하지 않으며 또한 성경을 읽고 이해하고 해석할 줄 알며 교회개혁을 할 자격이 있다고 하였다. 루터가 1520/21년에 언급하기를 이러한 것은 원칙적으로 여인들에게도 해당하는 것이었다. 그러나 후에 그는 교회에서 여인의 평가 향상에 대해 전혀 관심을 두지 않으려 했다. 교회의 직무를 여성들에게 부여하는 것을 생각할 수 없는 것으로 여겼다. 왜냐하면 그는 (아리스토텔레스와 더불어) 여성은 생물학적으로 제한되어 있고 더 높은 교육에 능력이 없다고 간주했기 때문이다.

종교개혁의 교회에서도 여러 직무를 담당한 자들이 있었으나 사람들은 그들을 더는 사제로 부르지 않았고, 그 자신들을 더는 하나님께 특별히 가까이에 서 있는 존재로 이해하지 않았다. 오히려 한시적으로 설교와 성만찬 실행을 위해 위탁받은 자로 이해하였다. 오늘날에도 오직 가톨릭교회와 정교회에서만 사제에 관한 것이지 개신교교회에 관한 것이 아니다. 대신 성직자를 "교구 목사"(Pferrch에서 유래한: 한 교구의 인도자)나 목사(라틴어와 독일어로 목자)로 부르는데, 지역마다 다르다. 성직자는 가톨릭교회와 개신교회에서 동일하게 사용된다.

알 아 두 기

> 종교개혁신학
>
> 루터의 신학은 탁월한 짧은 형식으로 기꺼이 요약된다. 그것은 '오직'이라는

라틴어(*solus*)로 시작한다.

sola scriptura: "오직 성서"(교회의 가르침과 관습, 전통이 아닌)는 교회와
  신학에서 무엇이 바르고 무엇이 틀렸는지를 판단하는 척도이고, 문자적
  으로 이해된 성서가 그러한 척도이다.

solus Christus: "오직 그리스도"(성인도 심지어 사제도 아닌)만이 하나님과
  인간 사이의 중재자이고 우리에게 구원을 가져다주시는 분이다.

sola gratia: "오직 은혜"(우리 자신의 공로가 아닌)는 우리가 구원에 이르는
  근거이다.

sola fide: "오직 믿음을 통해서만"(선하고 경건한 행위를 통해서도 모든 혹은
  가능한 많은 신의 계명의 준수를 통해서가 아닌) 우리가 하나님과 구원에
  도달하는 것이다.

1522년 2월과 3월에 비텐베르크의 상황이 긴박하게 되었을 때, 루터
는 바르트부르크를 떠나 비텐베르크로 돌아왔고 모든 개혁의 정지를
명했다. 그는 연이은 감동적인 연속 설교에서 우리는 실천적인 변화를
도모하기 전에 먼저 사람의 내적인 태도를 변화시켜야 하고, 더 나아가
아직 그것에 이르지 못한 이들에 대한 배려를 가져야 한다고 권면했다.
루터는 다시 주도권을 장악하고 계속하여 설교하며 가르치고 쓰면서
종교개혁을 위해 일했으나 실천적인 개혁에서는 신중하였다. 예컨대
그는 교회의 화상(畵像)들이 중세의 성인들이 아닌 성서 인물들을 묘사
했고 숭배되지 않는 한 루터는 교회의 화상을 계속해서 허락했다.

다른 곳들은 비텐베르크와 매우 달랐다. 루터는 독일의 많은 도시에
서, 아니 심지어 촌락의 농부들에게서도 공감을 얻었다. 그가 하이델베
르크(Heidelberg), 라이프치히(Leipzig)에 나타나고, 더군다나 보름스
에서 황제 앞에서 보인 그의 대담한 행동은 그를 유명하게 만들었다.

많은 곳에서 다른 이들은 루터의 사상과 의도를 자신들이 이해한 대로 자신들의 방식으로 실행에 옮기고자 시도했다. 뉘른베르크(Nürnberg)와 슈트라스부르크(Straßburg) 같은 곳에서 또한 활동력 있고 신학적으로 능숙한 방백(方伯) 필립(Philipp) 아래의 헤센(Hessen)주에서 종교개혁은 이제 비텐베르크에서보다 더 신속하게 진행되었다.

많은 곳에서 사제들은 결혼하였고 수도사와 수녀들은 수도원을 떠났다. 독신과 수도사 생활에 반대한 루터의 신학적인 논증, 무엇보다도 성서적인 근거의 결여에 관한 주장은 폭넓은 동의를 얻었고 많은 이들에게 실천적인 결과를 내도록 하였다. 루터 역시 개인적인 생활에서 급격한 전환점을 이루었는데, 1525년 엄격한 독신의 삶을 산 지 20년이 지난 후에 결혼했다. 수도원에서 도망친 시토회의 수녀인 폰 보라(Katharina von Bora)를 그의 아내로 맞았다.

수도원들은 비워졌고 개중에는 무력으로 비워지게 되었다. 말과 그림으로도 수도원 생활에 대해 논쟁하였다. 1524년의 한 목판화는 하나님의 뜻에 따라 사는 성령의 상징으로서 비둘기로 장식된 여주인과, 사탄과 계약 가운데 서 있는 머리에 작은 용을 가진 볼품 없는 수녀를 대비시켜 놓고 있다(참고: 그림 4.4). 한 사환이 수녀에게 여주인의 편지를 가져다주는데, 이 편지는 그녀에게 수도원에서 나올 것을 요구하는 것이다. 마틴 루터라는 수도사에 의해 촉발된 종교개혁의 결과로 독일에서는 몇백 년 후 많은 지역에서 수도원 생활이 영속적으로 끝났다. 루터는 새로운 또는 오히려 근원적인, 복음적인 형태의 수도사적 삶이 항상 가능하다고 여겼으나, 이러한 생각은 그의 시대에서는 공감을 얻지 못했다. 오늘날에야 비로소 다시금 개신교 공동체가 있는데, 예를 들어 복음적인 베네딕트수도회 수녀들이다.

한편 종교개혁이 관철되기까지 여인들의 역할이 하찮지 않았음을 보여 주기도 한다. 카타리나 폰 보라 외에 다른 저명한 종교개혁자들의 아내들이 있었다. 각각의 여인들, 즉 아르굴라 폰 그렘바흐(Argula von Grummbach), 카타리나 첼(Katharina Zell), 우르술라 바이다(Ursula Weida)는 심지어 팸플릿 저자로서 활동했다. 또한 많은 평범한 여인들은 가정에서 교육 사업과 선전 일로 종교개혁의 목표와 이상을 위해 일했다. 여인들이 없었다면 종교개혁이 없었을지도 모른다.

그림 4.4. 수도원 제도에 대한 개신교의 논쟁: 사탄적인 수도원의 삶 vs. 하나님의 여성의 존재 (동시대인의 목판화)

루터는 그 시대의 사람들을 감동하게 하는 사상과 압도하는 카리스마로 종교개혁의 성립과 성공에 결정적인 역할을 했다. 루터가 없었다면 종교개혁은 없었을 것이다. 그럼에도 종교개혁이 성공적일 수 있었던 것은 기본조건 역시 유효했기 때문이다. 이미 오랫동안 종교개혁 연구가들이 강조한 사실은 인문주의가 없었다면 종교개혁은 없었을 것이고, 인쇄술이 없었어도 종교개혁은 없었을 것이라는 점이다. 최근에 계속하여 강조되어 규정된 문장들이 추가되었는데, 이것들도 근거가 있다. 여성들이 없었다면 종교개혁은 없었거나, 튀르키예인들이 없었다면 종교개혁은 없었을 것이라는 점이다.

종교개혁이 성공적으로 점차 진행되면서 종교개혁에 대한 저항 역시 만만치 않았다. 1524년 인문주의자 에라스무스는 그가 집필한 『자유의지에 관하여』(*De liebero arbitirio*)라는 작품에서 루터의 신론과 인간론에 이의를 제기했다. 에라스무스는 인간에게 아무리 제한된 것일지라도 자유의지가 있다고 말했다. 루터는 1525년 『노예의지에 관하여』(*De servo arbitiro*)에서 날카롭게 반격을 가하며, 인간은 자유한 것이 아니라 하나님 또는 사탄에게 의존적이라는 주장을 고집하였다. 하지만 그는 또한 왜 하나님이 한 사람은 믿음에 이르게 하시고 다른 사람은 그렇게 하지 않으시는지를 숙고하는 것에 대해 경고했다. 루터는 "숨어계시는 하나님"(*deus absconditus*)과 "우리 너머에 있는 것들은 우리와 아무 상관이 없고"(*quae supra nos nihil ad nos*), 하나님과만 관련되어 있고 우리와는 별개이고 그가 예수 그리스도 안에서 사랑스럽고 자비로운 존재로 계시된 것처럼… "계시된 하나님"(*deus revelatus*)이라고 설명했다.

2. 공동체 개혁에서 제후들의 개혁으로

초기 종교개혁 운동은 아래로부터의 운동이었다. 초기에 종교개혁을 가속한 것은 교회의 지도자들이나 당국자들이 아니라 공동체의 교구 목사, 대학교의 신학자들과 또한 많은 평범한 사람들, 특히 수공업자들과 심지어 여성들이었다. 종교개혁의 첫 국면은 기독교 공동체로부터 형성되었고 그것은 공동체 개혁(Gemeindereformation)이었다.

공동체 개혁의 정점은 1525년 농민들에게서 일어났다. 거의 독일 전체에 걸쳐 농민들이 일어나 반항하여 복음의 설교와 공동체의 목사에 대한 자유로운 선발을 요구할 뿐만 아니라 지역 전체에 퍼져 있는 농노 신분, 즉 사람을 다른 사람의 소유로 만들고 이를 정규적인 것으로 만드는 것에 대한 폐지를 요구하였다. 그들은 여기서 성서와 오직 믿음으로(*sola fide*) 구원받는다는 루터의 가르침을 근거로 삼았다. 12조 항목으로 이루어진 농민들의 요구 목록(소위 12개 조항)은 다음과 같이 말한다.

첫째로 우리의 겸손한 요청과 갈망이자 또한 우리의 모든 뜻과 생각은 우리가 앞으로 공동체로서 우리의 목사를 스스로 찾고 선택할 권리를 갖고자 하는 것이다. 또한 공동체는 그 목사가 부적절하게 행동할 때 그를 다시 폐위시킬 권리를 가져야 한다. 선택된 목사는 우리에게 거룩한 복음을 순전하고 명료하게 설교해야 하며 인간적인 모든 부가물이나 가르침, 계명들을 설교해서는 안 된다. 왜냐하면 그가 우리에게 참된 복음을 항상 선포할 때만이 그는 우리로 하나님께 은혜를 간청하고 우리 안에서 같은 참된 믿음을 형성하고 우리 안에서 머물 수 있도록 하는 계기를 주기 때문이다. 하나님의 은혜가 우리 안에 자리 잡지 않으면, 우리는 항상 혈과 육으로 머무를 수밖에 없다. 이러한 혈과 육은 어떤 것에도 유용하지 않은데, 우리가 참된 믿음을 통해서만 하나님께 갈 수 있고 오직 하나님의 자비를 통해서만 구원받을 수 있다는 성서의 말씀이 분명하기 때문이다. 그러므로 우리는 그러한 모델과 목사가 필요하고, 그것은 성서에 근거를 두고 있다(제1조항. Deutsche Geschichte in Quellen und Darstellung 3, 2001, 254-255).

그러나 루터는 오해받고 있음을 알았다. 그는 사회적, 경제적 요구 등을 인정하길 원치 않았기에 그것들이 성서적으로 증명 가능하다는 주장을 반박했다. 그리고 공동체에 의한 자유로운 목사 선발은 그에게서 너무나 멀리 나간 일이었다. 오히려 각 당국자가 목사를 세우는 것이 규정의 근거로 그에게 더 선호되었다.

농민 봉기는 다양한 종교개혁 설교가들, 그 가운데 가장 유명한 사람으로 초기 츠비카우(Zwickau)와 알슈테트(Allstedt)의 목사 토마스 뮌처(Thomas Müntzer) 그리고 귀족들, 그 가운데 가장 유명한 자로 괴테(Goethe)에 의해 이름을 남긴 괴츠 폰 베를리힝겐(Gütz von Berlichingen)에 의해 지지를 받았다. 농민 봉기는 '가톨릭과 개신교 권력자들' 모두에 의해 진압되었다. 수천 명의 농민이 죽었다. 루터는 이것에 동의했고 이후로는 이전보다 더욱 사람들에게 당국에 대해 순종하고 무력으로 종교개혁을 이루고자 하는 모든 시도를 버리라고 엄하게 가르쳤다.

루터는 아래로부터의 종교개혁, 공동체 개혁이 일어나도록 자극하였으나, 이제 그것을 종식했다. 단지 당국과 연합하여, 즉 당국, 제후들의 주도로 종교개혁이 실현되고 관철되기를 그는 원했다. 공동체 개혁은 제후들의 개혁이 되었다. 종교개혁이 시작된 지 10년이 지나 1520년대

중반에 종교개혁은 제후들과 도시 당국자들의 손에 놓이게 되었다.

모든 종류의 당국은 종교개혁에 깊은 관심을 가졌는데, 그것은 그들에게 있어 옛 교회와 분리되는 것은 더 많은 권력과 소유를 의미했기 때문이다. 종교개혁의 도입에 있어 중요한 것은 신학적인 확신뿐만 아니라 세상적, 정치적, 경제적, 물질적인 관점도 한몫했다. 종교개혁에 가담한 지역 제후는 자기가 다스리는 지역의 교회를 주교의 권력에서 벗어나 자신의 영향 아래에 두었다. 그 자신이 소위 주교가 된 것이고 이제 그는 정치적 권력과 교회의 권력을 자신의 수중에 쥐게 되었다. 종교개혁에 가담한 지역 제후는 교회의 재산도 힘으로 차지하게 되면서, 건물은 물론 값진 은과 금으로 된 재산을 소유하게 되었다. 종교개혁은 제후를 이전보다 더욱 부하게 만들었다.

물론 각 지역 제후는 종교개혁을 찬성하는 결정과 더불어 위험 역시 받아들였다. 그는 공식적으로 이단자로 선언된 한 남자의 편이 된 것이기 때문에 자신 역시 이단 가까이에 선 것이었다. 또한 그는 자신의 상급자인 황제의 호의를 잃게 되었다. 누구도 황제가 얼마나 오래 지배할는지 알지 못했다.

20년대 중반 황제는 소극적이었다. 그는 다른 곳에서 다른 일에 관심을 기울이고 있었는데, 그는 튀르키예인들과 프랑스와 교황과 전쟁을 치렀고 때때로 스페인에서도 해야 할 일이 있어 바빴다. 1526년에 쉬파어어(Speyer)에서 황제 없이 제국회의가 열렸다. 이 회의는 종교적인 문제에 관해 실효성 없는 협상 후 각 당국이 종교의 문제에 있어서 처리한 대로 그것을 "하나님과 그의 황제와 맞서" 희망하고 생각하여 대답할 수 있도록 결론 내렸다. 종교개혁에 호의적인 당국들은 이러한 결정을 특허장으로 해석했고 종교개혁은 적극적으로 진전할 수 있었다.

알아두기

종교개혁적(Reformatorisch), 복음적(evangelisch), 개신교적(protestantisch)

이것은 근본적으로 같은 의미를 지니고 종교개혁에 소급되는 다양한 교회와 신학에 대해 포괄적으로 사용된다. 종교개혁 시대에 사람들은 새로운 믿음의 중심인물들, 짧게 말해 '새로운 믿음의 사람들'에 관해 말했다. 이와 달리 '루터파'는 단지 루터와 동일시되는 종교개혁 추종자들이다. 칼빈의 추종자들은 '칼빈주의자' 또는 '개혁파주의자'로 불린다.

하지만 다시 1529년에 제국의회가 슈파이어에서 열렸다. 황제는 다시금 방해를 받았으나, 그의 형제이자 대변인인 페르디난드(Ferdinant)는 개신교에 반대하는 정책을 관철했다. 1526년의 결정은 취소되었고 루터의 정죄가 확인되었다. 이에 저항하여 슈파이어에 있던 개신교 당국자들은 공식적으로 여러 번 항의했다. 이 저항 때문에 개신교인들은 장차 적대자들로부터 항의하는 자들(Protestant)로 불렸고 비방을 받았다. 그들은 이러한 표현을 받아들였고 오히려 자부심을 품고 사용했다.

3. 츠빙글리의 생애와 신학

울리히(Ulrich 또는 Huldrych) 츠빙글리(Zwingli, 1484년 출생)는 루터와 나란히 하는 두 번째 위대한 종교개혁자이다. 그는 취리히(Zürich)를 비텐베르크와 어깨를 같이 하는 종교개혁의 위대한 두 번째 중심지로 만들었다. 하지만 그는 루터와 달리 단지 10년 동안 종교개혁을 위해 활동했는데, 그가 50세가 채 되기도 전에 세상을 떠났기 때문이다.

츠빙글리는 산촌 농가의 출신이지만 사제이자 수석 사제(Dekan)로서 교회를 이끄는 임무를 갖고 있던 삼촌 집에서 자랐다. 루터와 완전히 다르게 그는 교회를 위한 삶으로 타고난 것이었다. 츠빙글리는 바젤(Basel)과 비엔나(Wien)에서 공부했고, 루터와 다르게 인문주의의 영향을 강하게 받았다. 또한 루터와 다르게 그는 신학 공부 기본과정을 끝낸 후 끝까지 하지 않았고, 신학 공부 직후 바로 문학석사(Magister Artium)로 실무를 시작했다. 1506년 그는 글라루스(Glarus)에서 교회 목사("평신도 사제")가 되었다. 1506년 성지순례의 장소인 아인지델른(Einsiedeln)으로 자리를 옮겼고 거기서 순례자들을 보살폈다.

츠빙글리는 수도사가 아니었고 또한 사제들에게 제정된 독신을 지키지 않았다. 그는 배우자가 있었으나 자신의 자녀는 없었다. 루터처럼 그가 아인지델른에 있을 때 면죄부에 대한 의구심을 품었다. 그러나 아직은 신학적인 근거로 하는 비판은 아니었다.

츠빙글리가 1519년 취리히로 이사를 하고 그 도시의 핵심 교회인 그로쓰뮌스터(Großmünster)에서 목사가 된 이후 상황은 바뀌었다. 성서 읽기와 교회 교부들의 작품 독서를 통해 그리고 루터의 작품에 의해 영감을 받았고, 자신이 중병에 걸림으로 츠빙글리는 종교개혁자가 되었다. 1521/22년 그는 교회를 비판하는 설교를 하기 시작했다.

츠빙글리는 루터와 달리 신속하게 실천적인 변화에 돌입하였고, 더불어 루터와 달리 공동체에서의 윤리적인 삶을 매우 엄하게 규정하고 감독하고자 했다. 이에 대한 전문 용어는 "교회 규율"(Kirchenzucht)이다. 츠빙글리는 1523년 취리히에서 열린 두 번의 큰 규모의 교회 토론 모임("토론")을 통해 종교개혁이 일어나도록 도왔다. 그도 물론 이단시되었지만, 그것은 1527년 이후였다.

츠빙글리는 사실 신학을 정식으로 공부하지 않았을지라도 루터의 신학박사 학위가 있는 것을 제외한다면, 그는 교양이 높고 심오한 신학 사상가였다. 그의 주요 작품, 라틴어로 된『참 종교와 거짓 종교에 관한 주석』(*De vera et falsa religione commentarius*)은 1525년에 출판되었다. 여기서 츠빙글리는 자신의 관점에서 복음적인 기본입장을 서술하고 자신의 하나님 상(想)을 전개한다. 취리히 종교개혁가는 루터보다 더욱 하나님의 '섭리', 즉 하나님으로부터 온 창조의 인도하심을 강조했다. 츠빙글리는 루터처럼 성서 원칙을 알고 가르치지만, 루터와 달리 외적인 말씀(성서 본문)과 내적인 말씀(인간의 마음에서 믿음을 불러일으키는 하나님의 영의 감춰진 사역)을 분명하게 구분한다. 성령의 역사를 강조하는 신학자들은 성령주의자(Spiritualist)로 불린다. 루터는 "열광주의자"에 대해 경멸적으로 말했다. 츠빙글리의 신학은 성령주의적 경향이 있었으나 실제로 성령주의자는 아니었다. 그에게는 외적인 말씀이 중요했기 때문에 그는 루터처럼 동역자들과 함께 성서번역을 했고 심지어 루터보다 전에 완성했다. 1529년에 이미『취리히 성서』(*Züricher Bibel*)가 나왔는데, 이것은 오늘날까지 독일어권 개신교주의(Protestantismus)에서 비텐베르크의 루터 성서에 대한 대안으로 사용되고 있다.

루터와 츠빙글리 사이에 1524년 격정적인, 우선 글을 통한 논쟁이 발발하였다. 주제는 저녁 만찬에 대한 이해였다. 츠빙글리는 루터와는 다르게 성만찬 떡은 그리스도의 몸에 대한 것이고 포도주는 그리스도의 피에 대한 것이라는 전통적인 이해로부터 거리를 두고자 했다. 츠빙글리는 떡과 포도주를 상징으로 이해하고자 원했고 그리스도가 저녁 만찬에 육체로서가 아니라 공동체의 믿음 안에 현존한다고 보았다. 루터는 반대했다.

두 사람은 결국 1529년에 마르부르크(Marburg)에서 의견 교환을 위해 헤센의 필립(Philipp von Hessen)의 초청으로 만났으나 "마르부르크 종교 대화"는 결정적인 문제에 대해서는 결과를 맺지 못했다(참고: 그림 4.2). 개인적으로도 두 사람은 가까워지지 못했다. 루터와 츠빙글리는 서로 심하게 싸웠고 심지어 츠빙글리는 눈물을 흘릴 정도였다. 전혀 다른 저녁 만찬 이해는 20세기에 이르기까지 다양한 개신교교회로 분열을 낳게 했다.

알아두기

성찬식

성찬식은 처음부터 기독교 믿음의 실천에 속했으나, 그것이 이루어지는 방법과 신학적인 해석은 오늘날까지 논란을 낳고 있다. 표시도 각기 다르다. 루터교는 성만찬이라 말하고, 개혁파는 저녁 식사(Nachtmahl), 가톨릭 교인들은 성찬식(Eucharistie) 또는 (예배 전체와 관련하여) 미사라고 말한다. 성만찬은 예수님이 따르는 자들 및 제자들과 가지신 식사, 무엇보다도 예수님이 잡히시기 전 참혹한 죽음 전 저녁에 마지막 식사를 기념한 것이다. 그러나 저녁 만찬은 또한 이집트에서의 탈출을 기억하는 유대인의 유월절 식사를 떠오르게 한다. 그리스도인들은 이미 초기에 성만찬을 희생 행위, 십자가에서 그리스도의 희생 죽음에 대한 갱신 혹은 실현으로 보았다. 이것과 함께 빵과 포도주는 실제로('진실로') 예수 그리스도의 몸과 피이며 그 자신이 실제로 현존한다는 생각이 결합되었다(공재설). 루터는 실재설을 확고하게 고집했으나 가톨릭의 실체의 변화에 관한 가르침(화체설)을 통하여 실재를 해명하지는 않았다. 츠빙글리는 빵과 포도주를 상징으로 보았고 그리스도는 단지 공동체의 믿음 안에서만 현존한다고 보았다(성만찬의 상징설). 칼빈은 영을 통한 그리스도의 실재 현존을 주장했다(영적 임재설).

비텐베르크의 종교개혁처럼 취리히 종교개혁도 강력하지만 단지 지역에 국한된 영향력을 행사했다. 취리히는 스위스의 연방, 즉 1291년 세워진 작은 국가들 연합의 주요 장소 가운데 하나인데, 이 작은 국가들은 형식적으로는 제국에 속해 있지만 1499년 이후로는 제국의 정치에 참여하지 않았다. 취리히의 인도와 영향 아래 연합의 다른 지역들도 종교개혁에 가담했고 그 가운데에는 베른(Bern)과 바젤(Basel)이 있었다. 츠빙글리는 루터와 달리 종교개혁을 위해서는 군사적인 무력조차도 찬성했다. 스위스에서는 독일에서보다 훨씬 전에 종교전쟁이 있었고 1529년과 1531년에 일어났다. 이 두 번째 전쟁에서 츠빙글리는 죽었다. 그는 종군목사로서, 하지만 손에 칼을 들고 전쟁에 참여했다. 그의 시신은 적대자들에 의해 더럽혀졌고 태워졌다. 이 사건이 이루어진 장소, 카펠(Kappel am Albispass)에는 그의 무덤은 없고 단지 소박한 추모지만 있을 뿐이다. 츠빙글리가 가지고 싸웠을 것으로 여겨진 무기는 후에 취리히의 박물관에 놓였다. 현재는 단지 구멍이 난 헬멧만이 실제 츠빙글리의 것으로 간주한다.

4. 재세례파들, 성령주의자들 그리고 반삼위일체론자들

종교개혁은 루터의 비텐베르크가 출발점이지만 곧 다양한 중심지들을 갖게 되었다. 종교개혁의 중심 원칙, 곧 성서 원칙과 만인사제주의 가르침으로 다원화되는데 이바지했다. 종교개혁으로부터 많은 종교개혁이 나왔다. 이것들은 부분적으로 상당히 차이가 있었고 때때로 서로 싸우기도 하였다. 수많은 주변적이면서 특별한 움직임들이 일어났다. 그중 가장 중요하고 영향력이 있는, 오늘날까지도 영향을 끼치고 있는 것은 재세례파 운동이었다. 이들은 유아세례를 거부했다.

유아세례에 대한 비판은 비텐베르크에서 이미 1521년 루터가 바르트부르크(Wartburg)에 머물 때 이루어졌다. 성경으로 논증해 보면 사실 유아세례를 유지하기 위한 어떤 합리적인 근거는 없었다. 그럼에도 루터는 유아세례 해제가 내재하고 있는 폭약을 감지하고는 유아세례를 끝까지 고수했고, 유아세례의 가능성뿐만 아니라 오히려 명령된 것으로 간주했다. 이 일로 인해 칼슈타트를 포함한 다른 종교개혁자들은 루터와 결별을 선언했다.

츠빙글리는 처음에는 그에 회의적이었지만 결국 유아세례를 고수했다. 그의 주변에 1524/25년부터 유아세례를 비판하는 자들이 작은 그룹으로 모여들었고 독립적인 개신교 공동체를 형성했다. 그들은 자기 자녀들의 세례를 부정하고 성인 세례를 주기 시작했다. 이 성인들은 이미 유아 때 세례를 받은 자들이었으나 이제 유아세례의 유효성을 논박하면서 다시 세례를 받은 것이었다. 따라서 세례의 반복, 재세례가 일어난 것이다. 세례 운동의 추종자들인 재세례자들은 헬라어로 재세례파(άνα βαπτιξειν/아나밥티조인: 다시 물 아래에 잠기다)라고 조롱을 받았고 이단으로 여겨졌다. 사람들은 재세례파를 매우 신랄하게 비난하였고, 취리히에서도 비텐베르크에서도 그랬다. 1529년 개신교인들이 자신들의 종교적인 자유가 제약되는 것에 항의한 슈파이어 제국의회는 모든 재세례파에 대해 죽음의 처벌을 규정했다. 개신교인들도 이러한 엄한 조처에 찬성했다. 많은 곳에서 사형선고가 시행되었다. 재세례파에 대한 조처는 중세 이단에 대한 조처에 상응할 정도였다. 루터와 다른 반재세례파 종교개혁자들은 재세례파를 이단자로서가 아니라 하나님을 모독하고 선동하는 자로서 처벌받아야 한다고 주장함으로 양심의 강요를 행사하고 고대 교회처럼 행동한다는 비난을 피해 갔다.

네덜란드 출신의 재세례파들이 1534년 베스트팔렌의 뮌스터(Mün-ster)에서 교회와 정치적인 권력을 넘겨받아 무자비한 폭력 정부를 세웠을 때, 재세례파에 대한 유죄 선고는 이러한 일부분의 재세례파 운동에 의해 정당화되었다. 1525년 농민전쟁에서처럼 이제 1535년에도 개신교와 가톨릭 당국은 공동으로 뮌스터 재세례파 왕국을 무너뜨렸다. 그리고 재세례파라는 이름과 이들이 원했던 본질상 평화로운 관심사는 영속적으로 더럽혀지고 말았다.

그렇지만 재세례파 운동은 지속되었다. 그들의 집합소가 된 것은 최후에 북서독일에서 한때 가톨릭 사제였던 메노 시몬스(Menno Simons)에 의해 세워진 메노파 교도(네덜란드어. Doopsgezinde) 혹은 메노나이트 운동이었다. 후에 이들은 오늘날까지 존재하는 교회가 되었다.

알 아 두 기

세례

세례는 성례로서 종교개혁의 교회에도 유효하다. 종교개혁은 성례의 숫자에 반대하였고 성례를 일곱(세례, 성만찬, 회개, 종유, 결혼, 서임, 견진)에서 두 개(세례, 성만찬)로 축소했다. 예수의 분명한 지시에 근거하고 명백한 성경의 약속의 말씀 및 분명한 외적인 표시 행위가 기록된 예식만이 성례로 인정되었다. 그렇게 하여 오직 세례와 성만찬만이 성례로 유지될 수 있었다. 그러나 개신교에서 더는 성례로 이해되지 않는 결혼식은 독일에서 19세기 후에야 비로소 법률상의 시민 결혼(Zivilehe)을 도입할 때까지 교회에서 이루어지는 예식으로 머물렀다. 또한 19세기까지 루터교에서는 목사에게 개인의 고해가 있었고, 이를 위해 고해 좌석이 준비되어 있었다. 몇몇 옛 개신교회에서는 그것들이 사용하지 않은 채 오늘날에도 있다.

세례는 종교개혁의 위대한 대표자들에게서 결코 소홀히 여긴 적이 없다. 이것은 아우구스티누스과 연관하여 가시적인 말씀(*verbum visibile*)으로 이해했고 하나님과의 관계에 기본적인 것으로 간주했다. 위대한 종교개혁자들은 유아세례를 고수했다. 세례가 그들의 관점에서 필수적이었던 이유는 아이들은 소위 태어나면서 주어진 죄에 빠진 상태, 즉 원죄의 짐으로 고통을 받았기 때문이다. 아이들은 세례를 통하여 이러한 죄의 짐으로부터 자유하게 되고, 스스로 어떤 것을 기여할 필요 없이, 기여할 능력이 없이 하나님의 자녀로서 받아들여지게 된다. 세례에 속하는 믿음은 하나님 자신에 의해 일으켜지는 것으로 새로 태어난 자들에게서도 이미 강력할 수 있다. 게다가 믿음이 후에 청소년 나이 때에도 믿음과 세례의 맥락 역시 유지된다. 결국 믿음은 유아세례에서도 (소위 대리로) 부모, 대부(代父), 공동체의 믿음에 참여하게 된다.

종교개혁의 추종자들 가운데는 유아세례의 정당성뿐만 아니라 외적인 형식인 물로 수행되는 세례의 의미에 이의를 제기하고 내적인 세례, 성령 세례가 결정적이라고 주장하는 남녀들도 있었다. 그렇게 본다면 우리는 모든 외적인 행위들, 모든 성례를 포기할 수 있고, 극단적인 경우 심지어 설교에서 하나님 말씀의 외적인 들음도 포기할 수 있을 것이다. 왜냐하면 하나님은 직접적으로 자신의 영을 통하여 인간에게 말씀하실 수도 있을 것이기 때문이다. 종교개혁 추종자들 가운데에는 (츠빙글리와 달리) 실제적이고 일관된 성령주의자들도 있었다.

종교개혁의 성령주의자들에는 실레지아(Schlesien)의 귀족 슈벵크펠트(Kaspar von Schwenckfeld)가 속한다. 그는 1525/26년 루터와 단절하고 그 이후로 성만찬에 떡과 포도주의 마시고 먹음이 중요한 것이 아니라 오직 하나님의 말씀과 인간의 믿음만이 중요하다고 주장했다. 교회는 그에게 있어 가시적인 제도가 아니라 믿음 안에 있는 참된 그리스도인의 비가시적인 결합이었다. 마지막으로 그는 예수가 인간이었다는 사실에 이의를 제기했고 예수를 순전히 신적인 본질로 보았다. 1529년부터 슈벵크펠트는 남독일, 특히 슈트라스부르크(Straßburg), 에슬링엔(Esslingen)과 울름(Ulm)에서 살았고 1561년 울름에서 생을 마감했다. 성령주의자 슈벵크펠트는 어떤 교회도 세우고자 하지 않았을지라도, 그의 죽음 후에 그의 추종자들이 실레지아와 남독일에서 계속하여 작은 무리로 모였고, 계속 공동체들을 박해하고 압박했으며 스스로 "그리스도의 영광 고백자"(Bekenner der Glorien Christi)라 불렀다. 18세기에 그들 일부분이 펜실베이니아로 이민하였고, 여기서 그들은 유럽에서와 달리 종교의 자유를 누리며 "슈벵크펠트 교회"를 세웠다. 이 교회는 오늘날에도 미국에서 5개의 공동체와 2,500명의 교인을 이루고 있다.

재세례파와 성령주의자들은 전통적인 기독교의 본질적인 요소에 의문을 제기했다. 계속하여 심지어 하나님의 삼위일체를 의심하는 개별적인 사상가들도 나왔다. 이 반삼위일체론자들은 니케아 신앙고백에 반대했고, 예수를 인간이 된 하나님의 아들로 보지 않고 선지자, 교사, 모범으로 보았다. 대표적인 저명인사는 이탈리아인 소치니(Fausto Sozzini)였다. 그는 바젤(Basel)에서 공부했으며, 이어서 트란실바니아(Siebenbürgen)와 폴란드에서 활동했고, 1604년 폴란드에서 죽었다.

개신교와 가톨릭 신학자들과 당국자들과 가톨릭 신학자들과 당국들은 반삼위일체주의를 강력하게 퇴치하려고 노력했다. 그럼에도 이 흐름 역시 유지될 수 있었고 자체적인 교회를 형성할 수 있었다. 그들은 소치니(Sozzini)를 따라 17세기 이후로 소시니안주의자로 불린다. 트란실바니아(Siebenbürgen)와 헝가리(Ungarn)에서 그들은 "유니테리언파 교회"라는 새로운 이름 아래 100개 공동체가 오늘날까지 존재한다. 영국과 미국에서도 18세기부터 반삼위일체주의 사상이 전개된다. 미국에서는 유니테리언파 교회가 오늘날까지 약 20만의 교인을 갖고 있다. 그들은 그 밖의 근본적인 그리스도교의 입장과는 멀리 떨어져 있어, 그들을 여전히 그리스도인으로 간주할 것인지는 의문의 여지가 있다.

5. 아우크스부르크 신앙고백에서 아우크스부르크 종교 평화로

4세기 이후로 그리스도인들은 중요한 신학적인 입장들을 고백들을 통해 규정해 왔다. 근본적이고 영속적인 중요성이 있는 것은 325년, 381년, 451년의 신앙고백이었다. 종교개혁 시대에는 새롭게 세워진 교회들은 새로운 신앙고백을 만들었고, 이것들은 앞서 언급했던 초기 신앙고백들을 기초로 하여 거기에 보충하는 것이었다. 재세례파가 가장 먼저 시작했다. 그들에 의해 1527년 슐라이어트하임 조항(Schleitheimer Artkel)으로 최초의 개신교 신앙고백이 만들었고, 이루어진 장소, 즉 샤프하우젠(Schaffhausen) 가까운 곳에 있는 쉴라이트하임에 따라 그렇게 불린다. 종교개혁 시기의 가장 중요한 신앙고백은 1530년에 만들어졌다. 아우크스부르크에서 써지고 공포된 이유로 아우크스부르크 신앙고백(Ausgburger Bekenntnis)라고 불린다(또는 라틴어로 *Confessio Augustana*, 약자 CA로 표현된다).

개신교인들은 당시 스스로 신앙고백서를 작성하고자 하는 생각에 이른 것은 아니었다. 황제는 아우크스부르크 제국의회에서 신앙고백을 작성하도록 요청했다(참고: 그림 4.2). 작업의 책임을 맡은 자는 필립 멜랑히톤(Philipp Melanchthon)이었다. 왜냐하면 루터는 이단자와 추방자로서 아우크스부르크를 여행하는 것은 위험했기 때문이었다. 루터는 이때 바이에른 북쪽에 있는 코부르크(Coburg)에 묵었고 가능한 한 가까운 곳에 그 일을 지켜보고자 했다. 아우크스부르크 신앙고백은 대립이 아니라 타협을 추구했다. 먼저 공통적인 것을 강조했고 칭의론과 교회론과 같은 개신교의 근본적인 확신들에 관하여 설명했다. 아우크스부르크 신앙고백서는 영성주의자들과 달리 가시적인 교회를 강조했다. 그러나 교회의 직무들과 관련시키지 않고 복음의 선포와 성례전 제공과 관련시켰다. 또한 사제들의 결혼 허락(사제 결혼)과 모든 예배 참여자에게 성만찬에서 평신도에게 포도주 분잔(약어. 평신도 분잔) 등 분명한 개신교의 요구들이 있었다. 매우 까다로운 주제인 교황 제도는 언급하지 않았다.

개신교 교인들은 아우크스부르크에서 결실을 얻지 못했다. 황제는 이들의 신앙고백을 거부하였고 1521년의 보름스 칙령, 즉 루터와 그의 추종자들에 관해 내려진 추방령을 확고히 했다. 그럼에도 불구하고 1530년은 종교개혁역사의 정점, 아니 전환점이 되었다. 이 시기부터 개신교 교인들은 자신들을 일치하게 만드는 신앙고백을 갖게 되었고, 이 고백은 오늘날까지 독일 개신교와 세상에 널리 전파된 루터교에 영향을 주고 있다.

아우크스부르크 제국의회 후에 상황은 우선은 그리 긍정적이지 않았다. 전쟁의 위협이 있었다. 하지만 전쟁은 이루어지지 않았는데, 황제가 발칸반도로부터 제국을 위협한 튀르키예인들을 상대했기 때문이다. 의도치 않게 "튀르키예인들의 위협"이 종교개혁을 비호했다. 왜냐하면 그것이 정치적, 군사적인 힘들을 묶었고 또한 묵시적인 분위기를 만들면서 많은 사람에게 돌아서고 갱신하라는 종교개혁의 외침을 받아들이도록 만들었기 때문이다. 그렇게 종교개혁은 30년대에 재발전했다. 1536년 개신교인들은 예상치 않은 후원을 받았고, 비텐베르크와 중요한 남독일 종교개혁 중심지인 슈트라스부르크 사이의 신학적인 논쟁이 "비텐베르크 일치"(Wittenberger Konkordie)를 통해 제거되었기 때문이다. 슈말칼덴 동맹, 즉 1531년 행해진 개신교 군사동맹은 더욱더 강해졌다.

이러한 상황에 직면한 황제는 1540/41년에 다시금 종교 갈등의 평화로운 해결을 이루고자 노력했다. 그는 늦게 시도했으나 적대적인 교회의 상황들 사이에서 신학적인 일치가 이루어지기를 진실로 추구했다. 하게나우(Hagenau), 보름스(Worms), 레겐스부르크(Regensburg)에서 종교 대화가 이루어졌고, 여기서 양측의 대표적인 신학자들은 논쟁이 되는 신학적인 질문들을 하나씩 하나씩 대화하였고 일치된 의견을 구성하고자 시도했다. 종교개혁가들 편에서 주도한 사람은 멜랑히톤이었고, 가톨릭 편에서는 요한 에크(Johann Eck, 4.2.1)가 활동하였다. 종교개혁 신학의 핵심인 칭의론은 1541년 레겐스부르크에서 일치에 이를 수 있었으나 좌절되었다. 개신교 제후나 교황이 일치를 원하지 않았기 때문이다. 교회의 하나됨은 양측의 중요한 인물들에게 오랫동안 부차적일에 불과했다.

핵 심 포 인 트

> 종교개혁사에서 제기된 신학적인 질문에 관해 단 한 번 진지하게 그리고 성공적으로 이루어진 사건은 1540/41년 종교 대화였다. 양쪽 신학자들의 토의는 건설적인 결과에 도달했다. 그러나 합의의 가능성은 실패했다. 강한 교회와 정치적 세력들이 이것을 원하지 않았기 때문이다.

합의를 그만두고자 하는 의지가 나타난 것은 1545년 트렌트에서 공의회가 시작되었을 때다. 이 공의회는 황제뿐만 아니라 개신교인들도 오랫동안 강하게 요구한 것이었다. 그러나 개신교인들은 참석을 은밀하게 주저하였다. 그것은 교황에 의해 소집되고 교황에 의해 인도된 공의회는 개신교 교인들이 바란 대로 자유롭지 않았고, 결정 사항에도 오직 성서에 근거하려는 생각이 없었기 때문이었다.

1546년 2월 18일 루터는 (아마도) 출생지인 아이스레벤(Eisleben)에 업무차 방문 중에 병이 들었고 곧 세상을 떠났다. 비텐베르크 성곽교회에서 장엄하게 장례가 치러졌고 그의 무덤은 오늘날에도 방문할 수 있다. 개신교인들은 자신들의 카리스마적인 지도자를 잃어버리게 되었고 곧 루터의 신학적인 유산은 논쟁을 일으켰다. 그러나 그의 추종자들은 다양하게 그 유산을 해석했고 잘 지켜갔다.

먼저 오랫동안 예견된, 하지만 계속적으로 행해지지 않았던 종교전쟁이 일어났다. 1546년 초여름에 황제는 개신교인들을 향해 출정을 시작했다. 그는 외교상으로도 재량권을 가졌고 국내 정치적으로도 가장 강력한 개신교 제후인 모리츠(Moritz von Sachsen)의 후원을 받았다. 마이센(Meißen)에 거주한 작센의 개신교인인 그는 가톨릭의 황제를 후원했다. 왜냐하면 황제가 그에게 보상으로 무엇보다 선제후 지위를 약속했기 때문이었다. 종교개혁 추종자들은 "배신자"라고 불렀고 모리츠를 예수의 배신자 유다("마이센의 유다")와 동일시했으나 그의 행동에 대해 어떤 반대도 할 수 없었다. 1년 후 개신교 측은 패배했고 황제는 종교 개혁적인 갱신을 무효로 돌리기 시작했다. 개신교 목사들은 다시 가톨릭 미사를 드려야 했다. 1547/48년 아우크스부르크 제국의회가 열렸고 1548년 여름에 개신교 지역에서 교회의 업무들을 새롭게 규정하는 법을 통과시켰다. 종교개혁의 결과들에서 오직 이미 이루어진 사제결혼과 평신도 분잔(Laienkelch)은 계속할 수 있었다. 그 외에는 가톨릭 가르침과 가톨릭 관습들이 규정되었다. 법은 공의회에 의해 확정적인 규율이 이루어지기까지 잠정적으로 유효하기에 "아우크스부르크 임시조처"(Augsburger Interim)라고 불렸다. 많은 개신교 신학자가 따랐고, 반대한 다른 이들은 추방당하거나 유배를 당했다. 예를 들어 막데부르크의 성직자들 같은 소수만이 저항했다. 종교개혁은 끝난 것처럼 보였다.

그러나 1552년 상황이 개신교 교인들 때문에 다시 급변했다. 작센의 모리츠(Moritz von Sachsen)가 다시 한번 진영을 바꾸어 본국에서 개신교 교인들을 박해한 가톨릭의 프랑스의 후원 아래 가톨릭의 황제를 배반했다. 왜냐하면 황제는 1546년에 했던 약속을 모두 지키지 않았기 때문이다. 황제는 구호하려고 노력했고 양보했으나 자기 조상의 고향인 스페인으로 돌아가 거기서 1556년에 죽었다. 두 번이나 배반한 모리츠는 1553년 전투에서 죽었다.

1552년에도 협상들이 있었고 이젠 파사우(Passau)에서 황제의 대변인 페르디난드(Ferdinand)에 의해 주도되었다. 1548년의 종교법은 폐지되었고 다시 개신교 교인들은 자신들의 믿음을 자유롭게 실행할 수 있었다. 그 밖의 모든 것은 연기되었다.

1555년 제국의회가 이번에는 다시 아우크스부르크에서 열렸다. 종교 질문에 관한 오랜 협상 끝에 평화가 체결되었다. 개신교인들과 가톨릭 교인들은 앞으로 종교의 이유로 전쟁을 일으켜서는 안 되었다. 또한 독일 각각의 당국은 자기 지역과 백성의 종교 소속에 관하여 결정할 권한을 갖는다고 확정되었다(종교개혁의 권리. 라틴어. *ius reformandi*). 지배한 사람이 종교를 결정했다(*cuius regio, eius religio*). 그러나 다른 믿음을 가진 백성은 이민 갈 수 있도록 허락했다. 종교적인 이유로 이민 갈 권리는 독일의 역사에서 인간에게 부여된 최초의 기본권이었다. 종교적인 제후령, 즉 주교들과 수도원장이 지배하는 독일의 적지 않은 지역들이 종교개혁의 권리로부터 제외되었다. 이곳들은 종교적인 제후가 개신교가 되고자 원했을지라도 가톨릭으로 머물러야 했다. 이곳들에서 가톨릭교회는 이때부터 19세기 초까지 안정되고 지속적인 기초를 가졌다.

"아우크스부르크 종교 평화회의"는 독일에 수십 년의 평화를 가져다주었고 근본 규정은 250년 동안 유효했다. 아우크스부르크 신앙고백(*Confessio Augustana*)을 고백의 근거로 갖지 않는 모든 자, 즉 루터파에 속하지 않은 개신교 교인들인 재세례파도 츠빙글리파도 칼빈주의자들도 이러한 평화에서 제외되었다. 이것은 1648년 새로운 전쟁 결과로 비로소 바뀌게 된다.

6. 칼빈의 생애와 신학

독일에서 1555년 평화가 체결되었을 때, 제네바는 이미 종교개혁의 세 번째 중심지로 자리 잡았다. 이곳은 종교개혁 중간 기간 동안 그리고 오랫동안 중요성에서 취리히뿐만 아니라 비텐베르크보다 훨씬 능가했다.

제네바는 스위스 연방에 속하지 않는 주교 도시였다. 1530년경 그곳에서 종교개혁 사상은 시민들과 종교인들 가운데 기반을 얻었다. 첫 번째 위대한 종교개혁자로 다우핀(Dauphiné)의 가프(Gap) 출신 인문주의 학자인 파렐(Wilhelm Farel)이 제네바에서 1535년부터 1538년까지 활동했다. 1536년부터 칼빈(Johann Calvin, 1509년 출생)은 제네바의 종교개혁 사건에 영향을 주었고, 제네바 종교개혁을 직접적으로는 아닐지라도 절정에 이르게 했으며, 전 세계적인 성공을 이루는 데 도움을 주었다.

칼빈은 프랑스의 리용(Noyoung) 출신이다. 루터처럼 그는 아버지의 뜻에 따라 법률가가 되려 했고, 루터와 다르게 실제로 법률가가 되었다. 칼빈은 신학을 공부한 적이 없으며 사제 안수도 받지 않았다. 그런데도 칼빈은 1532년경 루터의 사상에 사로잡혔고 파리에서 전하는 것을 도왔다. 1533년과 1534년에 파리와 프랑스의 다른 곳에서 새 교리의 추종자들에 대한 심한 처벌들이 있었다. 칼빈은 이를 피해 고향을 떠나 슈트라스부르크(Straßburg)를 거쳐 마지막으로 바젤에 도착, 여기서 한동안 머물면서 신학 교과서를 저술했다. 이 책은 후에 세계적으로 유명해진 강요(Institutio)의 첫 형태이다. 이 책은 기독교 신앙에 대한 복음적인 성격의 개론으로, 자신의 영토에서 개신교인들을 계속 박해한 프랑스의 왕에게 헌정되었다.

1536년 칼빈은 우연히 제네바로 왔고 파렐의 설득으로 머물게 되면서 제네바의 종교개혁에 이바지하게 되었다. 파렐과 칼빈은 시 당국이 시민들에게 기대할 수 있는 변화보다 더 빠르기를 원했다. 따라서 갈등이 일어났고 두 종교개혁자는 제네바를 떠나야만 했다. 칼빈은 슈트라스부르크로 가서 프랑스 난민 공동체를 세웠고 여기서 그는 교회 생활의 새로운 형태로 떠오른 많은 것들을 시험해 볼 수 있었다. 법률가가 공동체 목사가 된 것이다.

알아두기

루터, 츠빙글리, 칼빈: 종교개혁자들의 비교		
루터	츠빙글리	칼빈
수도사		
사제	사제	
신학 공부	짧게 신학 공부	
신학박사	문학석사(Magister Artium)	법률가
	인문주의자	인문주의자
광산업자 아들	농부 아들	법률가 아들
교수	목사/교회 인도	목사/교회 인도
종교개혁의 시작 경험	종교개혁의 시작 경험	종교개혁 끝 경험
제1세대 종교개혁자	제1세대 종교개혁자	제2세대 종교개혁자
장수함	단명함	장수함
결혼	결혼	결혼
자녀들 있음	자녀들 있음	한 자녀(일찍 죽음)
독일인	스위스인	프랑스인
국제적인 영향	지역적인 영향	국제적인 영향
경우에 따른 작품들	조직적인 작품들	교리적인 작품들
설교가로 활동	설교가로 활동	설교가로 활동
1546년 이후 존경	19세기부터 존경	어떤 존경 없음
무덤이 있음	무덤 없음	무덤은 알려지지 않음
그리스도 중심적 신학	신 중심적인 신학	성령 중심적 신학
	윤리적 관심사	윤리적 관심사
당국과 협력	당국과 협력	당국과 협력
양심의 자유	신속하고 가시적인 종교개혁	신속하고 가시적인 종교개혁
성만찬: 실재 임재	상징적인 이해	영적공재설
감춰진 하나님(*quae supra nos nihil ad nos*)	예정론	예정론
오직 은혜로 칭의	오직 은혜로	오직 은혜로
성서 원칙	성서 원칙	성서 원칙
만인제사장설	만인제사장설	만인제사장설
여성 직무자 없음	여성 직무자 없음	여성 직무자 없음

교회 안에서 성화 가능	성화 없음	성화 없음
다양한 예배	간단한 예배	간단한 예배
교회 훈육 없음	교회 훈육	교회 훈육
두 성례전	두 성례전	두 성례전
긴급세례	긴급세례 없음	긴급세례 없음

1541년 칼빈은 제네바로 다시 돌아왔다. 그는 요청에 따랐고 제네바를 몇 년 사이에 모범적인 개신교 신국(信國)으로 바꾸었다. 칼빈은 말씀을 가지고 활동했고 쉬지 않고 설교하면서 강요와 권력 앞에서도 꺾이지 않았다. 심지어 1553년에 제네바에서는 칼빈의 동의 아래 세르베트(Michael Servet)라는 신학자가 삼위일체론에 대한 다른 주장을 하여 공개적으로 화형당했다.

칼빈은 제네바에서의 종교개혁에 독자적인 특징을 형성했다. 그 특징은 먼저 공동체들에는 목사의 직무가 있다는 사실 뿐만 아니라 재무행정과 빈민 구제에 책임지고 있는 집사직(Diakon)과 공동체 구성원의 생활 태도를 감독하는 장로 직무가 있다는 사실이다. 이들은 평신도였고 루터에 의해 선전된, 하지만 그에 의해 개별적인 공동체 차원에서 절대로 실현되지 않았던 만인사제주의를 구현한 것이다. 칼빈은 그것을 루터처럼 그렇게 명확하게 가르치지는 않았지만 실행했다.

칼빈이 루터와 구별되는 그리고 자신의 종교개혁에 매우 특별한 특징을 부여해 주는 두 번째 사실은 하나님의 예정론이었다. 칼빈의 주장에 따르면 하나님은 이미 창조 이전에, 후의 모든 것을 예견하면서 인류의 일부분을 구원하기로 미리 정하셨다(*praedestinare*: 미리 정하다). 이것으로 칼빈은 왜 몇몇 사람들은 믿음에 이르지만 다른 이들은 그렇지 않은지에 관한 질문에 답하였고, 그는 이것을 통해 다수가 박해받는 자들과 프랑스로부터 도망친 자들로 구성된 자신의 공동체를 굳건하게 하고 위로했다. 그들은 자신의 선택됨과 자신의 구원을 확신하게 되었고 그 외에 자신의 외적인 곤경을 망각했다. 그러나 또한 이 예정론이 내포한 주장은 하나님은 인류의 다른 부분에 그의 운명을 맡기심으로 모든 인간의 구원을 결국 원하지 않으셨다는 것이다.

칼빈은 루터 및 츠빙글리와 다르게 신학을 공부하지 않았다. 그럼에도 그는 포괄적인 신학책을 저술하였고 성서 강해와 교리학 둘 다를 충족시키는 작품들이었다. 그의 신학적 사고는 루터와 츠빙글리와 많은 공통점이 있으면서도 또한 특별하다. 무엇보다 다른 위대한 종교개혁가들과 달리 칼빈의 사상에는 성령의 역할이 강조되었다. 예를 들어 그는 성만찬에서 그리스도의 현존을 영적인 현존(영적 임재)으로 제시했다.

칼빈은 1564년 제네바에서 죽었고 익명으로 매장되었다. 따라서 루터와 달리 방문할 수 있는 무덤이 없으며 단지 겨우 100년 전에 세워진 동상만 있을 뿐이다. 루터와 다르게 칼빈을 그린 그림도 없었다. 그는 자신이 숭배되길 원치 않았다. 칼빈의 후계자는 베자(Theodor Beza)이며 칼빈과 마찬가지로 프랑스 출신으로 귀족이었다.

7. 반종교개혁에서 가톨릭 개혁으로

로마 교회는 종교개혁에 대해 무엇보다 최우선으로 종교개혁에 대한 조치로 대응했고, 그 조치들은 저작들을 통한 종교개혁 교리 논쟁, 루터와 츠빙글리를 이단시함, 종교개혁 추종자들의 처형 등이 있다. 말과 행위로, 즉 설교의 수단과 능력으로 시도한 것은 종교개혁이 기반을 잡은 곳에서 다시 이것을 되돌리고 억누르고 근절시키는 것이었다. 개신교교회사 서술에서 반종교개혁(Gegenreformation)으로서 표현되는 조치들은 루터의 출현 이후 즉시 시작되었고 17세기까지, 많은 곳에서는 심지어 18세기까지 지속되었다. 몇몇 지역에서는, 예를 들어 주교구 바젤(Basel)과 뮌스터(Münster)에서 로마 교회는 이 조치들이 성공했으나 다른 지역에서는 성공하지 못했다.

또한 몇몇 개혁 노력을 함으로써 로마 교회는 종교개혁에 반응했다. 여기서 슬로건은 종교개혁이 아니라 개혁이었다. 이런 시도는 중장기적으로 성공적이었다. 이에 대해 새로운 가톨릭 교회사 서술에서는 가톨릭 개혁(혹은 가톨릭의 갱신)이라는 개념이 받아들여졌고 폭넓은 반향을 획득했다.

가톨릭 개혁은 중세 후기의 개혁 노력을 계승한 것으로 그 절정은 1545~1563년에 있었던 트렌트공의회의 협상과 결정들이었다. 이 공의회는 수많은 사항에서 종교개혁의 비판에 대해 갱신적인 조치로 대응했다. 사제들의 교육상태는 상승했으며 주교들의 직무에 대한 의무들은 엄격하게 지켜지도록 교육되었다. 이후로 돈과 관련한 면죄부는 사라졌다.

알 아 두 기

트렌트공의회(Tridentinum)

공의회는 세 명의 교황 아래에서 세 단계로 열렸다.

— 1545년~1546년 단계: 바울 3세(Paul III). 핵심 주제: 교리적인 문제, 종교개혁과의 경계
— 1550~1552년 단계: 율리우스 3세(Julius III), 소수의 개신교인 참석.

핵심 주제: 성례전
— 1562~1563년 단계: 피우스 4세(Pius IV). 핵심 주제: 교회개혁

공의회 의결 사항은 1564년 피우스 4세에 의해 효력이 발생했다.

반종교개혁과 가톨릭 종교개혁에는 수도회가 있었다. 즉, 루터파 또는 개혁파 교파주의화에 상응하는, 협력과 목표 설정에서 가톨릭 교파주의화로 표현되는 가톨릭 종교개혁은 새롭게 설립된 종단이 큰 역할을 했다. 예수회는 '예수의 사회'(*societas Jesu*, 약어: SJ)이다. 이 수도회는 1534년에 종교개혁과 관련 없이 바스크족 귀족 이그나티우스(Ignatius)가 세웠다. 그는 1491년 아츠페이티아(Azpeitia) 근처의 로욜라(Loyola)성에서 태어났다. 로욜라의 이그나티우스는 군인이고 공무원이었다. 그러다 경이로운 체험 이후 1521년에 종교적 삶으로 전환했다. 그는 신비주의 작품들을 읽었고, 성지를 순례했으며, 파리에서 신학을 공부했다. 그를 중심으로 동일한 사상을 가진 동료들이 모여들었다. 수도회 창설은 1534년(서약)부터 1540년(로마에서 교황의 인정)까지 이루어졌다. 예수회 회원들은 종교개혁처럼 기독교의 경건을 개인화하면서 더욱 강화했다. 그러면서도 그들은 교황을 신실하게 따랐고 무엇보다 교육을 강력하게 후원했다. 훌륭한, 문자 그대로 설득력 있는 교육 사업을 통해 그들은 폴란드 같은 거의 개신교인들로 이루어진 지역을 17세기에는 다시 가톨릭으로 되돌려놓았다. 예수회 회원들은 종교개혁과의 싸움에서 가톨릭교회의 가장 성공적인 군대였고, 그러므로 그들은 개신교 영역에서 20세기까지 가장 미움받은 가톨릭 종단이었다. 오늘날은 독일에서 380명의 구성원이 있을 뿐이다.

가톨릭 개혁의 결과로 거의 완전히 갱신된 로마-가톨릭교회가 생겨났다. 이 교회는 종교개혁의 불이 일어나게 한 중세 후기 교회와는 확연히 구분되었다. 따라서 종교개혁은 두 가지 면에서 성공적이었다. 하나는 자체적으로 개신교회가 생기게 했으며, 더 나아가 개신교교회가 나왔던 가톨릭교회의 갱신에 간접적으로 영향을 주었다. 그러나 갱신된 로마 가톨릭교회는 본질적인 문제들에서 개신교의 입장과 분명히 구분되었으므로 교회의 재통합은 생각할 수 없었다. 특히 로마 교회는 루터에 관한 이단 판결을 고수했고 오늘날까지 수정하지 않았다.

트렌트와 함께 그리고 그 결과로 '가톨릭의'와 '가톨릭주의'는 교파의 표시가 되었다. 모든 교회, 개신교회 역시도 본래적으로 그리고 본질적으로 일반적인, 보편적인 의미로 가톨릭적이기(καθολικός/katholikos, 보편적인)를 요구했다. 그러므로 오늘날 사람들은 가톨릭(보편적)교회를 구분하기 위해 "로마 가톨릭교회"라 말한다. 종교개혁 시대의 사람들은 가톨릭 교인들을 오래된 신앙의 추종자로, 간단히 말해 "오래된 신앙을 가진 자"로 표현했다. 이 개념은 역사학에서 오늘날 여전히 사용되며 부정적인 의미를 내포하지 않는다.

8. 유럽의 루터주의와 칼빈주의

종교개혁 말경 루터주의와 칼빈주의는 개신교의 두 가지 커다란 형태로 함께 자리 잡았다. 루터주의는 시간상 첫 번째 형태였고, 칼빈주의는 두 번째 형태였으나 폭 넓게 세상을 주도한 형태였다.

루터주의와 칼빈주의는 퍼져나갔다. 루터주의는 무엇보다도 스칸디나비아반도로 퍼져 여기서 루터 국가교회가 형성되었고, 이 교회는 오늘날에도 부분적으로 존재한다. 칼빈주의는 프랑스, 네덜란드, 영국에서 공감을 얻었고 영국으로부터 북아메리카에까지 이르렀다. 특히 다양한 칼빈주의의 특징들은 깊이 있게 다루어지면서 오늘날 루터주의보다 세계에 두루 퍼져 더 중요한 위치를 차지하고 있다.

북유럽에서 루터주의의 결정적인 역할은 덴마크였다. 왜냐하면 덴마크는 노르웨이까지 다스렸고, 물론 그리 오래는 아니지만, 스웨덴과 핀란드도 다스렸기 때문이다. 이미 1520년대 초 종교개혁은 덴마크에서 공감을 얻었다. 루터의 작품들이 읽혔다. 종교개혁의 변혁은 1525년에 처음으로 하데스러프(Hadeslev)에서 구체화되었다. 그러나 계속하여 개신교 공동체들이 신속하게 생겨났고, 1523년부터 다스린 프레드릭 1세(Frederik I)가 1526/27년에 형식상 교황과 단절했다. 주교들은 그 후 왕과 귀족에 의해 세워졌으나 아직 구교회의 추종자들이 있었다. 1536년 크리스티안 3세(Christian III) 하에서 종교개혁이 최종적이고 결정적으로 관철되기 시작했다. 특별한 점은 수도원들이 개신교적으로 변형되어 계속 유지되었다는 것이다. 크리스티안 3세는 1537년 노르웨이에도 종교개혁을 도입했다. 이 두 나라에서 엄격한 루터주의와 함께 엄격한 국가교회가 자리를 잡았다.

더 복잡하게, 하지만 유사한 결과를 가지고 이루어진 곳은 스웨덴에서의 전개였다. 여기서 구교회는 1523년 성공했고 국가교회와 함께 민족적인 왕권을 세운 반(反)덴마크 운동과 연합하고 있었다. 몇 년 후에 왕 구스타브 1세 바사(Gustav I. Wasa)가 로마와의 관계를 깼고 1527년 종교개혁을 실행했다. 우선 자신의 지역에서, 몇 년 후에는 핀란드에서도 수행했다. 덴마크와 노르웨이에서와 달리 스웨덴의 루터교회는 국가에 대해 일종의 자립을 유지했다.

칼빈주의는 1598년까지 박해를 받은 프랑스 외에 그리고 칼빈주의
가 거의 가톨릭의 옷을 입고 출현한 영국 외에 우선 네덜란드가 중요한
거점이 되었다. 네덜란드는 공식적으로 스페인과 가톨릭의 지배를 받았
으나 지역 당국의 보호 아래 연방으로 구성된 네덜란드의 일부 국가들에
서 칼빈주의는 거의 방해받지 않고 발전할 수 있었고 또한 아직 존재하는
인문주의의 잔재를 받아들일 수 있었다. 16세기 말과 17세기 초 네덜란
드는 유럽에서 관용의 고독한 피난처로 인정을 받았다. 왜냐하면 여기서
다른 곳에서보다 일찍 계몽주의의 형태를 띨 수 있었고 또한 박해받는
유대인들이 보호를 받았기 때문이다.

알 아 두 기

칼빈주의

칼빈의 종교개혁으로부터 나왔다. 또한 취리히에서 츠빙글리의 종교개혁과
바젤에서 오이콜람파드(Oekolampad)의 종교개혁으로부터 나온 교회도
칼빈주의로 표시되고 있다. 비텐베르크에서 루터의 종교개혁에 소급되는 루터
종교개혁과의 신학적인 차이점은 성만찬과 예정론의 주제이다. 칼빈주의라는
말 대신 사람들은 "개혁파" 교회라는 말도 널리 사용한다. 그럼에도 이것은
루터교회처럼 개혁파, 개신교, 프로테스탄트교회이다. 칼빈주의적인 배경을
가진 것은 스위스의 개신교회 외에 프랑스, 네덜란드, 미국 그리고 영국의
개신교회들이다. 독일에서는 개혁파 교회가 북서독일에서 강하게 출현하였으
나 또한 감리교회, 침례교회 그리고 오순절 계통의 공동체들도 역사적으로
고찰하면 칼빈주의적 배경을 갖고 있다.

네덜란드에서 종교개혁은 또한 이미 1520년 무렵에 기틀을 잡았다.

두 명의 종교개혁 추종자들이 1523년 장작더미에서 화형당한 사건은 큰 관심을 불러일으켰다. 종교개혁에서 첫 번째 순교자가 생긴 것이다. 네델란드의 종교개혁 추종자들은 16세기 중반 때부터 지하조직 형태로 교회를 세웠다. 1568년 스페인에 대한 독립전쟁이 시작되었고, 이 전쟁은 전체적으로 80년 지속된다. 홀란드(Holland)라는 일부 지역으로 포함된 일부 북쪽 지역("일곱 연합 네덜란드" 혹은 "네덜란드 주"로 불리기도 한다)은 프로테스탄트와 손을 굳게 잡았다. 반면에 일부 남부 지역은 가톨릭교와 스페인의 지배 아래 머물렀고 1830년에 벨기에가 되었다.

프랑스는 가톨릭 땅으로 머물렀으나, 남부에 소수의 칼빈주의자들이 살았다. 이들은 위그노(Hugenotte)라 불렸고 시시때때로 잔혹하게 박해를 받았다. 1598년 이들에게 왕은 낭트칙령(Edikt von Nantes)으로 관용을 허락했다. 그러나 100년이 채 못 되어, 구체적으로 1685년 칙령은 폐지되었고 많은 개신교인은 프랑스로부터 도망쳤다. 일부는 독일, 브란데부르크에서 피난처를 삼았다. 이들과 함께 개신교의 개혁파가 독일에서 퍼졌고 개혁파 교인들과 칼빈주의자들 안에서 단순히 "잘못된 신앙적인 것들"을 보려 했던 루터파 교인들을 더 큰 관용으로 대하려 했다.

그림 4. 5. 제분소 작업과 같은 종교개혁 사건

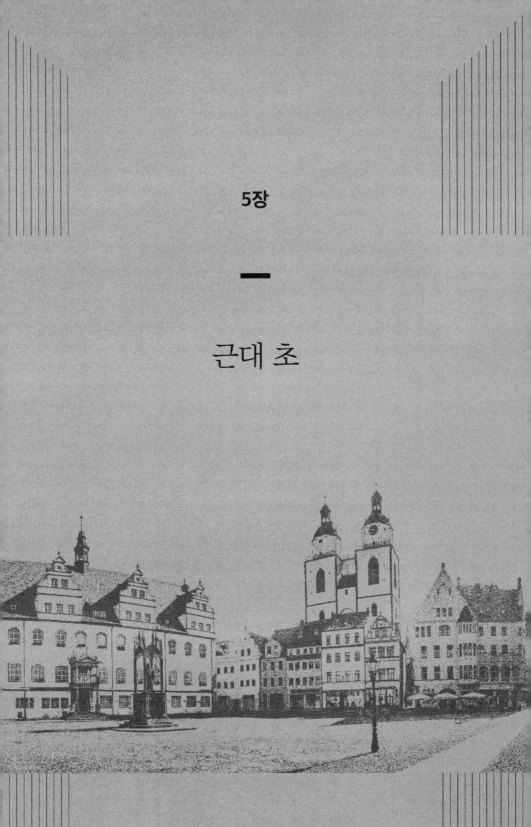

5장

—

근대 초

I. 근대 초 교회 역사 개관

근대 초, 근대의 전반기는 1517년 독일 종교개혁으로 시작하고 1789년 프랑스혁명으로 끝난다. 종교개혁은 반종교개혁을 포함해 개신교 신학 서술과 교회 역사 서술에서 중요한 의미를 지니기 때문에 독자적인 시대로 구분해서 다루어져야 한다. 근대 초의 독립적인 서술은 1555년, 즉 아우크스부르크 평화 협약으로부터 시작된다.

알 아 두 기

역사의 "시대구분"으로서 "근대 초"

역사는 시대구분으로 나누고, 교회 역사도 마찬가지이다. 분명한 공통점으로 앞서거나 뒤따르는 단면과 구분되는 시기의 단면들을 시대구분이라고 표시한다. 근대 초는 계속하여 서방에 의해, 다시 말하면 서유럽에 의해 지배된 시대로 1517년부터 1789년까지를 말한다. 보편적으로는 과도기라는 진행 과정의 특징을 강조, 1500년부터 1800년에 이르는 시기를 말한다. 근대 초는 정치적으로, 교회와 신학과 정신사적으로 특별히 다채롭고 긴장감 넘치는 시대였다.

아우크스부르크 평화 협약의 결과로 독일에서는 정치적인 평온 시기가 뒤따랐으나 신학 자체에서는, 무엇보다도 루터 신학에서는 시끄러웠다. 신학자들은 루터의 죽음 이후 교리의 수많은 문제에 대해 논쟁했고, 그 가운데에는 원죄, 의지의 자유, 믿음의 의, 선행, 하나님의 계명, 성만찬, 그리스도론의 주제가 있었으며, 이 논쟁에서 부분적이기는 하지만 모든 수단을 동원하여 신학자들 간에 싸움이 있었다. 1577년에 오래

걸리고 고생스러운 협상 이후 갈등은 비로소 일치신조(Kondorkdien-formel. 라틴어. *Foumula Concordiae*), 즉 루터 종교개혁의 결론적인 신앙고백을 통하여 해결되었다. 그러나 모든 루터파 신학자는 물론이거니와 모든 루터파 영역이 여기에 서명한 것은 아니었고, 갈등은 부분적으로 계속되었다. 종교개혁을 뒤따르는 개신교 신학의 시기는 정통주의 시대로 표현된다. 정통주의는 정통 신앙을 의미한다. 신학자들에게 중요한 것은 무엇보다도 바른 교리의 변호였고, 이 교리는 보편적인 견해에 따라 종교개혁을 통해 다시 이루어지고 신앙고백들을 통해 확실하게 되었다. 교리적인 성찰이 신학적인 작업을 규정하고 지배하였고, 또한 다르게 생각하고 믿는 모든 이들에 대한 논쟁이 추가되었다. 이것은 루터파 교인들, 개혁파 교인들, 가톨릭 교도들에게 동일하게 적용되었다. 이 시대에 교파주의적인 사고의 우세 때문에 교회 역사에서는 1555년과 1648년 사이의 시간을 자주 교파주의 시대라고 표현하기도 한다.

아우크스부르크 평화 협약은 독일에 비상할 정도로 평화의 시기를 허락해 주었다. 그러나 1618년 새로운 종교전쟁이 발생했고, 이 전쟁은 30년 동안 치러져서 후에 30년 전쟁으로 표현되었다. 이는 근대 초의 역사에 정치적인 큰 사건이 되었다.

갈등들은 보헤미아, 오늘날 체코에서 시작되었다. 여기서 개신교인 귀족은 가톨릭교도인 왕에게 맞섰다. 점차로 덴마크, 프랑스, 스웨덴이 싸움에 참견하면서 전쟁은 전 유럽으로 퍼져나갔다. 여기서 중요한 것은 종교적인 관심사보다는 순전히 정치적인 권력의 관심사 때문이라는 것이다. 우선 개신교 교인들은 뒤로 밀려났고 1629년 수많은 개신교 재산을 가톨릭교회에 반환하도록 하는 황제의 반개신교 칙령이 나오면서 갈등은 정점에 달했다. 그러나 1630년 루터파 스웨덴의 개입으로 개신교 세력의 상황은 다시 개선되었다. 이후 한 편이 다른 편을 결정적으로 이길 가능성은 점차 어려워졌고 결국에는 수년간의 싸움 후에 정치적으로 해답을 찾기로 했다.

전쟁에는 전염병과 기근이 동반되었다. 수많은 사람이 죽었다. 모든 지역의 인구가 감소했다. 사람들 가운데 또한 군인들 사이에서도 평화에 대한 열망은 커졌다. 이런 상황에서 협상 장소로 오스나브뤼크(Osnabrück)와 뮌스터(Münster)가 선택되었다. 1648년 이 두 베스트팔렌 도시에서 평화조약(약어. 베스트팔렌 평화조약, 더 자세히 말해 뮌스터와 오스나브뤼크의 평화)이 서명되는 데 이르렀고, 이 조약은 독일에 평화뿐만 아니라 종교에도 많은 관용을 가져다주었다. 칼빈주의자들도 이때 1555년의 평화 협약에 포함되었고, 이것이 가장 큰 발전이었다.

30년 전쟁은 교회 내 바른 가르침에 관한 질문으로 이루어지지 않았다는 것을 보여 주었다. 바른 행동 역시 중요하다는 것이었다. 1670년에 프랑크푸르트(Frankfurt am Main)에서 종교적인 새로운 출발이 시작되었고 이것은 그 추종자들이 경건(pietas), 즉 실천적인 기독교를 강조했기 때문에 경건주의로 표현되었다. 주된 관심사는 성서를 가까이하는 것이며 소위 평신도라 불리는 공동체 구성원의 실천이었다. 프랑크푸르트에서 지도자 역할을 하는 루터파 성직자 슈페너(Philipp Jakob Spener)의 주변에 그의 공동체의 구성원들이, 근대적인 용어를 사용하면, 속회(Hauskreisen)로 모였다. 그들 스스로는 개인기도 시간 혹은 경건 함양을 위한 모임(collegia pietatis)이라 불렀다. 1675년 슈페너는 이러한 생각 및 다른 종교개혁 사상들을 라틴어 『경건한 소원』(Pia desideria)이라는 제목 아래, "참된 복음적이고 하나님의 마음에 흡족한 개선을 향한 진정한 열망"(Herzliches Verlangen nach gottgefälliger Besserung der wahren evangelischen Kirche)이라는 관심사를 정확하게 제시해 주고 있는 독일어로 된 부제와 함께 널리 퍼트렸다. 프랑크푸르트의 사상과 활동들은 신속하게 공감을 얻었다. 에르푸르트(Erfurt), 라이프치히 (Leipzig), 할레(Halle an der Saale)에서 경건주의는 브레멘(Bremen)과 뷔르템베르크(Württemberg)에서처럼 기반을 얻었다. 프랑케(August Hermann Francke)는 할레에서 큰 학교 도시를 건설했고, 진젠도르프 (Nikolaus Ludwig Graf von Zinzendorf)는 드레스덴(Dresden)의 남동 부 오버라우지츠(Oberlausitz)의 헤른후트(Herrnhut)에서 출발하여 독일의 다양한 장소에서 경건주의적 공동체 주거지들을 세웠다. 처음에는 경건주의는 여러 곳에서 당국과 정통주의 신학자들과 싸웠으나 독립적인 의견을 제시하며 자리 잡을 수 있었고 교회의 상황에 지속해서 영향을 주었다. 스위스의 개신교교회들에서도 강한 경건주의가 있었다. 가장 걸출한 개혁파 경건주의자는 뮐하임(Mülheim/Ruhr)에서 살았던 테어스테겐(Gerhard Tersteegen)이었다. 그는 오늘날까지도 부르는 경건한 곡들을 썼고(예를 들면 EG 165) 수도원 스타일의 영적인 삶 공동체를 세웠다.

17세기와 18세기에는 계몽주의가 신학과 교회에 커다란 영향을 가진, 국제적이고 교파를 뛰어넘는 정식 운동으로 전개되었다. 그것은 인문주의와 관련되기도 하지만 또한 종교개혁의 결과와도 관련되어 있다. 심지어 경건주의와도 적지 않은 공통점이 있다. 즉, 권위들의 근거에 대해 질문하고, 종교적인 고백들이 상대화되며, 실천이 강조되었다. 그러나 무엇보다도 계몽주의자들은 이성의 빛으로 인간 삶의 모든 영역과 종교의 영역에까지 비추고자 했고, 이 점에서 이들은 경건주의자들과 차이가 있었다. 근대의 자연과학과 인문과학, 근대의 신학 역시 계몽주의의 원칙과 인식들에 기초하고 있다. 그러나 계몽주의의 낙관주의, 합리성과 교육을 통해 더 나은 인간과 더 나은 세상을 만들 수 있다는 참된 희망은 증명되지 않았다. 마찬가지로 오늘날 기계적인, 엄격한 인과관계를 고려하는 계몽주의의 세계관은 시대에 뒤떨어진 것이다. 우연과 우발 그리고 하나님은 오늘날 자연과학에서 여전히 자신의 자리를 확보하고 계신다.

근대 초의 두 번째 정치적 큰 사건은 30년 전쟁 외에 1789년의 프랑스 혁명이다. 정신사적으로 이것은 프랑스에서 특히 급진적이었던 계몽주의에 뿌리를 두었고, 이 계몽주의는 프랑스에서 급진적인 권위적인 국가 못지않게 급진적인 보수적인 교회에 저항했다. 자유, 평등, 박애에 대한 요구 아래 프랑스에서 옛 권력구조는 붕괴하였다. 권위적인 왕국은 민주적인 공화국이 되었다. 그러나 이성의 지배는 불과 몇 년이 지나지 않아 힘의 지배로 바뀌었다. 새로운 계몽된 권력 소유자는 자신의 나라를 테러로 유럽을 전쟁으로 덮었고, 이것은 본래의 혁명적인 사상을 매우 훼손한 사건이다. 이는 사상의 관철을 100년 이상 뒤로 돌려놓았다.

핵 심 포 인 트

근대 초

— 미국에서 기독교의 새 중심들이 이루어졌다.
— 라틴어 외에 점점 독일어도 신학의 언어로 관철되었다.
— 사람들은 어느 때보다 더 자신의 교파(Konfession)에 더욱 친밀하게 매였고 삶을 어느 때보다도 더 종교적인 기준에 따라 형성했다.
— 지속되는 분열로 인해 각인된 그리스도교는 계속 다원화되었다.

— 유럽에서는 국가교회의 구조가 유지되었던 반면, 북아메리카에서는 이것이 처음으로 영속적으로 해체되었다.
— 그리스도교와 이슬람, 서방과 동방이 발칸반도에서 마주했다.
— 신학은 무엇보다도 대안적인 신학에 반박하는 일을 하였다.
— 신학은 다시금 중세의 작업방식으로 되돌아갔다.
— 고난받고 십자가에 달린 예수가 개신교와 가톨릭 경건의 중심으로 머물렀다.
— 수도원은 가톨릭적 그리스도교 내에서 새로운 도약을 이루었다.
— 대부분의 개신교교회에서 주교 체계가 해체되었다.
— 주교는 정치적 권력을 가지고 독일에서 가톨릭주의의 확고하고 견고한 기초를 형성했다.
— 로마의 주교는 유럽의 넓은 교회 영역에서 영향력을 잃었다.

II. 근대 초 교회 역사의 주요 주제들

1. 정통주의

개신교교회에서 종교개혁의 시대에 이어 정통주의 시대가 뒤따랐다. 사람들은 이 시기를 차별화하여 구 개신교 정통주의라고 말한다. 왜냐하면 이후 19세기와 20세기에도, 즉 신 개신교의 시대에도 정통주의가 일어났기 때문이다. 또한 사람들은 그리스, 발칸반도, 동유럽의 교회를 정교회(orthodoxe Kirche)라고 부른다. 이것은 각각의 경우 다양한 것들을 의미하지만, 가장 중요한 것은 모든 개혁에 거슬러 올바른, 즉 본래적인 가르침에 매달리고자 하는 교회와 신학자들을 말한다(ὀρθός/오르도스: 직선의, 올바른; δοκεῖν/도케인: 믿는다).

> 사람들이 개신교교회 역사 서술에서 정통으로 표시하는 것은 신학사와
> 교회 역사의 한 장을 차지한다. 여기에서 신학자들에게 결정적으로 무엇보
> 다도 중요한 것은 참된 교리 및 바른 믿음, 의, 그리고 이와 더불어 종교개혁
> 유산의 공식화, 보존, 변호였다.

16세기 후반부 개신교 신학자들은 종교개혁의 결과들을 유지하고
변호하고자 하는 데 주요 관심을 두었다. 그들에게 판단의 기준은 종교개
혁에서 만들어진 고백들이었고, 루터주의자들에게는 무엇보다도 1530
년의 아우크스부르크 신앙고백(Augsburger Bekenntnis), 1577년부터
는 당시 만들어진 일치신조(Konkordienformel)였다. 새로운 고백들은
루터교에서 생겨나긴 했지만, 개혁파 개신교와는 달랐고 후에 더는
없었다.

정통주의 신학자들은 신학 가르침을 포괄적인 신학적 편람으로 전개
했고, 이것은 당연히 라틴어로 저술되었다. 신학적인 작업 스타일은
다시 중세의 것과 공통점을 가졌다. 신학자들은 종교개혁의 성서 원칙에
안전장치를 하도록 시도했다. 또한 그들은 하나님이 성령을 통하여 성서
의 저자들에게 내용을 참으로 받아적게 했고 한 단어 한 단어씩 불어
넣었다는 축자영감설(逐字靈感說, verbal inspiration)을 주장하고 발전
시켰다(*inspirare*: 입김을 불어넣다). 특별히 여기서 개혁파 신학자들이
극단으로 흘렀고, 무엇보다도 바젤(Basel)의 북스토르프(Johann Buxtorf)
부자(父子)는 심지어 히브리어 성서의 모음 표시가 하나님께 기원한
것이라고 주장했다. 여기서 당시 사람들은 근원적으로 이미 성서의 모음
표시가 히브리어 전문가들의 읽기에서 벗어나는 것을 막기 위해 7세기

에 비로소 추가로 삽입시킨 것이라는 사실을 알고 있었다. 히브리어는 원래 순전히 자음으로 된 문자로 모음이 없으며, 구약성서 역시 옛 본문 발견물들이 증언하듯이 본래 순전히 자음으로만 쓰여 있었다. 그러나 이러한 문제에 대한 잘못된 판단에도 불구하고 바젤의 두 교수는 그리스도교 히브리학의 발전에 중요한 기여를 했다. 그들의 몇몇 학문적 작품은 최근까지도 여전히 사용되었다.

루터주의에서는 게르하르트(John Gerhard)가 정통주의 신학자 가운데 가장 걸출했다. 그는 1616년부터 1637년 세상을 떠날 때까지 예나(Jena)에서 가르쳤고 기꺼이 루터파 정통주의의 교부로 표현되었다. 그는 9권에 달하는 두꺼운 『신학의 중심 조항들』(*Loci theologici*)로 포괄적으로 신학에 관해 모든 것을 기술했으며, 19세기까지만 해도 여전히 많은 연구가 이루어졌다. 게르하르트는 그리스도인들이 종교적인 삶을 추구하는 데 도움을 주는 경건 작품들도 저술했다. 여기서 그와 마찬가지로 정통주의 신학자이자 찬송 작가인 게르하르트(Paul Gerhard)와 혼동해서는 안 된다.

교회와 신학에서 교리가 질문의 중심에 있으면 항상 논쟁이 일어난다. 정통주의 시대는 논쟁의 시대였다. 루터파 학자들은 항상 칭의론 및 성례론 문제로 싸웠다. 칭의론에서 중요한 것은 가톨릭 입장과 거리를 두는 것이었고, 성례론에서는 개혁파 관점과 거리를 두는 것이었다. 16세기 후반에 작센 선제후국의 신학자들과 정치가들이 멜랑히톤 제자들의 참여하에 칼빈주의에 조심스럽게 근접하였을 때, "은밀한 칼빈주의"(Kryptocalvinismus, κρυπτός/크립토스: 은밀한)라는 비난 아래 격렬한 정통주의의 반격이 있었다. 전복 시도의 책임으로 몇몇 소위 은밀한 칼빈주의자들은 감옥이나 유배를 당했고, 심지어 1601년 작센 선제후국 궁내관 크렐(Nikolaus Krell)은 그들을 사형에 처하기까지 했다. 더 나아가 종교개혁은 재세례파와 반삼위일체주의자들에 대한 강력한 조치로 그들의 후손들을 괴롭혔다. 17세기에 헬름슈테트(Helmstedt)의 루터파 칼릭스트(Georg Calixt)는 개혁파 교인들과 가톨릭 교인들과의 조정을 애썼고, 세 교파가 모두 공통의 근거로서 1~5세기의 신앙고백을 가졌음을 강조했다. 그러자 그는 다른 루터파 사람들의 격렬한 반대에 부딪혔고 통합주의자로, 종교혼합주의자로 정죄를 당했다. 그러나 그는 육체적, 정신적으로 위협을 받지 않았다. 시대가 이미 변화했기 때문이다.

개혁파들은 계속하여 예정론에 관하여 논쟁했고, 이 교리는 칼빈 사후에 그의 제자이자 후계자인 베자(Theodor Beza)에 의해 신학적으로 형성되었다. 일부 개혁파에게 하나님께서 실제로 일부분의 인간을 무조건 저주하실 수 있다는 생각은 받아들일 수 없는 것이었다. 네덜란드에서 라이덴(Leiden)의 신학 교수 아르미니우스(Jakob Arminius)는 이 가르침을 검토하여 약화하려고 시도했다. 네덜란드를 넘어서 격렬한 논쟁이 일었다. 그리하여 1618/19년에 유럽의 지도자급 개혁파 신학자들이 도르트레히트(Dordrecht)에서 공의회(Synode)로 함께 모여 예정론 문제를 가지고 토론했다. 여기서 이 가르침에 대한 단호한 결정이 관철되었다. 도르트레히트공의회의 선언에 따르면, 예수님은 모든 사람을 위해 돌아가신 것이 아니라 오직 선택된 사람을 위해 돌아가셨다. 영원으로부터 하나님은 자발적으로 인간의 한 부분을 구원으로 정하셨고 또한 구원으로 인도하시고, 반면 인류의 다른 부분은 멸망하게 되는 것이다.

루터파에게 이 입장은 받아들일 수 없었다. 루터파 교인들은 성서의 근본 원칙을 더 존중했다. 즉 하나님은 모든 사람이 도움을 받고 진리를 깨닫는데 이르기를 원하신다(딤전 2:4). 물론 루터파 교인들도 실제로 모든 인간이 구원받는다고 믿지 않았다. 이러한 골로새서 1장 20절의 "만인 속죄"로 표시되는, 오늘날 널리 퍼진 관점은 종교개혁에서는 소수의 주변인에게서 발견된 것이었다. 루터파 교인들은 칼빈주의자들처럼 가르쳤고, 물론 더 자제하는 방식이지만 인간의 일부만이 구원받고 다른 부분은 영원히 멸망 받는다고 가르쳤다. 중세의 신학자들처럼 그들은 (전문 용어로 말해) 마지막 심판의 "두 가지의 출구"에 관해 깊이 확신하였다.

도르트레히트의 가르침(*Canones Dordraceni*)은 사실 새로운 신앙고백이었다. 모두는 아니었지만 많은 개혁파 교회가 그것을 수용하였다. 이것은 개혁파 개신교주의의 역사에서 최종적인 신앙고백으로 남아 있지 않다. 1675년 스위스에서 다시 한번 개혁파 신앙고백서가 나왔다. 바로 스위스의 일치조항(*Formula Consensus helvetica*)이었다. 이것은 새롭게 예정론을 첨예화하려고 시도했던 프랑스의 개혁파 신학자 아미라우트(Mose Amyraut)의 입장에 대응한 것이었다.

정통주의 사고 체계와 작업 방식은 18세기까지 유지되었다. 그러나 이미 17세기에 대안이 자라났고, 더욱 분명하게 그리스도교 실천을 강조하는 것이었다.

2. 바로크 스콜라주의

16세기와 17세기의 가톨릭 신학은 그 자신의 길을 갔다. 그러나 그것 역시 인문주의적인 사고 형태와 작업 형태를 앞세워 또다시 중세의 형태와도 관련을 맺었다. 예술사가 1550년부터 1800년의 기간을 부르는 바로크 시대에서는 새로운 스콜라주의, 바로크 스콜라주의가 전개되었다. 이 개념은 좁은 의미로 스페인의 예수회에 의해 살라만카 (Salamanca)에서 수행된 철학과 신학을 위해 사용되었고, 넓은 의미에 서는 바로크 시대의 전체 가톨릭 철학과 신학에 대해 사용된 것이다. 바로크 스콜라주의에서는 중세의 위대한 신학자 가운데 하나인 토마스 아퀴나스(Thomas von Aquin)가 유명해졌고 이젠 가장 존경받는 중세 의 신학자가 되었다.

좁고 특수한 의미에서 바로크 스콜라 신학자는 비토리아(Francisco de Vitoria)였다. 도미니크 수도사였던 그는 1526년부터 살라만카에서 가르쳤다. 신학자로서 그는 수백 년 동안 신학을 배우는 도구였던 롬바르 두스(Peter Lombardus)의 『명제집』을 제거하였다. 그 대신에 신학 수 업에서는 토마스 아퀴나스의 『신학대전』(Summa theologiae)이 사용되 었다. 법률가로서 비토리아(Vitoria)는 인디언들의 권리들을 다루었고 근대 국제법(Völkerrecht)의 개척자가 되었다. 그는 아메리카의 정복에 대한 합리화를 위해 끌어들인 논증을 반박했고 인디언들을 그들 일상사 의 합법적인 주인으로 간주할 것을 주장했다. 그는 이 세상의 보편사에 있어 교황의 힘을 제한하고자 했고 그의 권력을 가능한 한 순전히 영적인 영역으로 제한시키려고 했다. 그런 교황이라면 아마도 1520년에 루터 역시 수용했을 것이다.

바로크 시대에 처음으로 로마는 신학 작업의 장소로 중요성을 얻었 다. 이를 위해 누구보다도 예수회 회원 벨라민(Robert Bellarmin)의 역할 이 컸다. 그는 거기서 1621년에 세상을 떠났다. 그는 있는 힘을 다해 교황에게 봉사했기에, 반은 인정의 의미로 반은 조롱이 담긴 교황청의 만능 인간, "로마교황청의 잡일꾼"으로 묘사되었다. 그렇지만 그는 비토리아와 유사하게 교황의 힘을 제한하기를 원했고, 그의 설명에 따르면 교황은 세상의 사건들에 영혼의 구원에 관련되는 경우에만 개입할 수 있다는 것이다. 벨라민은 그의 시대의 주도적인 논쟁신학자였고 개신교인들과의 논쟁을 지치지 않고 시도했다. 개신교 교인들은 그의 주장을 듣고 읽었지만, 당연히 반박했다.

바로크 스콜라 신학자들은 정통주의 개신교 신학자들과 끊임없이 격렬히 논쟁했다. 그러나 서로 직접적인 만남은 이루어지지 않았다.

가톨릭주의에서 바로크는 신학의 전성기였을 뿐만 아니라 건축의 전성기이기도 했다. 개신교 교인들이 중세의 교회들을 계속하여 사용하고 여러 가지로 단지 거의 바뀌지 않은 채 오늘날까지 사용하는 반면(옛 루터교회들에서는 제단이 자주 회중으로부터 멀리 자리하고 있었기 때문), 가톨릭 교인들은 중세의 교회를 여러 가지로 개조하고 확장하였다. 우선 바로크의 양식으로였다. 남독일에 유명한 가톨릭 바로크교회들이 있는데, 그것들은 풍부한 금을 사용하여 많은 천사와 하늘의 장면을 가진 매우 넓은 실내 장식을 통한 경이로움에 압도당할 정도이다. 교회의 방문객은 교회에 신실하게 대할 때, 이 세상의 눈물골짜기에서 해방된 채 자신을 기다리고 있는 낙원을 미리 맛보게 된다.

바로크 시대는 가톨릭 신학에서 신학적으로 또한 두 가지 새로운 발전을 제공해야 했다. 첫째, 특히 스페인과 프랑스에서 신비주의의 강력한 소생이다. 여기서 탁월한 역할을 한 것은 아빌라의 테레사 (Theresa von Avila)라는 여인이었다. 둘째, 종교개혁에 결정적인 주제인 하나님의 은혜가 새롭게 숙고되면서 네덜란드의 신학 교수 얀센 (Cornelius Jansen)은 아우구스티누스를 집중적으로 연구한 것을 기초로 하여 종교개혁적인 사고에 가까이 서 있는 신학적인 입장을 대변했다.

특별히 프랑스에서 공감을 얻은 얀센주의 운동이 일어났다.

3. 30년 전쟁

아우크스부르크 종교회의는 독일에 오랫동안 평화의 시대를 선사했다. 그것은 최근까지 독일 역사에서 가장 오랜 평화의 시대였다. 그리고 1618년 전쟁이 일어났다.

30년 전쟁은 1608/09년까지 소급되는 전(全) 역사를 가졌고, 이 전쟁은 네 시기의 전쟁 또는 전쟁 단계로 이루어졌다.

17세기 초에 독일에서는 교파의 분열들이 강화되었다. 주도적인 세력은 개혁파 선제후령 팔츠(Kurfürstentum), 약어 팔츠 선제후국(Kurpfalz)과 가톨릭의 공작령 바이에른이었다. 1608년 선제후령 팔츠의 지도로 개신교 연맹이 결성되었고 1609년 바이에른의 주도하에 가톨릭 반대동맹이 뒤이어 이루어졌다. 근본적인 갈등은 보헤미아에서 시작되었다.

1618년 5월 23일 개신교 귀족들이 두 명의 황제 대리인과 비서들을 프라하성의 창문 밖으로 내던졌다. 이로써 그들은 자신들이 일 년 전에 선출한 가톨릭의 왕, 합스부르크가의 대공(大公) 페르디난트(Ferdinand)와 결별을 선언하였다. 그들은 이어서 그를 공식적으로 폐위시켰고 1619년 8월에 팔츠의 개신교 선제후 프리드리히 5세를 새로운 보헤미아의 왕으로 선출했다. 1619년 제국에서 황제직을 떠맡은 페르디난드는 저항했고 1620년 11월 8일 프리드리히와 싸워 승리했다(바이센성 Weißen Berg 전투). 프리드리히의 적대자들이 그의 짧은 재임 기간을 고려해서 직무를 맡은 직후 곧바로, 프리드리히를 악의적으로 표현했던 것처럼, "겨울왕"은 네덜란드로 피난했고 거기서 1632년 죽음을 맞이했다. 황제의 군대는 선제후령 팔츠를 공격하여 약탈했고 게다가 헤센과 베스트팔렌 일부 지역들도 그런 수모를 당했다. 팔츠의 선제후 직위는 1623년 바이에른 공작 막시밀리안(Maximilian)에게 양도되었다. 이것으로 전쟁의 첫 국면(1618~1623)인 보헤미아-팔츠 전쟁은 끝이 났다.

1623년부터 1629년까지의 2차 국면은 네덜란드-덴마크 전쟁이다. 왜냐하면 그 전쟁은 맨 먼저 오늘날 니더작센의 지역에서 주로 일어났고 개신교의 덴마크의 왕 크리스티안 4세(Christian IV)가 싸움에 개입하였기 때문이다. 1626년 크리스티안은 죽었고 황제의 군대는 슐레스비히-홀스타인(Schleswig-Holstein)과 유틀란드(Jütland)로 진격하였다.

1629년 덴마크에 승리한 후 황제는 (역자 주: 가톨릭 재산의) 회복칙령을 공포하였다. 1552년 이후 세속화된 교회 재산의 반환(restitutio)이 결정되었다. 이것은 개신교인들에게 가혹한 처사였다. 결과로 대주교관구인 브레멘(Bremen)과 막데부르크(Magdeburg)와 다른 일곱 북독일 주교관구에서는 가톨릭 신앙이 다시금 도입되어야 했다. 게다가 가톨릭 교회는 500개 이상의 수도원을 다시 유지했고, 뷔르템베르크(Württemberg)에서만 50개의 수도원이 있었다. 그러나 황제는 개신교 교인들을 상대로만 어려움을 겪었던 것은 아니었다. 많은 가톨릭 당국도 가혹한 황제의 조치를 마음에 들어 하지 않았다. 그들은 자신들의 안위를 걱정했다.

스웨덴이 구원하러 오지 않았다면 개신교는 곧 끝이 났을 것이다. 1630년에 왕 구스타프 2세(Gustav II. Adolf)가 전쟁에 개입하였고 세 번째 단계의 전쟁, 즉 1635년까지 지속되는 스웨덴 전쟁이 시작되었다. 구스타프 아돌프는 독일에서는 구원을 가져다주는 자처럼 칭송받았다. 상황은 개신교인들에게 유리하도록 바뀌었고, 이 때문에 독일 개신교에서는 오늘날에도 구스타프 아돌프를 추모하고 있다. 그를 추모하기 위한 재단 구스타프-아돌프-베르크(Gustav-Adolf-Werk)가 현존하고, 1832년 고통을 받는 개신교 공동체의 후원을 위해 세워졌다. 정기적으로 또한 견지성사(Konfirmationen)의 맥락에서 우선적으로 기부금과 헌신은 그 재단을 위해서 모아졌다.

알 아 두 기

> 의로운 전쟁(*bellum iustum*)
>
> 그리스도교 신학자들은 전쟁이 예수의 윤리와 일치하지 않는다는 것을 알았다. 그러므로 그들은 교부 아우구스티누스를 기반하며 우선 세 가지, 후에 네 가지, 최종적으로 여섯 가지 조건을 규정했고, 전쟁의 정당성을 위해 다음과 같은 조건들을 제시한다.
>
> ─ 의로운 근거가 있어야 했다.
> ─ 평화에 대한 의지가 존재해야 했다.
> ─ 전쟁 선포는 결정 권한이 있는 당국에 의해 이루어져야 했다.
> ─ 수단의 걸맞음은 싸움에서 유지되어야 했다.
> ─ 전쟁은 목표를 이루는 최종의 수단(*ultima ratio*)이어야 했다.
> ─ 성공에 대한 가망이 있어야 했다.

구스타프 아돌프는 종교적으로 동기부여 되었을 뿐만 아니라 또한 자신의 정치적 권력의 관심사를 추구했다. 1632년 그는 싸움에서 전사했다. 따라서 그는 전쟁의 결과를 보지 못하고 죽었다. 또한 그는 그의 딸이자 스웨덴의 새로운 왕비인 크리스티네(Christine)가 어떻게 1655

년 가톨릭주의로 전환했는지를 이해하지 못했다. 개신교의 믿음을 위해 자신의 생명을 바친 한 남자의 딸이 편을 바꾼 것이었다. 로마에서는 이러한 회심을 큰 승리로 여겨 축하하였고 오늘날에도 베드로 대성당(Petersdom)에서는 스웨덴의 왕비를 추모하고 있다. 그녀는 가톨릭 교인이 되었고 따라서 왕비의 직위를 포기했다.

스웨덴의 군대가 1634년에 남독일에서 전멸했고 살육을 당했다. 대부분의 독일의 개신교 세력들이 황제와의 평화협정에 참여한 후에 1635년 스웨덴 전쟁은 끝이 났다.

그러나 불과 며칠 전 프라하에서 평화협정에 서명하기 앞서서(1635년 5월 30일) 가톨릭의 프랑스는 전쟁에 개입했다(1635년 5월 19일). 이로써 스웨덴-프랑스 전쟁 혹은 유럽의 전쟁이 시작되었다. 이것은 1635년부터 1648년까지 지속되었고 엄청난 피해를 끼쳤던 30년 전쟁의 4차 국면이자 마지막 국면이었다. 프랑스에게 중요한 문제는 독일 개신교 교인들의 보호가 아니라 스페인까지 다스리고 있는 합스부르크 가문의 권력과 이 가문 출신인 황제의 힘을 제한하는 데 있었다.

1637년 합스부르크 가문에서 페르디난트 3세가 새로운 황제로 옹립되었다. 전쟁 당사자들에게 점점 분명해진 해결책은 협상만이 유일한 방법이었다. 1641년 스웨덴인들과 프랑스인들은 황제와 함께 협상 장소에 관하여 서로 의견을 나누었다. 이렇게 가톨릭으로 각인되었으나 일시적으로 개신교 도시가 된 뮌스터/베스트팔렌과 오스나부뤼크를 선택했다. 1643년 행동으로 옮겼다. 모든 전쟁의 책임자와 정치적, 교파적 적대감의 평화적 해결에 관심 있는 모든 세력이 (튀르키예인, 러시아인, 영국인을 제외하고) 출석했다. 개신교의 사절단은 오스나부뤼크에, 가톨릭 사절단은 뮌스터에 머물렀다. 바젤 시장 베트스타인(Johann Rudolf

Wettstein)이 개혁파 스위스를 대변했다.

1648년 결국 평화가 체결되었다. 오스나부뤼크와 뮌스터에서 각각 계약에 서명되었고, 여기서 오스나부뤼크 계약은 종교적인 내용을, 뮌스터 계약은 정치적인 내용을 다루었다. 1555년의 종교평화조약이 다시 확인되고 갱신되었으나, 이때야 비로소 개혁파 교인들이 포함되었다. 종교적인 관용이 확대되었다. 즉, 다른 교파를 가진 소수인들도 앞으로 허용되었고 더는 이민 갈 필요가 없게 되었다. 또한 개신교인들 아래에서는 지배자가 루터파 신앙고백에서 개혁파 신앙고백(또는 그 반대)으로 바뀔 때도 각각의 주정부 교회(Landeskirche)는 그 신앙고백 상태로 내버려 둘 것을 합의했다. 스위스와 네덜란드는 제국연맹으로부터 분리되었고 독립적인 국가를 이루었다.

특별하게 또한 관대하게 취급하는 규정이 오스나부뤼크에 적용되었고, 이 도시는 법에 따르면 가톨릭의 영주령이었으나 상당히 많은 개신교인의 인구 비중을 갖고 있었다. 따라서 여기서는 가톨릭 영주와 개신교 영주가 규칙적으로 바뀌가면서 통치하게 되었다(교체 계승). 이러한 유일무이한 규정으로, 새로운 종교 평화조약이 협상하고 체결된 도시는 새 시대 관용의 역사의 표석이 되었다.

뮌스터와 오스나부뤼크의 평화 체결은 '베스트팔렌의 평화'로서 역사에 남을 만한 사건이나 이 표현은 오늘날 오해의 소지가 있다. 왜냐하면 오늘날 뮌스터는 1648년처럼 더는 베스트팔렌에 속하지 않고 오스나부뤼크만 베스트팔렌에 속하기 때문이다. 1648년에 두 도시는 베스트팔렌에 속했고, 두 장소에서 협상하였으며, 두 장소에서 계약은 성사되었다. 아우크스부르크 종교 평화조약처럼 뮌스터와 오스나부뤼크의 평화 역시 정당성을 확보했고 오랫동안 존속했다. 규정 대부분은 150년 동안 효력을 발휘했다.

4. 경건주의

개신교는 정통주의 시대에 이어 경건주의 시대로 이어졌다. 하지만 경건주의 시대는 이미 1600년경에 영향을 끼친 정통주의 신학자인 요한 아른트(Johann Arndt)가 첫 뿌리이다.

아른트는 안할트(Anhalt) 출신이었으나, 마지막으로 첼레(Celle)에서 영주령 브라운쉬바익-뤼네부르크의 총감독(Generalsuperintendent)으로 활동했다. 그는 『참된 그리스도교에 관하여』(*Vom wahren Christentum*)라는 방향을 제시하는 제목으로 루터교 정통주의의 가장 인기있는 경건 서적(Erbauungsbuch)을 저술했다. 아른트는 참회를 촉구하는 설교를 했고 바른 교리보다는 바른 삶에 주목할 것을 원했다. 여기서 그는 가톨릭의 영성 자료들 역시 이용하기를 주저하지 않았다.

핵 심 포 인 트

> 경건주의는 경건 운동으로, 개신교에 지금까지 영향을 미치는 가장 중요한 경건 운동이었다. 새로운 경건 양식은 아른트와 함께 시작했으나, 운동으로서의 경건주의는 슈페너(Spener)에 의해 비로소 시작되었다. 경건주의의 본질적인 시대는 1670년부터 18세기 후기까지에 이른다. 하지만 독일의 많은 개신교 지역에는 경건주의가 현존하는데, 특히 베스트팔렌과 뷔르템베르크에서 19세기와 20세기에 그리고 현재까지도 존재한다.

본질적인 의미의 경건주의는 50년 후에 프랑크푸르트(Frankfurt am

Main)에서 루터교 목사였던 슈페너(Philipp Jakob Spener)와 더불어 시작되었다. 그의 공동체 구성원 몇 명이 1670년 무렵에 그와 함께 규칙적으로 개인적인 경건의 시간으로 만나기 시작했고, 이때 우선 경건 서적, 후에 성경을 읽었고 믿음의 문제에 대해 의견을 나누었다. 1675년 슈페너는 아른트 설교 전집에 대한 강령(綱領)의 서문을 썼고, 서문에서 공동체 곳곳에서 참된 그리스도인들을 그런 모임으로 계속 인도하도록 추천하여 성서를 실제로 사람들 가운데로 쉽게 접할 수 있도록 기여했다. 그 외에 그는 예를 들어 신학 연구와 연관된 개혁 프로그램을 제안했고, 학생들은 교리학보다는 주석을, 이론보다는 실천을 다루어야 한다는 것이다. 또한 그는 교파들 사이에 다툼을 중지할 것을 변론했다.

프랑크푸르트 목사의 제안들은 라틴어 제목 『경건한 소원』(Pia desideria, 슈페너 자신이 "진지한 열망"으로 번역함)으로 출판되었으나, 독일 어로 작성되어 신속한 공감을 얻었다. 많은 장소에서 개인 경건의 기도 시간 또는 사람들이 말하는 것처럼 '소그룹 모임'(conventiculum)이 생겨 났다. 남독일에서는 사람들은 간단히 "기도 시간"(Stunde)이라 했다. 오늘 날 개념을 사용하면, 씨앗 공동체(Kerngemeinde)가 이 모임에서 이루어 졌다. 슈페너는 또한 이 모임을 라틴어로 "교회 속의 작은 교회"(ecclesiola in ecclesia)라 했다.

알 아 두 기

> "경건한 소망"에 나타난 슈페너의 개혁 제안
>
> 하나님의 말씀을 더 강하게 전파할 것

예배에서 성서 낭독을 통해
개인적인 성서 연구를 통해
새로 구성된 공동체 영역에서 성서에 관한 대화를 통해
루터가 원했던 '만인사제설'의 실현
그리스도교를 무엇보다도 이웃 사랑에 실천적으로 방향 설정할 것
그리스도교 내적인 다툼들의 철폐
신학 수업에서 실천적인 방향 설정
박식하고 믿음을 장려하는 설교들

그러나 여기에 대항해 당국들 편에서 곧바로 저항이 일어났다. 왜냐
하면 당시 의견의 자유도 모임의 자유도 없었고, 무엇보다 교회 비판적인
가능성은 생각할 수조차 없었기 때문이다. 하지만 해가 지나면서 경건주
의는 독일 개신교의 넓은 지역들과 개혁파 공동체까지도 영향을 미치는
운동이었다.

경건주의의 영향 아래에 개신교회에서는 견진성사(Konfirmation)
가 세례를 보완하는 교회적인 활동으로 생각되었다. 종교개혁자들은
가톨릭교회가 지금까지도 이어져 내려오는 종유성사를 비성서적인 것
으로 폐지했다. 그러나 경건주의에서는 미성년 아이들의 세례는 청소년
나이 또는 어른 나이에 성년 고백을 통한 보완이 필요하다는 견해가
일어났다. 그러나 대부분 경건주의자는 유아세례를 고수했다.

슈페너의 몇몇 추종자들은 과격했다. 그들은 슈페너가 개혁하고자
했고 개혁이 가능하다고 믿었던 교회로부터 멀어졌다. 이런 "분리주의
자"는 자신만의 공동체를 형성했고, 심지어 자신의 교회를 형성했으며
또한 이민이 많이 이루어졌다. 저명한 인물 중 피터슨(Johanna Eleonora

Petersen, geb. von und zu Merlaus)이라는 한 여인이 있었다. 슈페너와 가깝게 지냈던 이 귀족 여인은 평민 가정 출신이자 5년 젊은 신학자와 결혼했고, 그는 잠시 감독관으로 뤼네부르크(Lüneburg)에서 활동했다. 하지만 1692년 그의 신학적인 관점 때문에 자리를 잃어버렸다. 피터슨은 자기 남편과 함께 작품 활동을 하였고 또한 종교적인 자서전을 저술했다. 여기서 그녀는 자신의 종교적인 발전과 신학적인 관점을 드러내 보이고 또한 그녀가 받았고 그녀에게, 다른 사람에게는 감춰져 있는 "하나님의 비밀들"을 밝힌 몇 가지 비전들을 설명해 주었다. 이를 통해서 얻은 확신은 하나님이 성령으로 여성의 모습을 하고 있다는 점이다. 왜냐하면 영, 호흡(חוד)에 대한 히브리어 단어는 여성이고, 하나님은 구약에서 역시 여성적인 본질로 묘사되기 때문이다.

피터슨(Petersen) 부부가 떨어져 나갔던 반면에, 슈페너는 자신의 교회에 충실했으며 입신출세했고 1686년 드레스덴(Dresden)에서 궁정 설교자(Oberhofprediger)가, 1691년 베를린(Berlin)에서 종회회원 (Konsistorialrat)이 되었다. 그는 1705년 죽었다.

젊은 신학자 프랑케(August Hermann Francke)는 슈페너에게 감동받아 우선 라이프치히에서, 후에 에르푸르트에서 집회를 열기 시작했고 이것은 그와 당국 간의 갈등을 야기시켰다(참고: 그림 5.1).

슈페너는 그의 추종자에게 할레(Halle) 근처의 글라우카(Glaucha)에서 목사 자리를 중재했다. 여기에서 프랑케는 1695년 아주 훌륭한 학교 프로젝트를 시작했으며 이것은 유럽의 주목을 받았다. 고아원과 빈민학교로 작은 시작을 한 후 프랑케는 30여 년 기간 진정한 학교 도시(참고: 그림 5.1)를 발전시켰다. 여기에는 최대한 1,700명의 학생과 170명의 교사가 살았다(1727). 프랑케는 경건주의의 위대한 교육자였고 또한 독일 교육의 역사에서도 중요한 역할을 했다. 처음으로 그는 직업을 위한 교사들의 튼실한 교육을 시작했고 처음으로 수업에서 자연과학을 도입했다. 즉, 학생들은 책과 텍스트들을 다루었을 뿐만 아니라 물건, 식물, 동물들을 다루었다. 그는 또한 소녀들의 더 수준 높은 교육을 위해 애를 썼다. 그러나 그는 학생들이 회심(Bekehrung)을 경험했거나 경험하기를 기대했다. 회심을 제시할 수 있는 사람만이 그에게 있어 실제 그리스도인이었다. 프랑케는 아직 학생으로서 1687년 뤼네부르크(Lüneburg)에서, 그를 심오한 종교적인 위기에 빠뜨린 설교 준비의 상황에서 드라마틱한 회심 경험을 하였다. 이것을 그는 스스로 "회개 투쟁"(Bußkampf)으로 묘사했고 "깨뜨리고 나아가기"(Durchbruch)로 표현했다. 그리고 이것은 그를 의심으로부터 확신으로, 영적 시련이 없는 확고한 믿음으로 인도했다. 1727년 프랑케는 할레에서 세상을 떠났다.

프랑케와 그의 동료들은 무엇보다 처음으로 개신교에서 성서를 일반 시민에게 보급하려고 시도했다. 그래서 1710년 "성서공의회"(Bibelanstalt)가 창설되었고 여기서 대량으로 저렴한 성서들이 인쇄되었다. 단지 3년 반 동안에 3만 8천 부의 신약성서가 전해졌다. 이로써 종교개혁이 일어난 지 200년 후에 성서는 개신교회에서 민중의 책이 되기 시작했다.

프랑크 영향 아래 가난한 신분의 아이들뿐만 아니라 매우 높은 귀족들이 학교에 갔다. 이들에 속한 자 중에 작센 지역의 오버라우지츠(Oberlausitz) 출신의 젊은 백작 진젠도르프(Nikolaus Ludwig von Zinzendorf)가 있다. 그는 슈페너와 프랑크 이후 제3세대 경건주의의 주도적인 대표자가 되었다. 진젠도르프는 1722년 오버라우지츠의 헤른후트(Hermhut)로 시작하여 경건주의적인 공동체 거주지를 창설했다. 후에 다른 "형제 공동체"('Brüdergemeinen': Herrnhaag, Marienborn, Montmirail, Zeist,

Niesky, Sarepta)들이 독일의 여러 지역에서, 스위스와 러시아와 아메리카에서 생겨났다. 고대 독일어인 'Gemeine'는 'Gemeinde'라는 현대 독일어와 동일시했다. 그리고 독일에서가 아니라 헤른후트 운동으로부터 카리브해, 중앙아메리카, 그린란드, 탄자니아, 남아프리카에서 오늘날까지 존재하는 교회들이 생겨났다. 그들은 "형제 연합"(Brüder- unität) 또는 영어로 "모라비안인들"(Mähren) 혹은 "모라비안 교회"라는 이름으로 활동했다.

진젠도르프는 위대한 종교적인 견해의 폭을 보였다. 루터파에 닻을 내리고 있을지라도, 그는 다른 그리스도교 교파에 개방적이었고 유대교에 대해서도 마찬가지였다. 그는 다양한 그리스도교 교파들을, 인간들을 자기편으로 끌어들이시는, 원칙적으로 동일한 권리가 있고 평등하신 하나님의 도구로 보았다.

진젠도르프가 가장 강력하게 영향을 끼친 것은 슈페너에서 영향을 받은 새로운 사상을 통해 성서를 전파한 것이다. 그는 성서의 말씀을 일상으로 가져가고 일상과 연결하기를 원했다. 1728년 그는 처음으로 "열쇠"(Lösung)를 뽑았다. 이것은 군대에서 하루의 암호와 유사하게 종교적인 일일 금언으로, 우선 찬송 구절의 형태였다가 이후 성서 말씀의 형태가 되었다. 후에 "열쇠들"은 더는 발췌되지 않았고, 복권처럼 적절한 성서 구절로 미리 선택된 것으로부터 뽑혀 열쇠 소책자(1731년 처음으로)로 인쇄되었다. 이 열쇠들—두 가지 말의 의미, 즉 제비를 뽑아 모은 열쇠들—은 세상을 정복했고, 그사이에 헤른후트 기원이 오늘날까지 존재하는 공동체, 교회와 동반했을 뿐만 아니라 전 세계에 걸쳐 모든 개신교와 그것을 넘어서 중요하게 평가되고 사용된다. 매년 『헤른후트 공동형제단의 열쇠』(*Die Lösungen der Herrnhuter Brüdergemeine*)는

50개 이상의 언어로 총 1백만 75만 부수가 출판되고 또한 인터넷으로도 "열쇠들"은 당연히 무료로 전해지고 있다. 많은 그리스도인은 아침마다 컴퓨터나 핸드폰을 켤 때 하루의 문구를 읽을 수 있다. 열쇠들은 사람들에게 자신의 하루 일을 성서의 자극으로 시작하고 기독교의 표지로 형성하는 것에 도움을 주게 되었다. 진젠도르프는 1760년에 세상을 떠났고 헤른후트에 묻혔다.

많은 경건주의자에게 중요한 주제는 종말론, 즉 "마지막 것들에 관한 가르침", 곧 미래를 다루는 것이었다. 그들은 여기서 개인의 미래보다는 세상의 미래에 관심을 가졌고 대부분 종교개혁자와 다르게 이 땅 위에서의 하나님 나라, 새로운, 평화로운, 의로운 세상을 기대했다. 때때로 심지어 성서의 숫자에 근거하여 언제 하나님 나라가 시작되는지 구체적으로 계산을 내놓기도 했다. 그러한 종말론적 기대와 숙고들은 특별히 뷔르템베르크 경건주의자들에게 인기가 있었고 급진적인 경건주의자들 가운데에 있었다. 그러나 이미 슈페너도 "더 나은 시대의 소망"에 대한 기대를 진술했고 유대인의 그리스도교화와 교황권의 종말을 더 나은 시대로 생각했다. 존경받는 뷔르템베르크의 신학자 벵겔(Johann Albrecht Bengel)은 18세기 40년대에 요한계시록 20장 4절에 따라 천년왕국의 시작을 1836년으로 계산함으로 센세이션을 일으켰다. 그것은 종종 세상의 종말 혹은 세상 멸망으로 오해를 받았으나, 벵겔은 이 땅에서의 하나님 나라를 기대했을 뿐이다.

경건주의 신학은 성서에서 만나는 하나님의 계시에 근거를 두었다. 그 외에 경건주의에 있어 경험, 감정, 결단이 종교의 본질에 속했다. 이것은 경건주의가 계몽주의와 연결되면서 경건주의를 신학사와 정신사에서 진보의 원동력이 되었다. 여기에 속한 것은 지지받았을 뿐만 아니라 종교개혁 이후 처음으로 실제로 실현된 만인사제설이었다. 경건주의에서 비로소 개신교 교인들은 항의하는 것을 배웠다. 항의는 우선 그리고 무엇보다도 자신의 교회와 교회 임원들과 맞서는 것이었으나, 사회비판적인 가능성까지 키웠다.

5. 계몽주의

경건주의와 달리 계몽주의는 시작부터 교회 밖, 교파를 초월한 유럽 전역에 이루어진 운동이었다. 그러나 처음에는 대중운동이 아니었고 인문주의에 비견될 수 있는 학자들의 운동이었다. 계몽주의자들에게 중요한 것은 개념이 말해주듯 계몽하는 것, 즉 어둠에도 빛을 가져가는 무지의 영역을 이성적인 경험적인 탐구를 통해 밝히는 것이다.

알 아 두 기

"무엇이 계몽주의인가?"라는 질문에 칸트의 응답

1784년, 즉 계몽주의 시대의 거의 마지막 시기에 아직 젊은 독일의 철학자 칸트는 계몽주의에 대한 고전적인 정의를 제시하였다: "계몽은 인간이 스스로 책임져야 할 미성숙 상태에서 벗어나는 것이다. 미성숙 상태란 다른 사람의 지도 없이는 자신의 지성을 이용하지 못하는 무능함이다. 미성숙 상태를 스스로 책임져야 하는 것은 그 원인이 지성의 부족에 있는 것이 아니라 다른 사람의 지도 없이 지성을 사용하려는 결단과 용기의 부족에 있는 경우이다. 그러므로 '과감히 알려고 하라! 너 자신의 지성을 사용할 용기를 가져라!'라는 것이 계몽의 구호이다"(베를린 월보, *Berlinische Monatsschrift*, 1784, 481).

계몽주의는 17세기 초 프랑스인과 더불어 시작되었고, 안전의 이유로 네덜란드에서 유배 생활을 했던 데카르트(René Descartes)였다. 그는 의심을 개의치 않는 철학을 추구했고, 1637년에 의심 자체만이 의심을 개의치 않는 사고라는 깨달음에 도달했다. 이것으로 그는 사고하는 주체를 자신의 새로운 철학의 출발점으로 삼았고, "나는 생각한다, 고로 존재한다"(cogito ergo sum)라는 문구에 짧게 그 의미를 표현해 주었다.

갈릴레오(Galileo Galilei)는 계몽한다는 것 자체가 위험하다는 것을 경험할 수밖에 없었다. 이탈리아의 수학자요 천문학자인 그는 자유로운 자연과학 연구를 요구했고, 자신의 하늘 관찰을 근거로 하여 코페르니쿠스적인, 즉 태양 중심의 세계상이 옳다고 여겼다. 하지만 가톨릭교회는 여전히 태양이 지구 둘레를 돈다고 가르쳤고, 1616년 갈릴레오를 신랄하게 비판하기 시작했다. 1633년 그는 자신의 주장을 철회해야만 했고 평생 가택연금이라는 처벌을 받았다.

데카르트와 갈릴레오보다 더 급진적으로 생각한 사람은 네덜란드계 유대인 스피노자(Baruch Spinoza)였다. 그는 처음으로 성경에 대한 비판적인 질문을 제기했고, 구약의 본문에 대한 숙고에서 모세는, 성서에서 주장되고 당시 각처에서 믿는 것처럼, 그의 이름에 따라 불린 모세오경의 저자가 아니라고 결론 내렸다. 스피노자는 하나님의 믿음을 확고히 가졌지만, 인격적인 하나님이 아니라 하나님을 우주를 완전히 지배하는 힘, 자연의 힘으로 보았다. 이 주장은 대단히 위험스러웠고 네덜란드에서뿐만 아니라 유대인에게도 영향을 미쳤다. 스피노자는 이미 1656년에 자신의 종교 공동체로부터 추방당했고 제명되었다. 하지만 데카르트와 갈릴레오처럼 그는 자연적인 죽음을 맞았다.

자연과학적인 인식의 발전은 이러한 인식에 근거하는 철학적인 신학을 만들어 냈다. "자연 신학"(Physikotheologie)은 자연의 의미심장한 질서(*physica*: 자연론)로부터 보다 높은 존재의 실존을 추론해 낼 수 있다고 믿었다. "이신론"(Deismus)은 하나님(*Deus*)에 대한 믿음을 고수했으나 이러한 하나님을 인간사에서 상당히 멀리 떨어지도록 했다. 영국에서 큰 역할을 했으나 독일에도 있었던 자연 신학자와 이신론자들은 그리스도교가 가르친 들으시는, 말씀하시는, 행동하시는 하나님, 인격체로서의 하나님에 관해서 이해를 더 이상 하지 않았다.

그러한 종교적인 질문들에서 독일의 첫 번째 계몽주의자들은 훨씬 덜 급진적이었다. 그들 가운데 토마시우스(Christian Thomasius)가 탁월했다. 그는 1688년 라이프치히의 교수로 처음 독일어로 강의하기 시작했다(참고: 그림 5.1). 특히 그는 이런 개혁의 절차를 위해 종교개혁의 날인 10월 31일을 택했다. 그는 법학자였고 고문에 관한 비판적인 입장을 취했다. 또한 그는 경건주의자들을 지지했고 할레(Halle an der Saale)에서 일했고, 여기서 1690년부터 1728년 죽을 때까지 경건주의자들과 손잡고 활동했다. 동시대인의 그림(그림 5.1)은 고아원과 대학의 건물 앞에 프랑케와 토마시우스가 사이좋게 나란히 서 있는 모습을 볼 수 있다. 하지만 결국 그들은 각자 다른 길을 걸었다. 왜냐하면 프랑케는 다른 종교에 대한 계몽주의자들의 개방을 거부하였기 때문이다.

> "오 할레여, 뮤즈의 자리가 당신 안에 있는 동안, 그는 토마시우스에 의해 아버지로서 서술된다. 고아원이 프랑케에 의해 유지되는 동안, 두 사람의 명성은 동시에 사라지지 않을 것이다."

독일에서 토마시우스보다 더 알려지고 인기가 있던 사람은 레싱

그림 5.1. 고아원과 대학 앞에 서 있는 프랑케(왼쪽)와 토마시우스(오른쪽) (동시대인의 동판화)

(Gotthold Ephraim Lessing)이다. 그는 1769년부터 1781년까지 볼펜뷔텔(Wolfenbüttel)에 있는 유명한 아우구스트-공작 도서관(Herzog-August-Bibliothek)의 사서로 일했다. 1770년에 그는 극본 "현자 나단"(Nathan der Weise)에서, 종교의 진리는 이론적으로 증명될 수 있는 것이 아니라 단지 실천적으로, 그것이 인류의 행복, 평안, 교육을 위해

수행한 것을 통해 증명될 수 있다고 서술했다. 1774~1778년 레씽은 성서 비평적인 작품의 발췌인『무명인의 단편』(*Fragment eines Ungenannten*)을 출판했고, 이 성서 비판의 작품은 무엇보다도 구약의 기적과 예수의 부활을 논박했다. 매우 빠른 속도로 많은 사람을 자극했던 한 "무명인"은 1768년 죽은 함부르크의 김나지움 교수인(Gymnasiaprofessor) 라이마루스(Hermann Samuel Reimarus)였다. 그는 자신의 비판적인 사상에 대해 한 번도 공개적으로 고백하지 않았다. 실제로 라이마루스의 책은 비로소 1972년에 처음으로 출판되었다.

프랑스와 독일 사이에 계몽적인 다리의 역할을 한 사람은 볼테르(Voltaire)였다. 왜냐하면 그는 한동안은 파리에서, 한동안은(1749~1753) 포츠담에서 살았고 또한 오랜 기간 영국에서 살았기 때문이다. 1694년 파리에서 태어나 예수회 학교에 다녔고, 우선 예수회의 직업을 얻고자 노력했으나 작가가 되었고, 작가로서 매우 위대한 계몽주의자 가운데 하나가 되었다. 그의 삶은 상당히 복잡했고 여러 번의 추방과 옥살이를 경험했다. 그는 "반(反)교회적인"(écrasez l'infâme)이라는 말로 "수치스러운 교회의 근절"을 요구했으나 창조주에 대한 믿음에는 확고했다. 볼테르는 세상을 개선하기를 원했고 의와 관용을 바랐다. 하지만 다른 많은 계몽주의자의 낙관주의를 공유하지는 않았다. 그의 단편 소설『캉디드』(*Candide*)에서 낙관주의와 독일 계몽주의자들을 조롱했고 가톨릭 교인들과 개신교 교인들을 날카롭게 비판했다. 그는 현실들에 만족하는 단순한, 매일의 의무들을 따르는 삶을 권고했다. 그는 1778년 파리에서 죽었다.

같은 해에 또한 파리에서 루소(Jean-Jacques Rousseau)도 세상을 떠났다. 그는 18세기의 두 번째 위대한 계몽주의자였다. 그는 제네바 출신이었고(1712년 출생), 마찬가지로 몇 년 동안 영국에서 보냈고 또한 작가로 활동했다. 볼테르와 달리 루소는 인간 안에 선이 있음을 믿었고 인간이 선한 성향을 전개할 수 있는 사회를 만들고자 원했다. 그는 교육소설『에밀』(*Émile*)을 통하여 교육사에서 중요한 인물이 되었다.

모든 위대한 계몽주의자들은 신학자가 아니었지만, 신학의 문제와 씨름했다. 몇몇 신학자들, 우선 오직 개신교 영역의 신학자들은 경건주의자들의 사상에 의해 자극을 받았고, 다른 이들은 심지어 감명받았다. 18세기 중반부터 점점 계몽주의 신학이 전개되었다. 첫 번째 실제로 중요한, 오늘날까지도 영향력을 끼치는 계몽주의 신학자는 제믈러(Johann Salomo Semler)였다. 그는 1753년부터 할레(Halle an der Saale)에서 신학 교수로 활동했고 1791년 여기서 세상을 떠났다. 그는 그리스도교의 종교와 학문적인 신학은 서로 다른 것이고 성서와 하나님의 말씀도 구별해야 한다고 주장했다. 또한 그는 성서의 정경이 역사적으로 이루어진 것임을 깨달았고, 이로써 근대의 역사적-비평적 주석을 위한 초석을 놓았다.

슈팔딩(Johann Joachim Spalding), 두 번째 위대한 계몽주의 신학자는 계몽주의를 강단으로 가져갔다. 베를린에서 교회를 이끄는 위치에서 활동했고, 베를린에서 1804년 세상을 떠난 그는 청중을 종교적으로 성숙한 사람으로 세우고자 했던 영감 있고 감동 있는 설교자로서 활동했다. 또한 종교는 인간의 본질에 속한다는 사실을 보여 주고자 시도한 작가로 활동하였다.

가톨릭 계몽주의 신학은 18세기 말 무렵 더디게 발전했다. 그것은 형편이 어려웠고 가톨릭교회에서 곧바로 "근대주의"로 비난받고 공격을 당했다. 1774년 가톨릭 마인츠 주석가 이젠빌(Johann Lorenz Isenbiehl)

이 성서에 대한 비판적인 접근을 추구했고 수도원 감금이라는 대가를 치러야 했다. 이와 반대로 프라이부르크(Frieburg im Breisgau)의 클뤼펠(Engelbert Klüpfel)은 1789년부터 오히려 성서에 근거한 신학을 통해 전통에 매여 있는 교리적인 사상을 극복하려고 시도했다. 로마는 새로운 사상과 이상들을 지속해서 정죄했고 근대 사회의 기본 원칙으로부터 거리를 둔 모든 가톨릭 사제는 1910년부터 서원을 해야 했다.

역사의 시대구분으로 계몽주의는 과거이다. 계몽주의의 많은 전제와 소망들은 참됨이 증명되지 못했다. 그럼에도 계몽주의의 자유와 평등 이상과 이성 원칙은 승리했고 또한 교회와 신학을 변화시켰다. 현재의 개신교와 가톨릭 신학은 계몽주의의 비평적인 정신에 근거하고 있다. 이것은 다른 기독교 교회의 신학에 그리고 유대교와 이슬람교에서 지배적인 신학적인 조항들에는 아직 적용되지 않고 있다.

6. 영국교회

독일 외에도 영국은 대단히 흥미로우면서도 극적인 교회 역사를 가졌다. 1520년대 루터의 사상들이 영국에서도 토대가 되자 근본적인 변화들은 시작되었다. 영국 왕 하인리히 8세(Heinrich VIII)는 처음에는 루터의 사상을 받아들이지 않았다. 그러나 얼마 후 그는 자신이 원했던 이혼을 허락하지 않자 교황과 갈등을 일으켰다. 하인리히는 로마와의 결별을 선언했고 영국교회를 로마로부터 독립된 국가교회로 만들었다. 동시에 그는 교회가 종교개혁의 영향을 받을 수 있도록 문을 열어주었다. 하지만 종교개혁의 영향은 예전처럼 비텐베르크(Wittenberg)에서가 아니라 점차 스트라스부르크(Straßburg)와 취리히(Zürich), 제네바(Genf)에

서 커졌다. 칼빈주의는 영국에서 기틀을 마련했다. 영국(영국 국교)의 국가
교회는 외형적인 형태, 구조, 그것의 예식들이 거의 가톨릭과 흡사했다.
하지만 가르침에서는 복음적이며, 더 정확하게는 칼빈적이었다.

영국의 신학자 중 엄격한 칼빈주의자들은 이와 같은 절반의 종교개혁
적인 교회에 만족하지 않았다. 엄격한 칼빈적 "순수한"(pure) 교회를
요구한 반대운동과 개혁운동인 청교도주의가 일어났다. 많은 청교도주
의자는 북미로 이주하여 독립적인 청교도의 교회를 세웠다. 또 일부
영국에 남아 있는 사람들은 교회를 그들의 의미에서 계속해 바꾸어 가려
고 시도했다.

암스테르담으로 망명해서 살았던 청교도주의자들 중 1608년 최초
의 침례교회이자 근대의 가장 강력한 복음적인 교회 하나가 설립되었다.
이것은 오늘날 세계적으로 퍼져 있는 침례교회 운동의 배아가 되었다.
침례자들, 문자적으로 번역된 세례자들(βαπτίζειν/밥티체인: 세례를 받
다)은 유아세례를 거부했고 예외 없이 성인 세례 혹은 더 훌륭한 신앙인의
세례를 실제로 적용했다. 그 밖에도 그들은 각각의 공동체의 자립에
가치를 두었고 공동체 안에서 성숙하면서도 활동적인 그리스도인이
되는 것에 가치를 두었다.

17세기 영국 내에서는 또 다른 새로운 교회인 퀘이커 교도들의 공동
체가 나타났다. 이것은 조롱을 담은 이름으로 "몸을 흔드는 자"(흔들다)라
는 의미이다. 공동체 안에 황홀경적인 현상이 있었고 신앙인들이 황홀경
에 빠졌기 때문에 이 이름으로 불렸다. 그러나 자신들은 스스로 "친구들
의 종교적인 공동체"라고 불렀다. 퀘이커 교도들은 모든 인간이 거룩한
것을 소유하고 있다고 믿었고, 비폭력을 선전했으며, 대체로 노예 제도
를 반대했다.

18세기에는 경건주의와 긴밀한 관계를 가진 경건 운동 감리교가 나타났다. 1738년 런던에서 "회심의 경험"을 했고 독일에 진젠도르프 (Zinzendorf)와 다양한 형제 공동체들을 방문했던 영국 국교회의 목사인 요한 웨슬리(John Wesley)가 감리교를 세웠다. 18세기 말 일부 감리교 교인들은 국가교회에서 떨어져 나갔고, 독립적인 교회들을 설립했으며, 교회들은 빠르게 세계적으로 퍼져갔다. 하지만 일부 감리교 교인들은 국가교회에 남아 그곳에서 감리교적인 의미로 계속해서 영향을 미쳤다. 그들은 복음주의자로 지칭되었다. 그들 역시 퀘이커교에 따라 오랫동안 노예 제도를 반대했고, 노동자의 편을 들었으며, 동물 학대를 반대했다.

알 아 두 기

영국성공회

7천만 명의 교인을 가진 38개 영국성공회가 세계에 있다. 그들은 영국교회, 즉 영국의 개혁교회에 기원한다. 영국교회의 수장은 오늘날에도 영국 여왕 혹은 왕이다. 감독은 오직 남성만 될 수 있다. 1867년 이후 십 년마다 영국성공회의 모든 감독은 영국에서, 특히 런던 람베스(Lambeth) 궁전에 모인다. 이 때문에 오늘날에도 실제 회의 장소와는 상관없이 람베스 협의로 부른다. 영국성공회의 영적인 지도자는 캔터베리의 대주교이다. 그러나 가톨릭 교황과 비견될 수 있는 권력은 갖지 않는다. 영국성공회는 어떤 공통된 신앙고백도 없다. 그러나 서로 다른, 그때마다 지역적인 특수성에 따라 만들어진 협약서가 있었음에도 예배에서 1549년 최초로 출판된 "공동의 기도 책"인 제의적인 핸드북을 사용했다. 그 밖에 모든 영국성공회는 감독제를 지향했고 감독들 외에도 사제와 집사가 있다.

영국은 17세기와 18세기에 뚜렷하게 종교 다원주의적 상황들을 발전시켰다. 1689년에 명확하게 종교의 자유가 결정되었고 정리되었다 (관용 정책). 물론 1778년까지 가톨릭교도들은 남아 있었다. 영국의 가톨릭교회는 19세기에야 비로소 르네상스를 맞았다.

그림 5.2. 그림으로 표현된 경건주의 메시지. 1717년의 동판화

6장

—

근대

I. 근대 교회 역사 개관

근대의 후반기는 1789년 프랑스혁명과 함께 시작하여 지금에 이르고 있다. 근대로 지칭되는 최근 200년은 이전 1800년 동안 일어났던 것보다 훨씬 더 많은 변화가 일어났다. 공화정 형태나 민주주의적인 국가체제가 시행되었고 자본주의 경제체제가 이루어졌다. 모든 학문영역은 경험을 중시했고, 역사-비판적 방법과 계몽주의의 원리에 따라 연구가 진행되었으며, 다원주의적인 신앙고백과 종교 자유가 일반화되었다.

알아두기

> 역사의 "시대구분"으로 "근대"
>
> 역사는 시대별로 세분화되면서, 교회 역사 역시 세분화되었다. 시대를 시기로 지칭하고, 시대는 명확한 공통점들을 통해서 앞선 시대와 후대의 시대와 구분되었다. 근대 시대는 프랑스혁명(1789)과 산업혁명(약 1800년경)과 함께 시작했고 현재까지 이어지고 있다. 더는 종교와 교회가 아닌 학문과 기술과 산업이 근대의 상징물이 되었다.

프랑스혁명은 고대 권력의 몰락을 프랑스에서뿐만 아니라 많은 유럽의 나라들에 가져왔다. 프랑스 군인들이 점령했던 곳에서는 정치적인 권력 구조들이 완전히 바뀌었다. 혁명은 폭력을 수반했다. 하지만 결국에는 프랑스에서 나폴레옹(Napoleon)이 권력을 장악하면서 혁명적인 이상들은 무시된 채 모든 혁명적인 프랑스 왕들을 누르고 1804년 황제로

등극했다(실은 그는 스스로 왕관을 쓰고 황제로 등극했다). 그의 전쟁의 행렬
과 약탈 행각은 러시아까지 이르렀으나 1812년 모스크바(Moskau) 앞에
서 좌초되었다. 1813년 라이프치히(Leipzig) 전투에서의 연속적인 패전
으로 그는 라인강 뒤로 퇴각해야 했다. 나폴레옹은 결국 실패자로 끝났고
1821년 남태평양의 헬레나(St. Helena)섬에서 영국의 포로로 죽음을
맞았다. 그러나 그에 의해서 독일에서 발생한 근본적인 변화 중 몇 가지
변화들은 다시 역행되지 않았다. 독일에서 1,000년이 넘도록 생활의
바탕이었던 소도시들(봉건영주 지배)은 나폴레옹 시대와 함께 끝났다.
그 밖에도 오토 황제의 제국교회 제도, 예컨대 감독들과 몇몇 수도원
원장들의 정치적인 권력 행사가 끝났다(세속화). 그리고 최후는 아니지
만 독일 국가의 신성로마제국마저도 끝났다. 더는 황제는 없었다. 1815
년 비엔나 협약은 이런 근본적인 변화를 확인해 주었고 독일과 유럽에
새로운 형태를 제공했다.

핵심 포인트

19세기 초 변혁의 시대 동안 봉건영주 시대(Mediatisierung)와 교회 재산
의 몰수(Säkularisation)라는 전문 용어들이 등장했다.
봉건영주 시대는 예전에 독립적인 작은 영토들과 도시들의 "매개화"(Mittel-
barmachung)을 의미하는데, 즉 이것은 그것들이 큰 국가들에 복속된 것을
말한다. 예를 들면 구독일 제국 도시(Reichsstadt)인 뉘른베르크(Nürnberg)
는 1806년 바이에른의 일부가 되었다.
교회 재산의 몰수는 교회 기관들과 거룩한 국가들의 "세속화"(Weltlichma-
chung)를 의미한다. 많은 수도원은 단순히 폐쇄되었고 그 소유는 몰수되었
다. 유일하게 바이에른에서만 161개 수도원이 존립했다. 공작 주교의 관구들
은 다른 국가들에 합병되었다. 예를 들면 감독에 의해서 다스려졌던 공국

(Fürstum)인 풀다(Fulda)는 1803년 양도되었고 처음에는 나사우(Nassau-Oranien)에, 후에는 대공국(Großherzogtum) 헤센-카셀(Hessen-Kassel)로 이어졌다. 풀다의 감독은 그로 인해 단지 교회 권력만을 가졌고, 정치적인 권력은 갖지 못했다.

교회 재산 몰수와 세속화(Säkularisierung)는 상호 교환되어 쓸 수 없고, 세속화는 종교와 교회의 의미 상실과 관련된 사회와 문화에서 "세속화"(Verweltlichung)의 완만한 진행을 말한다.

영국에서 엄청난 영향을 끼쳤던 산업혁명이 프랑스혁명의 뒤를 이었다. 산업혁명이 일어난 주요 사건은 1786년 직조기의 발명과 1814년 기관차의 발명이었다. 산업혁명의 성과는 정치적인 면에서의 프랑스혁명 못지않았다. 산업혁명으로 인해 인간의 경제 상태뿐만 아니라 삶의 상황이 완전히 바뀌었다. 고대 이후 처음으로 다시 대도시들이 형성되었다. 그곳에 많은 사람이 몰려 일거리를 찾았으나 대다수 사람은 물질적인 위기에 빠졌다.

교회는 19세기에 이전에 알지 못했던 사회사업을 전개하면서 대응했다. 교회의 사회사업은 사회 시설들의 가장 중요한 소관부서가 되었고 이것은 오늘날까지도 이어지고 있다. 그러나 교회는 사회적 불공평의 근거가 되었던 사회구조들까지 살피지 못했다. 따라서 교회들은 발생하는 노동운동과 노동당과는 거리를 두었다.

가톨릭교회는 19세기를 커다란 위기로 시작했다. 교황들은 프랑스 포로기에 빠졌으며 교회 국가는 사라지게 되었다. 많은 복음주의자의 기대대로 교황권의 끝이 다가온 것처럼 보였다. 그러나 예상치 못한 르네상스가 뒤이었다. 가톨릭의 경건은 르네상스 위에 올랐고, 르네상스와 함께 교회를 부흥시켰으며, 1870년 로마에서 개최된 공의회에서 교황에게 무오성을 인정하면서 교황권은 절정에 이르렀고 다시 새로운 힘을 갖게 되었다. 이때부터 가톨릭교회는 강력하게, 획일적이면서 폐쇄적 그리고 위계적으로 그 외의 교회와 세상의 대표가 되었다.

반면에 개신교교회들에서는 지속해서 진보적인 다원화와 차별화가 이루어졌다. 새로운 교회가 발생하고 진행되면서 대형 교회들 내부에서, 특히 독일에서 다양한 신학적 방향들이 상호 경쟁했다. 이 방향들은 각각 서로 다르게 계몽주의에 반응했고 근대 철학적인 흐름을 수용했다. 이런 개신교들의 새로운 문화 개방적인 특징을 "신프로테스탄티즘"과 "문화프로테스탄티즘"으로 지칭했다.

하지만 동시에 개신교교회들은 서로에게 다가갔고 종교개혁 이후 존재하는 개신교 내부의 분열을 극복하려고 애를 썼다. 여러 곳에서 일부는 아래로부터의 자극을 통해서, 일부는 위로부터의 합의를 통한 연합 교회들이 등장했고, 그곳에서 루터주의자들과 개혁교회의 성도들은 공동의 "복음적인 교회"의 지붕 아래 모였다. 그 외에도 바덴(Baden)과 헤센(Hessen)과 베스트팔렌(Westfalen)과 브란덴부르크(Brandenburg)에 오늘날까지 존재하는 연합 지방 교회가 세워졌다. 많은 연합 교회는 1817년 300주년 종교개혁 기념으로 설립되었다.

교파별 분열의 극복을 위해서는 신앙고백의 상대화가 수반되었다. 경건주의와 계몽주의가 삶을 이론보다, 성서를 교리보다 우위에 두면서 그것들은 신앙고백의 권위를 약화시켰다. 연합 교회들은 최소한의 규정들에만 합의했고, 그때 아우구스부르크 신앙고백은 언제나 중요한 역할을 했다. 그러나 이와 다르게 누구도 더는 일치신조(Konkordienformel)와 도르트 교리문답(Dordrechter Lehrsätze)에 관심을 두지 않았다. 스위스의 개신교교회들에는 일찍이 일반적인 특별한 신앙고백(Beknntniseifer)이 있었고, 1675년 새로운 신앙고백이 만들어졌다. 그곳에서 신앙고백의 구속력은 대단히 높아졌다. 고백 사상은 1934년 바르멘 신학 선언(Barmer Theologischen Erklärung)과 그것의 결과로 비로소 확실한 르네상스를 맞았다.

18세기 경건주의의 각성 운동과 공동체 운동은 개신교 경건으로 지속되었다. 하지만 경건주의와는 달리 두 운동은 이때부터 교회에서 떨어져 나갔고 되찾으려 했다. 그러나 차츰 그것들은 근대 세계와 거리가 멀어져가면서 보수적인 정치적 행보를 보였다. 그것들은 사탄의 증언자로서 교황 그레고리 16세(Gregor XVI)의 동일한 목소리로 최초의 열차들을 반대했다. 그 당시 종교개혁의 혁명적인 성서의 원리는 신학적이고 해석학적인 성찰을 포기하고 부자연스러운 성서주의가 되었다. 루터와는 다르게 그 운동의 참여자들은 신약성서의 내용 모든 것을 옳은 언약으로 여겼다.

독일이 개신교의 주도 아래 1871년 민족국가와 황제 제국이 되었을 때, 프로테스탄티즘의 자기 인식은 성장했다. 빌헬름 1세(Wihelm I)가 황제로, 영향력 있는 비스마르크의 오토(Otto von Bismarck)가 실용적인 정치를 실행한 총리로 통치했다. 그 둘은 고백적인 프로테스탄트 성도였다. 가톨릭교회와 개신교 통치자들은 서로 힘겨루기했다. 1877년까지 지속되었던 문화전쟁은 1871년 발발했다. 이런 상황에서 1874년 프로이센에서 1875년 독일제국에서 민사혼(Zivilehe)이 이루어지고 의무화되었다. 여러 가지 혼용된 결혼들로 인해 뚜렷하게 편리해졌고 인간 일상에 악영향을 미치는 교파별 단절이 깨졌다.

19세기는 또한 선교의 세기였다. 특히 독일이 1884년 식민지들을 획득하기 시작한 이후 독일 개신교 교인들은 해외에서 활동하게 되었다. 물론 이러한 선교 사업과 식민지 정복의 관계는 부담과 비난 상황들을 낳았고 아직 몇몇 장소는 정리되지 않은 상태이다.

20세기 초 독일은 경제와 학문, 문화가 번영했다. 낙천주의는 교육받은 자들이든 부자든 유복자들을 지배했다. 모든 것은 잘될 것만 같았다. 적지 않은 개신교인들은 하나님의 나라가 세상에 가까이 왔다고 생각했다. 그럴 때 모든 지금까지의 전쟁이 그랬듯 엄청난 잔인함과 파괴력을 수반한 제1차 세계대전이 1914년에 발발했다. 독일이 이 전쟁을 시작했다. 하지만 전쟁에 대한 어떤 책임도 지지 않았다.

독일은 1918년 점령당했고 패배했다. 혁명적인 동요가 일었고 예전 세력들은 곤경에 빠졌다. 군주적인 구조들은 민주주의적인 구조들로 대체되었고 국가교회 제도는 끝났다.

이와 비슷하게 동유럽에서도 엄청난 변화들이 있었다. 1917년 10월 러시아에서 몇 세기 동안 이어진 차르(러시아의 황제들)의 통치가 사라지게 되었다. 그들은 동방정교회의 국가교회와 군건한 동맹 안에서 통치했었다. "10월 혁명"의 결과로 러시아에서 소비에트 연방으로 바뀌면서 이때부터 새로운 사회주의적 다민족국가가 되었다. 숭고한 이상과 함께 시작되었던 국가 통치는 얼마 지나지 않아 변경되었고 교회까지 박해하는 잔인한 독재자로 바뀌었다. 수천의 사제들과 수도사들과 수녀들이 살해되었다. 30년대 19억의 주민들을 가진 거대제국 내에 겨우 몇백 개의 개방된 교회가 있었을 뿐이다.

러시아와는 전혀 다르게 독일은 혁명 이후 교회의 상황이 더 좋아졌다. 1919년 바이마르에서 개최된 국민회의에서 공화정으로 전환된 독일제국인 "바이마르 공화국"(Weimarer Republik)에서 독일의 개신교교회들은 처음으로 종교개혁 이후 자유롭게 자립했다. 새로운 신학들, 특히 칼 바르트(Karl Barth)의 변증 신학이 번성했다. 바르트 신학은 문화와 병행하는 신학에서 그리스도교 신앙을 떼어내어 세계대전의 위기를 극복하려 했다. 물론 독일의 경제적인 상황은 짧은 휴면기 이후 점점 어려워졌다.

핵 심 포 인 트

> 근대에는
> ― 그리스도교가 세상을 지배했고 새로운 중심지들이 아메리카와 아프리카와 아시아에 형성되었다.
> ― 그리스도교 언어로서의 라틴어는 점차 의미를 상실했다.
> ― 그리스도교에 대한 독일과 유럽의 중요성은 계속해서 줄어들었다.
> ― 그리스도인이 되는 것에 대한 자유교회의 강화는 세례보다는 다시금 신앙이 더 중요하게 만들었다.
> ― 종교적 실천을 위한 개인적인 공간은 다시금 점차 중요성을 지녔다(집 환경).
> ― 모든 서구 문화는 폐쇄적 그리스도교적인 인상을 상쇄시켜 갔다.
> ― 점차 국가들은 그리스도교를 국가 종교로 더는 고려하지 않게 되었다.
> ― 그리스도교는 다른 종교들을 진지하게 수용해야만 했고, 특히 유대교와 이슬람교도 수용해야만 했다.
> ― 특히 독일 단과대학들의 신학은 잘 알려지지 않은 채로 질적 양적인 성장을 이루었다.
> ― 신학은 처음에는 독특한 방향들을 형성했으나, 그 이후 완전히 다양화되었다.
> ― 예수는 오로지 인간으로, 유대 선지자로, 선생과 모범으로 간주 되었다.
> ― 그리스도교 내부에서 수도원은 점차 중요성을 상실했다.

> — 독일의 가톨릭 감독들은 최종적으로 그들의 정치적인 힘을 상실했다.
> — 많은 독일 지방교회의 대표적인 임무들로 제한한 감독의 칭호와 감독직이
>   다시 도입되었다.
> — 로마와 로마 감독의 중요성이 다시 부상했다.

1933년 제국의 대통령 힌덴부르크의 파울(Paul von Hindenburg)은 아돌프 히틀러(Adolf Hitler)와 그의 민족사회주의 노동당에 권력을 내어 주었다. 몇 주 후 민주당은 제거되었고 유대인들의 박해는 시작되었다. 독일의 개신교 그리스도인 중 많은 사람은 유대인 박해에 찬성했으나, 히틀러가 개신교를 그의 원칙에 따라 바꾸려고 하자 곧바로 자제했고 그와 거리를 두었다. 거리를 두었던 자들은 "목회자 긴급 연합"(Pfarrernotbund)과 "고백교회"(BK)로 모였고 결국 박해로 이어졌다.

1939년 독일은 전쟁을 시작하면서 가장 먼저 폴란드를 공격했다. 이번 경우에도 독일에 의해서 다시 시작되었고 책임이 있었던 제2차 세계대전이 발발했다. 제2차 세계대전은 1945년까지 지속되었고 1914~1918년의 전쟁보다 훨씬 더 잔인하고 폭력적으로 진행되었다. 1941년 소비에트 연방이 공격받았을 때, 독일 개신교교회는 전쟁을 일으킨 자국을 지원했다. 히틀러는 불가침협정을 소비에트 연방과 체결했고, 소수의 개신교 그리스도인 그리고 상당히 많은 가톨릭교회 그리스도인은 군 복무를 거역했고 그것을 위해 목숨을 걸어야 했다.

동독에서 사회주의, 곧 새롭고 공정한 사회 질서 실현이라는 주장 아래 소비에트 연방에 의존하는 일당 독재체제인 독일 민주주의 공화국(DDR)이 창립되었다. 반면에 1945년 이후 서독은 민주주의로 되돌아갔다. 교회들은 양 지역에서 독일의 서로 다른 역할을 했다. 독일연방공화

국인 서독의 교회들은 빠르게 정치력 있는 세력이 되었고, 동독의 교회들은 처음으로 야당 역할을 했다. 교회들은 모든 다른 세력들보다 더 오랫동안 독일의 통일을 주장했고 가능하면 서로 협력했다. 1969년에야 비로소 동독의 교회는 독립적인 "동독의 개신교 연합"을 설립했다. 1989년 동독에서 자유 혁명이 일어날 때 동독의 교회들이 결정적인 역할을 했다.

II. 19세기와 20세기 교회 역사의 주요 주제들

1. 디아코니아(Diakonie)와 자선(Caritas)

가난한 자와 환자들을 돌보는 일은 처음부터 그리스도인의 일에 속했다. 초기 그리스도교 공동체들은 특히 과부들을 그들의 편에서 돌보았다. 죽은 자들이 친족을 가지지 않았을 때 중세에는 종교단체들(형제단들)이 죽은 자들의 품위 있는 장례식을 위해 애썼고, 구빈종단들은 환자들의 간호와 순례자를 돌보는 일에 힘썼다. 종교개혁은 공동체들에서 가난한 자를 돌보는 일을 새롭게 정리했고 거리의 걸인들을 금지했다. 경건주의는 고아원들을 설립했다.

하지만 아직 교회들의 우선적 관심사는 빈궁한 자를 돕는 일이 아니었다. 그것은 19세기에야 비로소 필요성이 대두되었다. 왜냐하면 빈민의 위험한 상황은 산업화 과정에서 생각보다 심각했기 때문이다.

가톨릭의 종단 공동체들은 가장 먼저 모범적으로 고아들과 환우들과 가난한 자들을 돌보았다. 개신교에서는 경건주의의 영향을 받았고 "갱신 운동들"에 속했던 남성과 여성들에 의해서 설립된 개인적인 단체들이 먼저 시작했다. 곧이어 사회사업을 더 강력하게 제도화하고 전문화하려는 이상들이 일어났다. 이런 상황에서 앞선 디아코니아 관할청은 개신교들에 의해 새롭게 고무되었고, 정확히 말하자면 그것은 여성들의 행정청이었다. 사회사업 부녀 회원들, 예컨대 새로운 관직명과 직업명은 사회사업을 위해 일했고 가톨릭 수녀들처럼 가난하고 결혼하지 않고 살았다.

알 아 두 기

> 사회사업 부녀회원들(Diakonissen)
>
> 사회사업 부녀회원들은 1836년부터 개신교의 여성들에게 붙여진 칭호였다. 그들은 교회의 위임으로 간호와 사회사업에 헌신했으며, 그들은 가난했고 독신으로 살았다. 사회사업 여성들의 헬라적 개념을 바탕으로 한 세 가지 의미의 하녀로 이해되었다. 그것은 예수의 하녀, 도움이 필요한 자의 하녀, 상호 간의 하녀이다. 그들은 19세기 동안 다수 설립된 사회사업 여성양성소 혹은 교회의 간호 여성양성소에서 살았다. 사회사업 여성들이 활동하는 관할청이 19세기와 20세기 초까지는 상당한 인기가 있었으나, 오늘날 독일의 경우 겨우 몇백 명의 사회사업 여성들이 활동 중이다. 바이에른의 푸센도르프(Puschendorf)와 베스트팔렌의 베텔(Bethel)에서 사회사업 여성이 될 수 있다.

개신교의 사회사업은 가난한 자들과 도움이 필요한 자들에게 복음을 전하는 목적과 깊게 관련이 있었다. 개신교는 대체로 사회적인 위기가 영적인 위기의 결과라고 생각했기 때문이다. 따라서 개신교 그리스도인들과 교회들은 19세기 중반 내적 선교 개념에 새겨 넣었다. 외적 선교가 실천적인 도움과 관련된 복음의 소식을 외국인들과 이방인들에게 전했듯, 내적 선교는 사람에게 접근해야만 가능했다.

부모도 없고 집도 없는 아이들을 받아주었던 기관들을 지칭했듯 그들은 두 가지 의미의 구원을 위해 많은 곳에 구호소를 세웠다. 이것은 일시적인 위기와 영원히 상실된 것으로부터 구원을 받는 것이다. 또 다른 중요한 내적 선교는 감옥에 투옥된 자들을 돌보는 일이었다.

내적 선교는 개신교에서 개별적인 움직임이었지 교회의 의무는 아니었다. 그러나 19세기 후반에 바뀌었다. 1884년 그리스도교 사회사업의 주도적인 대변인인 바이세른(Johann Hinrich Weichern)은 비텐베르크(Wittenberg)의 교회 회의(Kirchentag) 때 갑자기 탁월한 어휘력으로 연설하기 시작했다. 그는 연설에서 힘과 노력을 모아 사회사업을 증진하자는 과히 혁명적인 변화를 외쳤다. 한 시간 넘는 연설에서 그는 신앙과 삶의 관계에 대해서도 목소리를 높였다.

> 사랑이란 신앙처럼 나의 일이다. 구원의 사랑은 신앙의 실체를 증명하는 커다란 도구가 된다. 이런 사랑은 교회에서 하나님의 빛나는 불꽃으로서 활활 타오르고, 하나님의 불꽃은 그리스도가 자기 백성 안에서 구체화했다는 것을 알렸다. 그리스도가 살아 계신 하나님의 말씀 안에서 전체적으로 계시되었던 것처럼 그는 또한 하나님의 사역으로 설교되었고, 이런 사역 중 가장 고귀하고 순수하며 교회다운 사역은 구원의 사랑이다(Weichern: Sämtliche Werke, 1962, 165).

결과적으로 사회사업은 커다란 부흥기를 맞이했고, 내적 선교는 제도화되었다. "내적 선교"는 개신교의 중요한 조직으로 형성되었고, 개신교는 사회사업을 중심으로 연대하고 촉진했다. 각처에 새로운 집들과 시설들이 세워졌고, "자선의 도시들"은 전체적으로 발생했다. 가장 유명한 도시는 빌레펠트(Bielefeld)의 베텔(Bethel)이었다. 1910년 그곳은 약 400명의 환자와 장애우를 돌보았다. 오늘날 250개 시설과 18만 5천명을 수용할 수 있는 "폰 보델수빙센 재단 베텔"(Von Bodelschwinghschen Stiftungen Bethel)은 유럽에서 가장 큰 규모의 디아코니아 단체이다.

항구 도시들에서는 선원들의 선교회가 활발하게 활동했다. 개신교와 가톨릭 여성들은 대도시들로 모여드는 소녀들을 정거장에서 돌보았다. 여성들은 이러한 "역전 선교회"를 주도했고 이끌었으며 처음부터 에큐메니칼적 정신을 바탕으로 사역이 이루어졌다. 최초의 역전 선교회는 1894년 베를린(Berlin)에서 설립되었고 5년 후 독일에서는 이미 55개의 역전 선교회가 있었다.

"내적 선교"에서는 1975년 "디아코니아 사역"과 2012년 "디아코니아와 성장을 위한 개신교 사역"이 이루어졌다. 헬라어에서 온 외래어 디아코니아(διακονία)는 봉사, 즉 이웃에게 봉사라는 뜻이다. 가톨릭교회에서는 그것을 사랑 또는 사랑의 섬김의 의미인 라틴어 카리타스(Caritas)라고 말한다. 오늘날도 여전히 교회들은 사회적인 영역에서 가장 커다란 경영자들이다. 현재 개신교 디아코니아에서만 45만 3천명의 사람들이 2만 7천백 개의 시설에서 일하고 있다. 가톨릭 "카리타스 연맹"(Caritasverband)에서도 같은 수준의 규모로 이루어지고 있다.

근대의 디아코니아 설립 조항들을 이미 19세기에 갱신된 프로테스탄트들 가운데서도 찾을 수 있다. 영국에서의 처음으로(1809년) 리버풀(Liverpol)과 1824년 런던에서 동물보호 연합이 생겨났고, 그것은 경건주의 목사인 아담 던(Christian Adam Dann)의 자극으로 설립되었다. 슈투트가르트(Stuttgart)에서는 최초로 독일의 "동물 학대를 반대하는 연합"이 설립되어 동물보호를 위한 법 제정을 요구했으며 상응하는 계몽 작업을 시행했다.

2. 근대 신학자들

계몽주의의 자극으로 그리고 계몽주의와의 논쟁으로 19세기 독일 개신교에는 새롭고 독창적인 신학의 사유 방식이 발전한다. 19세기는 개신교 신학의 격변 시대로 위대한 그리고 지속적인 영향을 끼친 개신교 신학자와 함께 시작되었다. 그는 슐라이어마허(Friedrich Daniel Ernst Schleiermacher)이다. 그를 가장 정확하게 표현한 호칭은 19세기의 교부이다.

슐라이어마허는 "개혁" 교회에 속하면서도 연합사상의 주도적인 추종자였다. 그는 근대에 맞게 교회와 신학이 잘 어울리도록 했다. 종교에 대한 그의 새로운 견해는 결정적이었는데, 그에 의하면 종교는 인간의 본질에 속했다. 이전의 신학과는 달리 종교는 교리(Dogmatik)나 삶의 규칙(윤리학)에서 나온 것이 아니라 "감정" 안에 자리한다. 즉, 하나님을 믿는 것은 그를 신뢰하고 그와 함께 그리고 그를 위해서 사는 것이라는 뜻이다. 다르게 표현하자면 종교는 주로 감정의 일이지 머리와 손의 일이 아니다. 슐라이어마허는 그의 "교리학"을 "신앙의 가르침"(그리스도교의 신앙, 1821/22)이라고 강조하여 진술했다. 그는 삼위일체론과 종말론의 관계를 별개로 보았다.

베를린에서 가르쳤던 슐라이어마허는 19세기 신학자들에게 큰 영향을 주었고, 신학의 모든 방향은 그와 논쟁했다. 20세기 전반기에 그의 신학이 어느 정도 의미가 상실된 듯했으나 오늘날 다시 중요해졌다.

현재 개신교의 조직신학은 기꺼이 그리고 빈번하게 슐라이어마허를 따르고 있다. 왜냐하면 200년 이후 현재의 종교 문화에 대한 어떤 것을 변증하려 한다면 그로부터 시작해야 하기 때문이다.

슐라이어마허 외에도 19세기 초에는 이성주의가 관심을 받았다. 그 것의 추종자 중 유명한 주석가들은 성서의 전승과 교회의 전통에 의해서 승인받고자 했다. 그것들은 이성(*ratio*)에 의해 존재할 수 있었고 동시에 윤리적으로도 유익했다. 개인적으로 하나님에 대한 믿음에 굳게 서 있어야 했고, 따라서 공동의 신앙고백서들은 시대에 뒤떨어진 것으로 여겼다. 성서의 기적 사화들을 이성적으로 설명하고자 했다. 예를 들면 예수가 바다 위를 걷는 사건(막 6:48)을 물 위에 돌이 떠 있던 것이라고 이해했다. 이성주의자들은 성만찬 역시 상징적인 행위로 생각했다.

알 아 두 기

역사-비평적 방법

계몽주의의 결과와 새로운 신학자들의 등장으로 새로운 학문적-신학적 연구 방법인 역사-비평적 방법이 프로테스탄티즘에서 발전했고 전개되었으며 시행되었다. 신학의 주제들과 텍스트들 또한 성서는 이때부터 학문적인 방법에 따라 연구되었고, 그것들은 다른 인문과학 분야를 연구 대상으로 삼았다. 이 방법은 역사적이었다. 왜냐하면 이 방법들은 신학적 작품들과 성서의 텍스트들을 인간에 의해서 창조된 역사적인 것으로 보았고 당시의 역사적인 맥락에서 이해하려고 했기 때문이다. 이 방법들은 분석하려 했고 세분화하려고(κριν εἶν/krinein: 구분하다) 시도하면서 동시에 그것들 역시 비평적이 되었다. 신학에서의 새로운 방법은 혁명과 같았고 많은 경건한 그리스도인들을 신앙의 위기에 빠지게 했다. 그러나 그것은 유행했다. 물론 가톨릭주의에서 성서의 역사-비평적 연구는 1943년에야 비로소 허용되었다.

교회의 갱신 운동에 깊은 영향을 받은 학문적인 신학인 갱신 신학은 이성주의의 성서 비평적인 성과는 물론 이성주의 자체에 반론을 제기했다. 갱신 신학은 경건의 체험을 성서와 직접적으로 관련시켰으며, 그리스도교 삶의 형태를 최우선의 가치로 두었고, 종교적인 범주에서의 역사적인 성과들을 설명했다. "성서주의"는 폭 넓게, 특별히 만들어졌고 그 가운데 유행되었던 개념은 돌발적으로 나타났다. 갱신 신학의 대표적인 중요한 인물은 할레 대학 신학과 교수인 고트로이(Fridrich August Gottreu)였다. 갱신 신학은 새로운 것에 대한 완전한 거부로 개신교의 보수주의와 관계를 맺고 있다. 보수주의는 정통주의의 시대의 신학에 회귀하고자 했다. 따라서 19세기 프로테스탄티즘에서 "신정통주의"(νέος/새로운)가 나타났다.

19세기 중반부터는 자유주의신학이 발전했다. 자유주의신학은 헤겔의 철학을 모든 것에서 앞세웠고, 가장 최신의 철학적 사조에도 개방하면서 이성주의와는 다르게 계몽주의적인 이성의 요구에 바르게 부응하려고 시도했다. 자유주의 신학자들은 다양한 견지에서 그들의 연구를 위한 자유를 주창했다. 그들은 성서와 신앙고백 등을 교회에서 벗어나 연구하고 가르치길 원했다. 다수의 신학자는 교회적 자유(공의회적 구조들)의 편을 들었고 심지어 몇몇 신학자들은 정치적인 자유의 편(공화정적 구조들)도 들었다. 이러한 자유스러운 방향의 중요한 초기 대표적인 인물은 스위스 목사인 비더만(Alios Emanuel Biedermann)이다. 독일에서의 중요한 자유주의 신학자는 폰 하르낙(Adolf von Harnack)이다. 하르낙은 베를린에서 교회 역사가로 활동했고 커다란 영향력이 있었다. 1899년/1900년 책으로 출판하면서 가르쳤던 『그리스도교의 본질』(Das Wesen des Christentums)에 관한 강의에서 그는 본질적인 것이 내적으로 이해될 수 있는 하나님의 나라가 세워졌고 이웃 사랑과 하나님의 자비로 구체화되는 것이 예수의 종교라고 설명했다.

19세기 말과 20세기 초에는 종교적인 사회주의가 일어났다. 그것은 자유주의신학과 연관된 신학적인 교회의 방향으로서, 단호하게 정치적 자유와 더불어 사회적인 정의의 편에 섰다. 따라서 그 방향은 노동운동과도 깊이 관련이 있었다. 그것들의 중요한 대변인들은 스위스의 목사 중 취리히 출신의 쿠터(Hermann Kutter)와 라가츠(Leonhard Ragaz)였다. 독일에서는 청년 신학자인 폴 틸리히(Paul Tillich)가 종교사회주의 추종자에 속했고 그는 후에 미국으로 건너가 업적을 쌓았다.

제1차 세계대전 이후 이 전쟁으로 인해 나타났던 변증 신학은 앞선 신학과 다른 방향으로 사유하게 되었고 논증되었다. 변증 신학의 대표적인 인물은 스위스 신학자 칼 바르트(Karl Barth)이다. 19세기 동안 슐라이어마허가 있었다면, 20세기에는 바르트가 있었다. 그는 한 세기의 신학에 영향을 미친 신학자이자 20세기의 교부로 일컬어진다.

칼 바르트는 스위스 사람이었지만 독일에서 신학을 공부했다. 그는 제1차 세계대전의 현장에서 독일 신학이 전쟁을 고무시키는 것에 놀랐고 이에 대응했다. 그는 사펜빌(Safenwil)에서 목사로 그리고 애르가우(Aargau)의 노동자 공동체에서 생활하면서 다시 새롭게 숙고하기 시작했다. 칼 바르트는 1919년(2판 1922년) 바울서신의 주석에 옷을 입힌 로마서 주석, 즉 독일을 강타한 문화 비평적 로마서 주석을 출판했다.

그는 신학을 "사상 자체로" 그리고 신학의 근본적인 과제를 하나님께로 되돌렸다. 또한 목사들의 근본적인 의무는 하나님의 말씀을 전하는 일임을 상기시켰다. 바르트는 신 프로테스탄티즘에서처럼 하나님을 세상 일부로서가 아니라 세상과 마주 서 있는 분으로서 생각했다.

바르트는 특히 독일에서 많은 추종자를 빠르게 획득했고 그들의 변증적인 논증 방식으로 그의 신학은 변증 신학이라 불렸다. 스위스의 노동자를 위한 목사는 바로 독일의 교수가 되었고 해를 거듭하면서 독일의 가장 유명한 신학자가 되었다. 국가사회주의로 인해 그의 학문적 연구가 진행이 불가능하게 될 때까지 바르트는 게팅겐(Göttingen)에서, 뮌스터(Münster)/베스트팔렌(Westfalen)과 본(Bonn)에서 가르쳤다. 1935년 바르트는 그의 고향으로 갔고 바젤에서 1968년 죽을 때까지 가르쳤다. 그곳에서 그는 『교회 교의학』(*Kirchliche Dogmatik*, 약어: KD)을 저술했다. 이것은 약 만 페이지의 양을 가진 12권의 책으로, 개신교-개혁 교회적인 전망에서 나온 신학의 종합적인 이해를 담았다. 이것은 그리스도교 신학사의 기념비적인 작품 중 하나다.

바르트 외에도 그리고 바르트 이후 20세기 후반부에 새로운 자유주의신학과 관련한 신진 신학자들은 프로테스탄티즘에서 기틀을 잡았다. 해방신학이 이에 속한다. 해방신학은 주로 가톨릭주의에서 그리고 특히 라틴아메리카에서 만들어졌다. 그곳에서 그리스도인들은 그들의 모든 차원(정치적, 경제적, 사회적, 종교적)에서 해방을 위해 노력했고 신학적으로 그것들에 대해 반성했다. 해방신학은 독일 프로테스탄티즘에 받아들여지면서 신학과 교회가 가져야 할 사회와 세상에 대한 책임을 상기시켰다.

여성 신학은 해방신학의 특별한 형태로 발전된 여성 해방을 주요 관심으로 삼았다. 여성 신학자들은 성서를 여성의 시선에서 읽었고 해석했다. 또한 교회 역사에서 여성들의 중요한 역할을 새롭게 발견했고 교회에서, 특히 교회의 사역자 임명 때 여성의 동등한 권리를 요구했다. 개신교 목사직은 20세기의 80년대까지 남성의 전문 분야였으나 이때부터 여성들은 설 자리를 얻게 되었다. 1991년 이후 독일의 모든 개신교 지방교회에는 여성 목사들과 사역자들이 있다. 반면에 가톨릭교회에서는 여성 신학에도 불구하고 여전히 사제로서 여성들의 안수는 논의되지 않고 있다.

3. 국가교회, 민중교회, 자유교회

독일에서 개신교교회들은 1918년까지는 국가교회였다. 이러한 국가교회적 형태가 사라진 것은 자발적인 것이 아니라 여러 상황적인 압박 때문에 끝내야 했다. 오늘날의 주정부 교회(Landeskirche) 개념은 여전히 초대 국가교회 배경에 있다. 주정부 교회들은 연방주들과 관련이 있는데, 주정부 교회들의 지리적인 경계선들이 대체로 오늘날의 연방주의 경계선과 상응한다. 민중교회(Volkskirche)라고 부르는 교회 역시 국가교회의 배경에 서 있고 정치적으로 민중당(Volkspartei)이라는 개념과 일치한다. 주정부 교회들은 종교적으로 특별하게 각각 정해진 그룹들에 속할 뿐만 아니라 대중에 속하고 그들을 대표하는 권리를 민중교회로서 청구한다. 대부분의 주정부 교회 소속 교인들은 주일 예배에 참석하지 않고 교회의 활동에 적극적으로 참여하지 않는다. 그들의 교회 참여는 종교세의 납부로 대체되며 세례식과 첫 성찬식(Konfirmationen), 결혼식과 장례식 때 교회 헌금의 청구에 제한되어 있다.

핵 심 포 인 트

> 독일의 개신교 주정부 교회는 예전 국가교회이고 또한 오늘날에도 국가와
> 긴밀한 관계가 있으며, 특히 국가는 종교세를 산출하여 거두어들인다. 1918
> 년까지 교회들은 지방의 국가기관의 하나였고, 오늘날에도 여전히 연방주에
> 지리적으로 속해 있다.

주정부 교회의 형태는 다양한 정치적인 전환기에도 독일에서 살아남
았다. 니더작센(Nidersachsen)에는 여전히 5개의 주정부 교회가 있다.
왜냐하면 이 연방주는 다섯 개 지역으로 구성되어 있기 때문이다. 그것들
은 독특한 상황에 의해 독일의 가장 작은 주정부 교회이고, 22개의 공동
체와 육만 성도와 한 명 감독을 가진 "샤움부르크-리페(Schaumburg-
Lippe)의 개신교-루터 주정부 교회"라고 한다. 뷔르템베르그는 이미
1952년 바덴과 함께 연방주로 합병되었는데도 뷔르템베르그의 주정부
교회가 여전히 현존한다. 구동독의 오래된 주정부 교회도 옛 조직들
그대로 가지고 살아남았다. 오래된 조직들은 학문적인 영역에서도 보존
되어 있다. 기본적인 수요와는 관계없이 모든 연방주는 주정부 교회들을
위한 개신교 신학부를 원칙적으로 허용해 주고 있다.

가장 최근에 와서야 비로소 움직임이 있었다. 하지만 그 움직임은
신념에서가 아니라 재정적인 근거들에서 나왔다. 2009년 "튀링겐의 주
정부 교회"와 "교구 작센의 개신교", 예컨대 19세기 초 프로이센의 주정
부 행정청의 새로운 규정에서 살아남은 잔여 교구는 "중부 독일 개신교"
로 합병되었고, 2012년 함부르크와 슐레스비히-홀스타인(Schlewig-
Holstein), 메클렌부르크(Mecklenburg)와 폼메른(Pommern)의 교회들
은 "북부 교회"로 편입되었다.

알아두기

독일의 개신교(EKD)

독일 개신교(EKD)는 20개의 주정부 교회, 예컨대 안할트(Anhalt), 바덴(Baden), 바이에른(Bayern), 베를린-브란덴부르크(Berlin-Brandenburg), 슬레지언의 오버라우지츠(Oberlausitz), 브라운스바이히(Braunschweig), 브레멘(Bremen), 하노버(Hannover), 헤센-나샤우(Hessen-Naussau), 쿠르헤센-발데크(Kurhessen-Waldeck), 리페(Lippe), 중부독일, 북부독일, 올덴부르크(Oldenburg), 팔츠(Pfalz), 라인란트(Rheinland), 작센(Sachsen), 샤움부르크(Schaumburg), 베스트팔렌(Westfalen), 뷔르템부르크(Württemburg)의 교회와 바이에른과 북서부 독일의 개혁교회로 구성되어 있다. 독일 개신교교회는 매년 한 번의 총회, 예컨대 중요한 회의를 열고 대표자로 "회의 의장", 즉 회원 교회 중 한 교회에서 감독을 맡는다. 의장은 회원 교회에 추천할 수 있을 뿐 명령을 내릴 수는 없다.

자유교회들(Freie Kirchen)은 전혀 다른 상황이다. 그것들은 연맹체처럼 조직되어 있다. 이런 교회의 모델은 합중국(Vereinigte Staate)에서 유래한 것이지만, 독일의 경건주의에 자체적인 기원을 갖는다. 개신교 성도들의 작은 그룹들이 국가교회와 나누어질 때 개신교 최초의 자유교회는 19세기 독일에서 나타났다. 오늘날 독일 내에 자유교회의 광범위한 스펙트럼이 있다. 그것들은 주정부 교회들보다 더 활동적인 교인들을 가지고 있다. 일반적으로 자유교회 소속 교인은 교회적으로도 활동적이다. 자유교회들과 주정부 교회들은 서로 갈등을 일으키기보다는 "그리스도교 교회의 공동 사역 분담"(ACK)이라는 차원에서 상호 협력하고

그림 6.1. 독일의 개신교 주정부 교회

있다. 세계적인 교회연합과는 다르게 여기서 로마-가톨릭교회는 정회
원 자격을 지닌다.

4. 반유대주의와 친유대주의

많은 유대교 공동체는 교회의 모든 역사와 동반했다. 루터 역시 유대인들에 대해서 적의를 품고 있었고 말년에 이르기까지 유대인들에 적대적인 내용의 책들을 출판했다. 그는 그 작품들에서 특히 유대교 회당들을 불태우도록 선동했다. 개별적으로도 유대인들에 대해서 적의를 품었던 그리스도인들이 항상 있었다. 친유대 공동체와 반유대 공동체는 19세기와 20세기에 각각 명확하게 증진을 경험했다. 그 밖에도 새로운 개념들이 만들어졌는데, 그것은 반유대주의와 친유대주의이다.

19세기 초 먼저 친유대적인 경향이 강하게 증가했다. 경건주의와 갱신 운동 등에서 유대교와 그 종교에 관한 호의적인 관심이 늘어났다. 이때 대부분 유대교를 향한 선교화 작업의 의도가 깔려 있었다. 그 외에도 프랑스혁명은 유대인들의 동등한 권리를 향한 요구(독립)를 자극했고, 나폴레옹은 정복했던 나라들에서 곧바로 이를 시행했다. 그러나 프랑스 군대가 독일을 떠난 후 이 대책은 다시 역행하게 된다. 유대인들을 평등하게 대하기 전에 그들을 교육해서 먼저 독일 문화와 그리스도교 문화를 습득하도록 해야 한다는 견해가 지배적이었다.

알 아 두 기

유대인들의 역사

이미 그리스도 이전 시대에 로마제국의 많은 도시에 유대교 공동체들이 있었다. 유대인들은 이미 디아스포라(Diaspora, 헬라어. διασπά/diaspora:

흩어짐)로 살았고 더는 팔레스타인/이스라엘에 살지 않았다. 유대인의 삶의 중심지는 스페인에서 발전되었다. 1492년 스페인에서 추방된 많은 유대인은 네덜란드와 그곳을 거쳐 독일로, 동유럽으로 이동했다. 동유럽 특히 폴란드-리투아니아에 유대 공동체의 경제적이고 문화적 중심지가 새롭게 설립되었다. 동유럽에서 유대인들은 다시 19세기 때보다 더 많은 수가 독일로 이주했다. 주전 63년 나라 멸망, 70년 성전 파괴, 1492년 스페인에서의 추방, 이후 독일에서 1933~1945년에 이루어진 유대인 박해와 학살은 유대인 역사의 가장 암울한 단면이었다. 유대인들 자체는 "몰락"(Schoah, 히브리어. שואה)이리 말한다.

1945년에 유대인들은 결국 독일에서 살지 못했다. 그러나 동유럽의 정치적인 전환의 결과로 20세기의 90년대에는 독일로의 러시아 유대인들의 이주가 이루어졌다. 그 결과 그 사이에 다시 10만 명 이상 유대교의 신자들이 독일에 살고 있다. 1948년 설립된 국가 이스라엘은 모든 유대인에게 거주권을 제공한다. 현재 세계에 퍼져 있는 유대인 오천만 명 중 단지 오백만 명 정도의 유대인들이 이스라엘에 살고 있다.

독립에 대해서 논의가 진행되는 동안에 19세기 초 유대인 선교는 부흥기를 맞았다. 프랑켄 지역에서 1771년 태어난 프라이(Joseph Samuel Christian Friedrich Frey)는 1798년 노이에브란덴부르크(Neu-brandenburg)에서 세례를 받았고, 1809년 런던에 최초의 유대인 선교를 위한 유대 선교 단체를 설립했다. 그의 계획은 고향에서 빠르게 큰 성과가 나타났다. 1820~1822년에 이와 같은 선교 단체가 바젤과 프랑크푸르트(Frankfurt am Main), 담스타트(Darmstadt), 데트몰트(Detmold)와 베를린(Berlin)에 설립되었다. 그러나 그 성과는 제한적이었다.

19세기 많은 유대인과 그리스도인들의 시선은 팔레스타인으로 향했다. 유대인인 모세스(Moses)와 테오도르 헤츨(Theodor Herzl)은 19세기 후반부에 유대 국민 운동, 예컨대 "시온주의"의 수립을 선전했고 팔레스타인으로의 이민을 권장했다. 그러나 초창기 시온주의자들은 그리스도인들이었다. 19세기 전반부에 유대 시온주의는 그리스도교의 선구자들을 가졌다. 1817년 이미 그리스도교적-종교적으로 동기가 부여된 자칭 "시온주의자들"(Zioniden)의 일부 그룹이 뷔르템베르크(Württemberg) 왕국을 떠났다. 그들은 팔레스타인으로 향하길 원했으나 그곳에 이르지 못했고 최후에 카프카스산맥(Kaukasus)에 이르는 데 만족했다. 그 외에도 40년대 몇몇 그리스도인들은 거룩한 땅으로 갔다. 1868년 "독일 성전기사단"(Deutsche Tempel), 즉 경건한 뷔르템베르크 사람들의 한 그룹이 다시 뒤를 이었고, 그들은 팔레스타인에 수많은 거주지를 세웠다.

유대인들이 그리스도교로 개종을 희망하면 그리스도교 시온주의자들은 그들을 호의적으로 대했다. 그러나 다른 사람들은 유대인으로 그대로 머물렀든 또는 그리스도인이 되든지 상관없이 유대인들을 싫어했다. 교육받은 독일 개신교 신자 가운데는 유대인이 열등한 인류, 즉 셈족에 속한다는 견해가 넓게 퍼졌고, 설령 세례를 받더라도 여전히 열등한 유대인으로 여겼다. 인종의 생물학적인 논증, 그것은 오늘날 알고 있는 것처럼 난해한 가정이 새로웠고, 따라서 반유대 공동체 의식의 새로운 형태가 형성되었다. 그것은 결과적으로 반유대주의라는 개념을 만들었다. 그 개념은 1860년 무렵 발생했고 저술가 빌헬름 마르(Wilhelm Marr)가 최초로 정치적인 슬로건으로 사용했다. 반유대주의의 격렬한 선동자는 작센의 루터주의자이자 역사가인 폰 트레쉬케(Heinrich von Treitschke)였다. "유대인들은 우리의 불행이다"라는 그의 선언은 개신교 목회자 가운데서 커다란 반향을 일으켰는데, 그들 중 존경받고 영향력 있는 베를린 사람이자 희망의 설교가인 아돌프 스토이커(Adolf Stocker)가 큰 반향을 일으켰다. 그는 1881년 악명 높은, 많은 다른 개신교 신학자들의 동의를 얻었던 "반유대주의-청원"에 참여했고, 그 청원은 유대인을 공무원과 초등학교 교사에서 제명할 것을 요청했다.

증가하는 반유대주의에도 불구하고 유대인들의 해방은 좀 더 넓게 진행되었다. 물론 해방은 독일 차원에서 70년대에 이르러서야 실현되었다. 통합은 이미 이전부터 잘 진척되었다. 많은 유대인, 특히 능력 있는 자들과 교육받은 자들은 독일 유대교 신앙으로 이해되었다. 이것은 그리스도교 신학과 지적인 교류를 추구했던 독특한 유대교의 학문성으로 전개된 결과이다. 19세기와 20세기 전환기에 근대 유대교의 정신적인 지도자는 마르부르크 사람 헤르만 코헨(Hermann Cohen)으로, 자유주의 개신교에 근접해 있으면서도 또한 루터를 높게 평가했다. 그는 유대교를 이성적인 종교로 이해하기 위해 애를 썼다. 그의 문하생인 프란츠 로젠바이흐(Franz Rosenweig)는 1920년 프랑크푸르트에 유대인의 시민대학(Volkshochschule)을 설립했고, 그리스도교 안에서 일종의 유대교를 민중들을 위한 것으로 이해했다. 또한 프랑크푸르트에서 그리고 1938년부터 예루살렘에서 대학교수로 활동했던 마틴 부버(Martin Buber)와 함께 그는 1925년부터 독일어로 새롭게 구약성서를 번역했고(부버가 1961년에 완성했음), 그 번역본은 히브리어와 히브리적인 사상을 다시 진술하려는 시도였다. 제1차 세계대전 이후 유대인의 생활은 독일에서 꽃을 피웠고, 몇몇 개신교 신학자들은 유대인과 대화 파트너로서의 길을 열었다.

1933년 갑작스럽게 상황이 급변하였다. 몇십 년 동안 성장시켰던 것이 단 몇 달 만에 무너졌다. 독일 유대인 중 교육을 받은 사람 대다수는 아메리카 혹은 팔레스타인으로 이주했다. 부버에게 영향을 받았던 젊은 샬론 벤-코린(Shalon Ben-Chorin)은 원래 프리츠 로젠달(Fritz Ben-Rosenthal)이라고 불렸고 뮌헨(München)에서 태어났다. 그는 팔레스타인에서 처참한 사건을 목격한 후 〈아몬드 가지인 친구여!〉라는 시를 창작했다. 이 시는 오늘날 개신교의 많은 성가집에 수록되어 있다. 1945년 이후 그는 독일인들과 그리스도인들과 대화를 시도했고, 그리스도교-유대교의 대화에 유대 선구자가 되었다.

1933년 후 독일에서 머물렀던 유대인이거나 유대인의 후예였던 사람은 생존 가능성이 없었다. 국가사회주의자들은 독일 유대교뿐만 아니라 유럽 전역의 유대교를 전멸하는 데 뜻을 두었고, 이런 목적에 거의 근접했다. 6백만 유대인들은 집단수용소에서 죽었다. 이 장소 중 하나인 아우슈비츠(Auswitz)는 폴란드의 크라카우(Krakau) 근처에 있었고, 유대인들은 그들 자신이 칭했던 "대학살"(ὁλοκαύτωμ/홀로카우토마) 혹은 "침몰"에 대한 상징이 되었다. 1945년 후 "아우슈비츠"에 관한 신학적인 질문은 그리스도교-유대교의 대화를 동반했다. 그 질문과 관련된 반유대공동체 의식 때문에 지금까지 인류의 범죄에 대한 공동책임이 있었던 그리스도교 신학은 마치 이와 무관하다는 듯이 계속 진행할 수 없었다.

개신교 총회는 갱신 때 중요한 역할을 했다. 여기서 유대교-그리스도교의 성서 공부가 있다. 이를 통해 그리스도인들은 생각을 바꾸기 시작했고 전통적으로 내려오는 반유대적 선입견에서 벗어났다. 학문적인 신학에서도 점차 유대교의 새로운, 긍정적인 이해가 관철되었다. 독일 개신교는 그리스도인과 유대인에 대한 설명을 제시했고, 그 설명은 조심스럽게 "탐구"로 표현되었다. 1991년과 2000년까지 계속해서 진행되는 연구들은 그 설명을 따랐다. 최초의 탐구가 6가지 점에서 유대교와 그리스도교와의 공통점들을 밝혔고 그것 중 하나님에 대한 신앙고백과 정의와 사랑에 대한 실천을 밝혔다. 두 번째 탐구는 대학살에 대한 과실을 강조했다. 세 번째 탐구는 이 밖에 그리스도교-유대교의 대화를 위한 원칙들을 설명했다. 1996년 다음과 같은 규정을 교회 규칙의 기본 조항으로 받아들이기로 한 결정은 이목을 끌었다.

> "교회"는 하나님의 백성 이스라엘의 선택을 확고히 한 하나님의 신의를 낳는다. 이스라엘과 함께 교회는 새로운 천국과 새로운 세상을 희망한다(*Die Kirche unddas Judentum II*, 2001, 744).

이미 1980년 라인란트 교회는 유대인 선교를 근본적으로 비난했고 이미 많은 전쟁에서 이겨내었던 1948년 건설된 이스라엘을 "그의 백성을 향한 하나님의 신뢰의 표지"로 보았다.

유대인들과 그리스도인들 사이의 종교적, 신학적 대화는 최근의 교회 역사와 신학사의 가장 중요한 성과들이다. 대화는 독일 교회와 독일에서 가르쳐 왔던 신학을 계속해서 바꾸어 놓았고 영향을 미쳤다. 조직신학자 콜비처(Helmut Gollwitzer)와 마쿼트(Friedrich Wilhelm Marquardt)와 신약성서 학자 오스텐-작켄의 페터(Peter von Osten-Sacken)가 그리스도교의 편에서 선구자들에 속한다. 이들은 베를린에서 가르쳤으며, 프랑크푸르트의 여성 교회사가인 벤스켄비츠(Leonore Siegele Wensch-kewitz) 역시 선구자이다.

5. 교황들과 공의회들

종교개혁자들은 교황권의 몰락을 기대했다. 하지만 교황권은 종교개혁에도 살아남았고 빠르게 복구되었다. 경건주의에서 다시 한번 교황권의 몰락을 기대했으나 그것에 대한 기미조차 없었다. 그러나 18세기 말 교황권의 종극이 실제로 온 것처럼 여겼다. 1798년 나폴레옹은 교황 피우스 4세(Pius VI)를 포로로 잡았고, 교황은 포로 신분으로 1년 후에 죽었다. 그의 후계자 피우스 7세(Pius VII) 역시 1809~1814년에 프랑스의 포로가 되었고, 급기야 나폴레옹은 1809년 교회 국가를 폐지했다. 독일에서 가톨릭 감독들은 그들의 세속 권력을 상실했고 다시는 이를 되찾지 못했다.

나폴레옹의 무력적 통치의 종결과 그 후 비엔나총회를 통한 유럽의 새로운 규정에 따라 가톨릭교회는 빠르게 복구되었고, 가톨릭의 경건은 새로운 부흥기를 맞았으며, 교황권은 새로운 권력을 얻었다. 교회 국가는 1815년 다시 회복되었다. 가톨릭 종단들은 사회적인 영역과 교육 사업에 정열을 쏟았고 성지순례 활동은 대단히 약진했다. 예를 들어 1812년 뒬멘(Dülmen)에서 안나 에메릭(Anna Katharina Emmerick)의 성흔과 같은 대단히 극적인 사건들이 나타났고, 1858년 루이데스(Loudes)에서 마리아의 현현은 그에 대한 존경을 자극했다. 독일 엘리트 영역의 적지 않은 독일 프로테스탄트주의자들은 자신들의 교회에 대한 염증으로 가톨릭이 되었다. 많은 예술가 중에서도 이탈자들이 있었고, 이들 중 클레멘스 브렌탄노(Clemens Brentano)가 대표적이다.

로마에서는 강력하고 권력에 속성을 잘 알고 있는 교황들이 통치했고, 그들은 가톨릭의 강화에 자신들의 것을 이용했다. 1846년부터 1878

년까지 통치했던 피우스 9세(Pius IX)가 언급될 수 있다. 그는 오래 교황직을 수행하는 동안 가톨릭 신학을 위한 많은 중요한 결정을 했다.

1854년 예수의 어머니인 마리아가 원죄에서 벗어나 태어나고 낳아졌다라는 결의가 시작되었다(무흠수태설). 그러므로 마리아는 예수 자신처럼 죄로부터 완전히 자유로웠다.

1864년 피우스는 80개의 근대 철학적, 신학적, 정치적 입장들에 관한 교서인 『오류』(Syllabus erorum: 오류표)를 출판했다. 80개의 항목은 "오류들"(errores)로서 판정되어 비난받았다. 거기에는 종교 자유와 교회와 국가의 분리와 이혼법과 학제가 속해 있었다.

1870년 피우스는 1929년까지 어쩔 수 없이 지속될 수밖에 없던 교회 국가의 새로운 상실을 감수했으나, 같은 해에 그는 로마에서 공의회를 개최했고, 이 공의회는 중요한 공의회 중 하나로 역사에 길이 남을 일이 되었다. 제1차 바티칸공의회(또한 Vaticum I)는 1869년 12월부터 1870년 10월까지 개최되었고 거의 800명 정도 참여했다. 정교회와 개신교의 대표자들은 참여하지 않았다. 주요 주제는 교황의 무오성이었다(Infallibilität: 무과실). 이미 중세에 다루어졌던 것을 이때 공식적으로 결정하고 확정했다. 교황들은 신앙의 문제와 율법의 문제에 관한 결정 때 오류를 범하지 않을 수 있다. 공의회 참여자 중 20%는 그것에 반대했으나 최종 결정문이 나오기 직전에 떠나버렸다. 그 결과 반대표는 단지 두 명뿐이었다.

핵 심 포 인 트

> 무오성은 교황이 말하는 모든 것이 옳고 전혀 의문을 품을 수 없다는 것을

의미하지 않는다. 단지 교황의 선언들(Erklärungen)만 오류가 없는 것이고, 그것을 위해 교황의 무오성이 명확하게 필요하다. 피우스 12세(Pius XII)가 하나님이 예수의 어머니 마리아를 그녀의 죽음 이후 육체적으로, 예수 자신처럼 그리고 모든 사람과 다르게, 하나님의 나라에 받아주었다고 설명했던 바로 그때, 1950년에 단 한 번 있었던 일이다. 그러나 무오성 결정의 결과로 교황의 모든 진술과 상황화 작업은 궁극적으로 모든 비판을 잠재웠고 교회 내부적으로도 그다지 많은 비판이 일지 않고 있다.

모든 가톨릭 성도가 무오성의 교리를 받아들이거나 동의한 것은 아니었다. 독일과 스위스에서는 작은 무리의 가톨릭 성도들이 그들의 교회에서 떨어져 나와 오늘날까지 존재하는 고대 가톨릭(스위스: christ-katholische)교회를 형성했다.

독일에서는 피우스 아래 문화전쟁(Kulturkampf)이 발발했다. 이 전쟁은 자유주의적 프로테스탄트들에 의해서 주도되었고, 독일에서 선도했으며, 황제를 세웠던 프로이센 국가와 보수적, 로마로 정향된 가톨릭주의 사이의 힘겨루기였다. 전쟁은 1871년 형법서 "칸첼페러그라펜"(Kanzelparagraphen)의 변경과 함께 시작되었다. 이것은 모든 종교인이 그들의 행정업무를 수행할 때 국가의 사건들을 "공식적으로 평화를 해치는 방법"으로 설명하는 것을 금지했으며, 1887년 "평화법"과 함께 종결되었다. 특히 중요한 대책들은 1872년 예수회의 금지와 1874년 프로이센(Preußen)에서와 1875년 전제국에서 법률상의 결혼(Zivilehe)의 도입이었다. 예수회의 금지는 1917년에야 비로소 시행되었고 칸첼페러그라펜은 1953년까지 지속되었다.

문화전쟁 중 1878년 피우스 9세(Pius IX)가 죽었다. 그의 후계자인 레오 13세(Leo XIII)는 근대성에 역행하는 과정을 진행했고 1879년 중세 스콜라 신학자인 토마스 아퀴나스(Thomas von Aquin)와 그의 가르침을 모든 가톨릭 신학과 철학의 모범과 척도로 삼았다. 일련의 "건전한" 철학을 통해서 교황은 시대의 오류들에서 지속적인 방어를 기대했다. 그로 인해 신토마스주의와 신스콜라주의가 탄생했다.

피우스 10세(Pius X)가 반근대주의자의 선언을 채택했을 때, 가톨릭 교회는 1910년 시대정신에 대한 싸움의 최절정에 이르렀다. 모든 사제는 그들의 서품식 때 근대적인 것들의 "오류들"을 명확히 서약해야 했다. 1967년에 비로소 이 의무 조항은 폐지되었다.

그럼에도 가톨릭교회는 근대적인 것들과 계속 거리를 둘 수 없었다. 가톨릭교회 근대화의 최초의 획기적인 사건은 1943년 성서 연구의 해방이었다. 성서 연구의 창안 이후 150년 동안 역사-비평적인 주석들은 가톨릭 신학에 사용되었다.

하지만 제2차 바티칸공의회는 근본적인 변화를 가져왔다. 공의회는 1962년부터 1965년까지 개최되었으며 가톨릭교회를 광범위하게 갱신했다. 예컨대 가톨릭교회는 폭넓게 일부를 복음적으로 만들었다. 개신교교회는 엄밀하고 근본적인 의미에서의 교회는 아니더라도 최초로 인정받았고, 최초로 그리스도교 이외의 종교에도 존경을 표했다. 특히 제의 의식의 개혁은 가장 눈에 띄었다. 예배는 당시의 자국어로 진행되었고 더는 라틴어로 진행되지 않았으며 강론은 명확하게 발전했다. 사제들은 더는 공동체에서 벗어나 집례하지 않고 항상 공동체 중심으로 집례했다. 성찬대는 교회 공간의 중심으로 이동했다. 하지만 최근 들어 더 많은 가톨릭 교인이 다시 고대 라틴어 미사를 선호한다.

예를 들면 피우스 4세(Pius VI)는 전통적인 교황의 관, 즉 교황관

(Tiara)인 세속적인 권력의 상징을 포기하면서 공의회의 결정들을 발의했고 많은 영역에서 개혁의 움직임을 이끌었다. 그러나 그는 1966년 가톨릭 교인들에게 인공적인 피임을 금지했다. 그것은 그리스도인들과 이보다 훨씬 많은 세계의 비그리스도인의 가난한 나라들의 기아 상황에서의 인구폭발을 염려한 격렬한 저항이 일어났다. 그럼에도 이런 가톨릭의 성 교리는 오늘날까지 유효하다. 가톨릭교회는 또한 모든 낙태를 금지했고, 심지어 성폭행을 당했을 때도 낙태를 금지했다. 이 때문에 낙태의 법률상 새로운 규칙은 독일에서는 몇십 년간 논란이 되었고(1974년 시한부해결안에 대한 최초의 법률, 1995년 연방헌법재판소의 최종 판결) 수많은 가톨릭-교회적인 견해 표명과 이에 대한 저항과 저항운동이 수반되었다. 반면에 개신교회는 낙태에 대한 공동의, 통일된 견해를 정리하고 변호할 만한 상황에 있지 못했다. 피임은 개신교 윤리에서 거의 문제가 되지 않았고 그것은 허락되었다.

1978년 훨씬 더 보수적인 교황인 폴란드 출신 요한 바오로 2세(Johannes Paul II)는 그것의 방향키를 위임받았고, 2005년까지 살면서 긴 시간 다스렸으며, 교회에 지속적인 영향을 미쳤다. 세계 각각 종교들과는 그 아래에서 원만한 관계를 형성했다. 하지만 계속해서 교회라는 칭호를 인정해 주지 않았던 개신교회와의 관계는 악화되었다. 바오로의 죽음 이후 몇 세기 동안 없었던 독일 출신 교황 베네딕트 16세(Benedikt XVI)가 올랐다. 그는 60년대에는 신학 교수로 개혁을 지지했었으나 교황이 되자 그의 선임자의 보수적인 노선을 계승했다. 그가 유대인 대학살을 부정하면서 등장했던 보수적인 교인들과 교회 재조정을 하려고 애썼을 때, 상당히 격렬한 논쟁을 일으켰다. 그는 공무를 집행하는 말엽까지도 거의 제2차 바티칸공의회의 판결과 다름없다는 비판과 그에 의해서 제기된 개혁의 대안들을 느리게 진행되었다.

새로운 가톨릭 보수주의의 희생자 중 한 사람은 위대한 튀빙엔 신학자 한스 퀑(Hans Küng)이다. 그는 20세기의 가장 잘 알려지고, 인기가 높으며, 혁신적인 가톨릭 신학자이다. 1979년 요한 바오로 2세는 그의 교수 자격을 박탈했다. 왜냐하면 그가 교황 무오성 교리에 의문을 제기했기 때문이다. 오늘날까지 그는 자기의 교회 이름으로 가르치지 못하고 있다.

6. 고백교회와 교회 투쟁

독일은 20세기에 혼란스러운 역사를 경험했고 유럽을 비롯한 전세계를 두 번씩이나 파괴적인 전쟁의 소용돌이에 휩싸이게 했다. 1914~1918년에 발발한 제1차 세계대전은 독일 단독의 책임은 아니었으나 핵심적인 책임이 있었다. 독일 개신교 교인들은 개신교 황제와 "하나님이 우리와 함께하신다"라는 표어 아래 고무되었고, 무엇보다 가톨릭적인 프랑스를 적대시하여 전쟁에 참여했다. 단지 일부 그리스도인들만이 당시 이런 분위기와 다른 것을 생각했고 자각했다. 전쟁 초기에 독일과 영국 출신 그리스도인들은 "국제화해연맹"(IFOP), 예컨대 그리스도교-태평양평화조직을 설립했다. 이것은 오늘날까지 존재한다.

1918년 독일은 패배했다. 황제와 왕들은 폐위되었고 독일은 민주공화국이 되었다. 그러나 사실 독일 황제의 폐위를 안타깝게 여겼던 프로테스탄트들은 적은 숫자만이 민주공화국을 지지했다. 이와 마찬가지로 소수의 사람만이 제1차 세계대전 이후 지속적인 평화를 위해 노력했다. 엘자스(Eksass) 지방 출신 프랑스인이자 루터주의자인 에티앙 바흐

(Etienne Bach)가 이들에 속한다. 그는 끈기 있게 독일-프랑스의 상호 이해를 위해 일했고 그리스도교의 평화기구인 "평화를 위한 십자군"을 설립했다. 민주당과 민주기관들의 경제위기와 실패는 1933년 아돌프 히틀러(Adolf Hitler)에게 권력을 내주는 결과를 낳았다. 그는 처음부터 민주주의와 평화에서 벗어나는 것에 집중했다. 최초로 그는 공산주의자를 박해했다.

"지도자"로서 민주적으로 다스렸던 히틀러는 반유대의식과 분리될 수 없이 연결되어 있었던 민족주의적인 세계관을 가지고 전 독일, 곧 모든 사람을 설득하려 했다. 또한 개신교교회는 민족주의적인 의미에서 바뀌어야만 했다. 많은 주정부 교회를 통일한 제국교회는 최정점에서 지도자-감독과 동일시했다. 이런 이념은 교회의 전적인 지지를 받았고, 특히 독일 그리스도인들에게(DC), 엄격하게 민족 사회주의적으로 정향된 개신교의 그룹화 움직임 때 더욱 지지받았다. 그러나 또한 저항도 마주해야 했다. 저항은 1933년도부터 이미 점차 강화되었다. 특히 "순수 게르만족"(Arierparagraph)이라는 주제 아래 이루어진 계획, 곧 교회에서 유대 조상을 가진 교회 관리자들을 쫓아낸다는 계획에 많은 개신교 신학은 그것을 잘못되고 혐오스러운 일로 여겼다. 베를린-달렘(Berlin Dahlem)의 교회 목사인 니묄러(Martin Niemöller)를 중심으로 목사 긴급연맹(Pfarrernotbund)이 모였고, 본에서는 신학 교수인 칼 바르트를 중심으로 고백교회(BK)가 모였다. 히틀러 통치 아래에서 연맹은 목회자들을 돕다가 위기에 빠졌으며, 고백교회는 모든 목회자와 교회 공동체의 토대를 제공했고, 예수 그리스도를 향해 고백하는 일은 그 토대를 위해서는 "지도자"를 향한 신뢰보다 훨씬 더 중요한 일이었다. 그들은 1934년 부퍼탈-바르멘(Wuppertal-Barmen)과 베를린-다렘에서 두 번의 대규모 공의회(Synode)를 개최했다. 바르멘에서 바르트가 작성한 신앙고백 선언문을 통과시켰고, 선언문은 민족 사회주의적으로 바뀌게 된 개신교회의 계획과는 일정한 거리를 두었다. 바르멘 신학 선언문은 예수 그리스도를 절대화했고 절대국가와 그를 맞세웠다.

예수 그리스도가 성서에서 우리에게 증거해 주었듯 그는 우리가 듣고 있는 하나님의 말씀이고, 우리가 살든지 죽든지 그것을 신뢰하고 그것에 순종해야 한다. 이런 유일하신 하나님의 말씀을 제외한 그들의 선포의 원천으로서 교회가 하나님의 계시와는 전혀 다른 성과들과 권력들, 형태들과 진리들을 하나님의 계시로 인정할 수도 해서도 되지 않듯이 우리는 잘못된 가르침을 철저히 거부한다.

성서는 우리에게 말하길, 국가는 거룩한 명령에 따라 교회가 세워진 구원받지 못한 세상 안에서의 과제인, 인간의 이성과 기호에 따라 무력의 위협과 행사 아래 정의와 평화를 염려하는 자세를 가져야 한다. 교회는 하나님에 대한 경외와 감사로 이런 국가 명령의 선행을 인정한다. 교회는 하나님의 나라와 하나님의 계명과 정의와 더불어 통치자나 통치받은 자들의 책임을 지닌다. 하나님은 말씀을 통해서 만물을 낳고, 교회는 말씀의 능력을 믿고 순종한다.

국가가 특별한 명령을 수행하는 데서 인간 생활의 유일하고 총체적 명령이 될 수 없고 또한 교회의 규정을 수행할 수 없듯이 우리는 잘못된 가르침을 철저히 거부한다. 교회가 교회의 특별한 명령을 거쳐 국가의 본질, 국가의 과제들, 국가의 품위를 획득하고 그것 때문에 국가의 기관이 될 수도 없고 되어서도 안 되는 것처럼 우리는 잘못된 가르침을 철저하게 거부한다.

긴급연맹과 고백교회는 국가에 대하여 공개적이며 직접적인 태도를 밝히지 않고 극히 조심스럽게 움직였다. 그러나 바르트는 1935년에 독일을 떠났고, 1937년 니묄러는 구금당했다. 결국 두 사람은 민족주의적 사회주의 시대에서 살아남았고 1945년 이후 독일 프로테스탄티즘에서 중요한 역할을 했다. 본회퍼(Dietrich Bonhoffer)는 다른 상황에서 활동했다. 그는 젊었고, 목사 교육을 위해서 사역한 신학자였으며, 급진적인 반대를 변호하고 지지했다. 그는 히틀러를 암살하려는 계획을 세웠던 장교 집단에 가입했다. 암살은 1944년 7월 20일 거행했으나 실패했다. 본회퍼는 수감되었고 1945년 전쟁 종결 바로 직전에 히틀러의 명령에 따라 교수형을 당했다.

핵심 포인트

교회 투쟁은 이미 1933년에 나타났는데, 사실 이 칭호가 암시한 만큼 그렇게 투쟁적으로 진행되지 않았다. 교회들이 아니라 단지 소수의 교회만 투쟁했다. 교회들은 히틀러와 그의 당원들과 직접 싸우지 않았고 단지 자신의 진영에 있는 히틀러의 추종자들과 싸웠다. 그리고 교회들은 잔인하게 박해받았던 공산주의자들과 치명적인 위협을 받았던 유대인들을 위해서가 아니라 우선 그들의 관심들을 위해서 싸웠다. 따라서 주요 관심사란 교회가 교회로만 머물러야 한다는 것이다. 모든 다른 문제는 주요 관심사 후에 정리되었다.

마찬가지로 가톨릭교회는 개신교회처럼 투쟁에 참여했다. 스스로 가톨릭교도였던 히틀러와 계약(종교협약)을 통해서 로마는 이미 1933년 독일 가톨릭주의에 안전조치를 취했다. 교회는 국가사회주의의 변화가 주제는 아니었다. 그러나 갈등은 일어났다. 왜냐하면 각각의 가톨릭교도들, 그들 중 또한 뮌스터/베스트팔렌의 감독인 폰 갈렌(Clemens August Graf von Gallen)과 같은 높은 위치의 사제들은 유대인의 박해와 정신질환자들의 살해(소위 안락사)와 같은 국가사회주의의 다양한 위법에 반대하여 공개적으로 저항했기 때문이다. 로마 자체는 1937년에 선언문, "몹시 긴급한 염려로"(Mit brennender Sorge)라는 교황 교서를 공표했다. 그 교서는 독일의 모든 강단에서 낭송되었는데, 교회의 억압과 나치주의에 반대했다. 그러나 1941년 국가사회주의자들이 유럽에 있는 유대교의 제거를 시작했을 때 커다란 저항은 일지 않았다. 본회퍼와 같은 직접적인 저항을 한 사람은 예수회 신부인 델프(Alfred Delp)가 있다. 그는 7월 20일에 히틀러 암살자들과 접촉을 시도했고, 이 때문에 본회퍼처럼 1945년 2월 교수형을 당했다.

기관으로서의 교회들은 1933~1945년 동안 움직이지 않았다. 그러나 개별적으로 그리스도인들은 그들이 할 수 있는 것을 도왔고 행했으며 많은 사람의 생명을 구했다. 네덜란드에서 많은 유대인을 숨겨주었는데, 가장 유명한 사람은 안네 프랑크(Anne Frank)이다. 그녀는 결국 발견되었고 그 때문에 살아남지 못했다. 스위스에서 쿠어츠(Gertrud Kurz)는 끈질기게 망명자들을 도왔는데, 중요한 스위스 정치가가 "보트가 가득 찬다"라고 경고했음에도 불구하고 1942년 국경을 개방하기에 이르렀다. 독일에서는 기업가인 오스카 쉰들러(Oscar Shindler)가 함께 일했던 유대인들의 생명을 구한 동시에 그는 그들을 전쟁 도구의 생산을 위해 필요하다고 말했다. 그리고 젊은 여성 전도사인 스타리츠(Katharina Staritz)는 박해받은 유대 그리스도인들과 협력했고 그로 인해 정치범수용소에서 감금되었다.

7. 1945년 이후 독일 교회

1945년에 교회들은 살아남았다. 교회는 여전히 조직을 가진 독일의 독립적인 기관이었고 동시에 어느 정도 윤리적으로 깨끗했다. 그것은 연합국의 높은 찬사를 받았다. 이 때문에 교회는 독일의 새로운 질서를 위해 중요한 역할을 했다. 하지만 교회들은 자체적으로는 새로운 질서를 부여해야만 했고 과거를 대면해야 했다.

1945년 10월 슈투트가르트 죄책 선언은 평가와 논란을 수반했다. 새롭게 설립된 협의회인 독일 개신교교회(EKD)는 슈투트가르트에서 만나 첫 번째 회의를 열었다. 여기에서 독일이 "많은 민족과 국가에 끊임없는 고통을 주었다"라며 1933~1945년 시기를 고려하여 언급했다. 의결 기구 구성원들은 교회들이 "더 이상 용감하게 고백하지 못했고 더 이상 충실하게 믿지 못했으며 더 이상 기쁘게 믿지 못했고 더 이상 격렬하게 사랑하지 않았다"라며 이것을 유감스럽게 생각했다. 또한 "새로운 시작"을 향한 계획을 세웠으나 유대인들은 명확하게 언급되지 않았다. 고백교회를 따르는 기관인 독일 개신교교회의 형제교회 협의회는 2년 후 니묄러의 참여 아래 작성된 담스타의 선언(Darmstadter Wort)에서 보다 명확한 사항들을 언급했다. 그것은 근본적으로 군국주의와 반공산주의를 반대했고 새롭고 나은 훌륭한 국가를 촉구하면서 그 국가는 평화와 민족 간의 화해를 목표로 정할 것을 제시했다.

1948년 독일연방공화국(BDR)이 된 서독에서 교회들은 특권을 가진 위치를 보유했다. 학교에서 종교교육이 계속 진행되었고, 국가는 종교세를 부과했다. 중요한 정치가들은 확고한 그리스도인들이었다. 가톨릭주의는 정치적 영역에서 프로테스탄티즘보다 물론 더 강했다. 초대 연방 수상이면서 긴 세월(1949~1963) 동안 수상의 자리를 지켰던 아데나우어 (Konrad Adenauer)는 가톨릭교도였다. 그에 의해서 진행된 독일의 재무장과 서구와의 군사동맹, 예컨대 나토(Nato)에 독일이 참여하는 것을 반대하기 위한 프로테스탄트의 큰 저항들이 있었다. 저명한 개신교 목사인 하인네만(Gustav Heinemann)은 그 때문에 1950년 정부 요직을 떠났다. 1955년 연방군이 창설된 이후 새로운 논쟁이 일어났고, 이때 논쟁은 군목의 신앙 상담의 재도입 문제였다. 재도입 시에 목사가 교회의 봉사자로서가 아니라 국가공무원으로 활동하게 되는 문제였다. 그러나 비판자들은 어떤 성과도 얻지 못했다. 마침내 1958년 아데나우어가 원했으나 당시 시행하지 못했던 연방군의 핵무장이 논란이 되었다. 당시 독일에서 부활절을 계기로 생명의 축제로 개최된 "반전을 기원하는 부활절 행진"인 평화시위가 시작되었고, 그 시위는 오늘날에도 여전히 존재한다. 교회는 그룹별로 참여했으나 근본적인 주창자는 아니었다. 이와는 다르게 같은 해 "화해행동"의 설립, 곧 오늘날 "화해평화행동"(ASF)의 설립은 순수하게 교회로부터 시작되었다. EKD-총회 회원이자 박식한 법률가인 크레시흐(Rothar Kreyssig)는 1942년 "안락사"의 반대와 나치의 독일 아래 고통받았던 민족들을 향한 "우리는 평화를 촉구한다"라는 호소문을 공표했고, 120명의 총회 회원 중 79명이 그것에 서명했다. 1959년 이후 ASF는 자원한 젊은 사람들을 특히 폴란드와 이스라엘과 러시아와 홀란드와 영국에 파견했다. 그들은 평화와 화해를 위해 노력했다.

변증 신학은 상당히 오랫동안 신학을 지배했고, 심지어 70년대까지 이어졌다. 또한 바젤에서 계속 살면서 가르쳤던 바르트는 개인적으로 그의 조국에서와는 달리 독일 신학자 중 대단한 인기에 기뻐했다. 그의 신학적인 추종자들을 칭했던 많은 "바르트주의자"는 위대한 신학자의 강의를 듣기 위해 교환학생으로 바젤로 향했다. 그의 "KD"는 서독 신학자들의 표준 교본에 속했고, 적지 않은 사람들이 그의 『교회 교의학』을 연구하는 것을 자랑스러워했다. "스위스의 목소리"로서 바르트는 독일과 유럽의 프로테스탄티즘에 지속해서 개입했다. 그럼에도 교회 공동체 차원에서 이루어졌던 커다란 논쟁들은 개신교의 마르부르크의 신학자 불트만(Rudolf Bultmann)과 그의 신약성서 "비신화화"의 성서 비평적인 프로그램에서 발생했다. 불트만은 모든 기적을 거부했고 교회와 신학에서 성서의 신비적인 세계상을 교정하는 일이 필요하다고 생각했다. 보수적인 프로테스탄트들은 그에 맞섰다. 그들은 갈라디아서 1장 6-9절과 관련한 "다른 복음은 없나니!"라는 부제를 가지고 "신앙고백 운동"으로 교회 투쟁의 전문 용어를 다시 흥미롭게 끄집어내었다.

60년대 독일 프로테스탄티즘의 정치적인 목소리가 주목받았다. 1962년 이후 개신교교회는 현실의 사회적이고 정치적인 문제에 대한 "백서들"(Denkschriften)을 출판했다. 1965년부터 간단하게 "동방백서"(Ostdenkschrift)라 칭해지는 상당한 역사적인 중요성을 얻은 이 선언은 실향민의 상황과 동유럽의 이웃과 독일인들과의 관계를 다루었다. 그것은 새로운 화해를 모색했던 동유럽 정책을 위한 길을 열었고, 동유럽 정책은 1969년부터 연방 총리이자 개신교의 배경을 가진 정치가인 브란트(Willy Brandt)에 의해서 진행되었다. 또한 독일 프로테스탄티즘의 중요한 한 사람인 하이네만(Heinemann)은 같은 해 연방 대통령이 되었다. 이때 이미 50년대에 시작된 일이었으나 평화와 화해를 위해 그리고 사회에서의 더 많은 인간성 회복을 위해, 예를 들면 장애인들과 관련해서 큰 성과를 거두었다.

알 아 두 기

EKD의 중요한 백서들

1962: 사회적 책임 안에서의 사유재산 형성
1965: 실향민의 상황과 동유럽 이웃과 독일 민족과의 관계
1969: 연방공화국 독일에서의 이혼법의 개정에 대해서
1970: 사회적인 문제에 대한 교회의 표명과 과제들과 한계들
1975: 그리스도인들과 유대인들
1982: 평화를 지키고, 촉진하며 회복하다
1984: 성장과 몰락 사이의 긴장 관계 속에서의 농업
1985: 개신교와 자유로운 민주주의
1991: 사회적인 유럽에 대한 책임
1997: 창조물과 조화
2000: 독일에서 모슬렘과 공존
2007: 하나님의 평화에서 산다는 것 ─ 정의로운 평화를 수반하는 것
2010: 교회와 교육

또한 제2차 세계대전 이후 설립된 개신교의 학술 단체들은 서독 프로테스탄티즘의 특성화 시기에 중요한 역할을 했다. 교회 문제와 정치 문제와 사회문제에 대해 개최되었던 학회들은 폭넓게 사회에 깊숙이 영향을 미쳤고 또한 교회에서 멀어져 있는 사람들에게도 영향을 미쳤다. 우선 학회 단체들은 뷔르템베르크와 아르놀츠하인(Arnoldshain)의 바드 볼(Bad Boll)과 헤센의 호프가이스마르(Hofgeismar)가 중요했다.

평화와 전쟁, 군 복무 혹은 전쟁 참여 거부의 양자택일에 관한 주제는 독일 프로테스탄트들 사이에서 계속해서 활발하게 토론되었다. 1967년

책임자들은 "무기와 함께 그리고 무기 없이 평화 봉사"라는 주제를 통해 명확한 상황화 작업이 불가능함을 숨겼다. 그럼에도 80년대 들어 반군국주의와 평화주의의 세력이 강해졌고, 특히 독일 프로테스탄트의 서구의 새로운 핵군비확장 정책에 저항한 평화운동은 역사에 길이 남을 만한 주도적이고 인상적인 참여였다. 소위 "군비확장"은 저지될 수 있었던 것은 아니었으나 정치적 지형은 독일에서 근본적으로 새로운 그리고 평화주의적으로 규정된 당인 녹색당의 지속적인 설립으로 변경되었다.

러시아의 영향 아래 있었고 1949년 독일 민주공화국(DDR)이 되었던 동독은 상황이 다르게 발전했다. 여기서도 이전의 주정부 교회는 새롭게 형성되었으나 교회와 국가 사이 엄격한 분리가 이루어졌고, 국가는 점차 반교회적인 정책을 시작했다. 견진성사(Konfirmation)는 성년식(19세기 중반 성인이 되는 것을 기념하여 세속에서 발생한 축제)으로 대체되었고 오늘날까지 지속해 오고 있다. 오늘날 여전히 세 번, 네 번 이상까지 유소년들은 구동독의 연방 지역에서는 견진성사가 이루어져 봉헌되고 있다. 학교에서의 종교교육은 1953년 폐지되었고, 교회들은 선택적으로 "그리스도인의 교육"이라는 독립적인 종교 수업을 독립적인 공간들에서 시행했다. 교회의 건물들은 관리가 부실했고 쓰러져 갔다. 목사관 출신 아이들은 교육 기회와 직업 성취에서 종종 좋은 기회를 잡지 못했다. 그러나 한편으로 그리스도인들은 DDR에서 공부할 수 있었고 업적을 쌓을 수 있었다. 그에 대한 실례로 얼마 전 독일 총리였던 앙겔라 메르켈(Angela Merkel)을 들 수 있다. 그녀는 목사의 딸로 태어나 DDR에서 물리학을 전공한 물리학박사이다. 또한 대학에서 신학부는 계속 남아 있었다. 서독에서 "장벽들"이라고 칭했던 국경 요새의 건립으로 1961년 DDR은 교육받은 사람들의 연이은 탈출을 막았다.

1968년 라이프치히 대학교회의 강제해산처럼 극적인 조치들은 이목을 끌었고, 이것은 잘레(Saale) 근처 할레(Halle)에서 1976년 개신교 목사인 오스카 브뤼제비츠(Oscar Brüsewitz)의 분신자살과 같은 놀랄 만한 저항을 수반했다. 그러나 많은 개신교 교인은 새로운 상황들과 타협했다. 그것의 주도적인 신학자들은 바르트와 본회퍼의 영향을 받아 "사회주의 안에서의 교회"의 프로그램을 발전시켰다. 교회는 더 이상 반대자로서가 아니라 사회주의적 정부의 비판적인 파트너들로 여겨졌다. 교회와 국가는 1983년 DDR에서 종교개혁자 루터의 탄생 500주년 기념식을 크게 공동으로 진행했다.

DDR에서 교회들은 어느 정도 사상과 행동의 자유 공간을 제공했던 유일한 기관이었다. 이 때문에 그것들은 80년대에 점차 성장하는 반대의 저장고가 되었다. 평화단체와 환경단체와 더불어 비판적인 그리스도인들은 반대 세력으로 참여했다. 장벽들이 무너졌고 일당 통치에서 민주주의가 되었을 때 교회들은 1989년 가을 DDR의 종종 간단하게 "전환기"로 불리는 평화혁명 때 큰 역할을 했다. 그러나 적지 않은 사람들, 그들 중 유명한 개신교 그리스도인들이 교회 내부에서 스파이, 예컨대 DDR-Jargon에서 "IM"(비공식적인 협력자)으로서 활동했다는 것은 잘 알려진 사실이다. 그들은 동료 그리스도인들을 감시했고 국가정보기관들에 해당 정보들을 제공했다. DDR의 BRD에 확실한 편입과 동시에 DDR은 1990년 끝났고, 이전의 DDR의 주정부 교회들 역시 서독의 돈에 의존하면서 차츰 서독의 상황에 순응했다. 종교세와 학교에서의 종교 수업은 군목 신앙 상담처럼 다시 도입되었다. 단지 독립적이면서 순수한 그리스도인 교육은 교회가 유지했다. 민중교회 구조를 다시 만드는 것은 실패했다. 서독에서 오늘날에도 상당히 많은 수의 사람이 신앙을 고수하고 있는 반면에, 구동독 지역에서는 지역적으로 차이는 있지만 5퍼센트 혹은 10퍼센트만이 교회에 소속되어 있다.

8. 선교와 대화

그리스도교는 전체 역사를 통해서 선교적으로 활동했다. 개신교교회들은 처음에는 선교에 관심이 없었다. 왜냐하면 예수의 선교적 명령을 사도들이 행함으로 이미 사도 시대에 완성된 것으로 여겼기 때문이다. 근대 가톨릭주의에서 중앙아메리카, 남아메리카의 정복과 식민지화 과정에서의 선교 부흥이 일었다. 또한 덴마크, 영국, 네덜란드가 식민지를 가졌을 때, 그 나라들의 교회들은 선교 정신을 새롭게 드러냈다. 독일에서의 선교 이념은 경건주의에서 싹이 텄다. 하지만 19세기에 들어 비로소 개신교 선교 사역은 부흥기를 맞았다.

1910년 스코틀랜드의 에딘버그(Edinburg)에서 1,200명의 개신교 그리스도인이 세계 각국에서 최초의 "세계선교회의"를 위해 모였다. 그중 독일인은 85명이었고, 교파를 초월해서 "비그리스도교 세계"의 선교 문제들과 질문을 주제로 토론했다. 국제 통신망이 연결되었고, 아프리카와 아시아에서 회의의 결의로 독립적이고 자립적이고 통일된 교회의 설립, 소위 젊은 교회의 설립이 시작되었다. 따라서 교파주의는 아프리카와 아시아에서 극복되었다. 그러나 유럽과 아메리카에서는 긴 시간이 걸렸다.

선교는 유감스럽게도 빈번하게 폭력을 동반했으나, 선교는 다행히도 빈번하게 대화를 수반했다. 그리스도교를 위해 낯선 문화에서 낯선 사람들을 얻고자 했던 사람들은 이 낯선 사람들을 방문해야 했고 그들과 함께 살아야만 했다. 생경한 것을 이해하기 위해서는 지금까지의 인식과 평가 기준을 자주 변경해야 했다. 선교사들은 인류애와 인간 평등의 사상을 촉구했고, 때때로 백인들에게 흑인들을 혹은 유럽인들에게 인도인들을 모범으로 보여 주는 것을 피하지 않았다. 그럼에도 선교사들에게서 우월성과 자만심을 발견할 수 있다.

많은 민족은 그리스도교 선교사들의 근대 문자와 언어들의 신세를 졌다. 개신교 선교사들의 주요 관심사는 성서를 배포하기 위한 성서 번역이었다. 그를 위해서 선교사들의 문어체(Schriftsprache)가 필요했다. 따라서 그리스도교 선교는 의도치 않게 다양한 문화와 정체성을 확립하는 것에 영향을 미쳤다. 또한 항상 교육 사업과 인간들의 경제적인 상황을 개선하려는 노력은 선교와 함께 이루어졌다. 따라서 선교는 저개발국 원조를 수반했다.

20세기 알자스의 프로테스탄트 신학자이자 의사인 알버트 슈바이처(Albert Schweitzer)는 많은 사람의 시선을 처음으로 아프리카로 향하게 했고 아프리카 사람들의 위기 상황에 관심을 두게 했다. 오늘날 가봉(Gabun)의 람바렌네(Lambarene)에서 그는 1913년부터 원시림병원을 세웠고 그것은 오늘날도 여전히 존재한다. 슈바이처는 도움으로도 영향을 미쳤을 뿐만 아니라 문화철학을 발전시켰다. 그 철학은 인간을 더이상 "창조물의 왕좌"로 이해하는 것이 아니라 생물 중 생물에 불과하다고 이해했고, 모든 생명을 촉진하는 것을 잘하는 것으로 여겼으나 모든 생명을 파괴하는 것을 심판했다. "생명 앞에 경외감"을 가지는 사상은 그의 윤리학의 기초가 되었는데, 그것은 그가 오로베(Ogowe)강을 타고 람바렌네 방향으로 올라가면서 하마 무리 곁을 지나갈 때 직관적으로 떠올랐다. 1923년 그는 그것을 자신의 저서 『문화와 윤리학』에 다음과

같이 표현했다:

나는 살기 원하는 생명이고, 살길 원하는 생명 가운데 있다(Schweitzer, 전집 II, 1970, 377).

선교사들은 또 다른 고백의 그리스도인들을 알게 되었고 그들과 함께 협력했다. 한편으로 그들은 또 다른 종교들의 대변자들을 만나고 알게 되면서 점차 이해의 폭이 성장했다.

20세기가 지나면서 선교 사역은 근본적인 변화가 있었다. 선교 단체들은 더 이상 유럽의 교회 모델을 비유럽권 나라들에 수출하길 원하지 않았다. 그들은 그 지역 그리스도인들이 자신의 분야에서 신학적으로 그리고 제의적으로 독자적인 길을 갈 수 있도록, 독립적인 교회들을 설립하도록 독려했다.

오늘날 선교는 주로 교회의 저개발국 원조를 위한 또 다른 언약이다. 비그리스도인을 그리스도인으로 만드는 것을 더는 다루지 않고 있다. 이런 고전적인 의미의 선교를 대신하여 대화가 이루어졌고 종교들의 대담과 공동 작업이 진행되고 있다. 선교사들은 오늘날 기껏해야 그리스도인으로 살아가도록 결단을 유도하고, 다른 사람들에게 왜 그리스도인으로 그렇게 사는지에 관한 질문을 유도한다.

이 외에도 오늘날 그리스도교-유대교의 역사에서 결론이 나오는 그리스도인과 유대인과 대화와 또한 그리스도교인과 이슬람교도 사이, 그리스도교인과 불교 신자들 사이, 그리스도교인과 힌두교도 사이의 종교 간 대화가 있다. 가톨릭교회가 "우리의 시대를 위하여"(Nostra ae-tate)라는 공의회 선언을 공표했을 때, 1965년 종교 간 대화의 길을 열었고, 가톨릭교회는 불교 신자들과 힌두교도와 이슬람교도들과 유대교의 "진실하고 거룩한" 것을 결코 거부하지 않았다. 유대교와 그리스도교의 연대는 특히 강조되었고 이슬람은 뚜렷한 "가치"로 고찰되었다. 개신교 신학과 마찬가지로 가톨릭 신학에서 "종교 신학"이라고 칭하는 새로운 신학적인 방향이 발전되었다. 그 방향은 다른 종교들과 그리스도교와의 관계를 깊이 고찰하고 새롭게 규정하는 시도이다. 특히 가톨릭 신학자 한스 큉은 자신의 교회와 불화했으나 이런 대화를 위해 노력했다. 1990년 그는 "세계의 풍속"(Weltethos)이라는 프로젝트를 시작했다. 큉은 많은 종교가 윤리학의 영역에서 근본적인 공통점을 가졌고 이것들을 발굴하여 사용해야만 한다고 믿었다. 종교들이 더 훌륭하고 정의로운 세계의 건립과 특히 평화에 공헌할 수 있다고 생각했다. 큉은 종교 간 대화와 세계평화 사이의 관계를 다음과 같이 정리했다:

종교의 평화 없이 나라의 평화 없고 종교 간 대화 없이 종교 간 평화 없다 (Küng, *Das Christentum*, 1994, 2).

이슬람과의 대화는 중요한 미래의 과제이다. 그에 앞서 그리스도교는 오늘날 세계적으로 퍼져 있으며, 이슬람은 그리스도교의 기반 위에 그리고 그리스도교에서 발생했다. 그러므로 그리스도교 신학자들의 편에서는 오랫동안 일반적이었던 것처럼 이슬람을 그리스도교 일부로 생각하는 것은 전혀 바뀌지 않을 것이다. 유대인들과는 달리 이슬람교도들은 예수와 마리아를 인정하고 존중한다. 절대 요구와 선교 이념 역시 두 종교는 관련이 있고 그들을 동시에 경쟁자로 만든다. 덧붙여서 역사와 현재는 독립적 그리고 고유한 종교적인 관할권의 범위를 가진 크고 강력한 세계 종교로서 그리스도교와 이슬람교—그리스도교와 유대교와는 달리—가 항상 눈높이에서 대립했다. 두 종교 안에는 다른 종교가 소수로 존재했다. 어쨌든 일방적이 아닌 공동의, 상호 잘못된 역사가 있다.

　기본 조건들을 고려해 보더라도 그리스도교와 이슬람교의 종교 간 대화는 그리스도교와 유대교의 대화보다 더 긴급하고 필요하며 더 단순해야만 한다. 그러나 두 종교 간 최근의 역사는 부담과 불균형이 존재한다. 왜냐하면 이슬람교는 이전에 그리스도교의 식민 통치 강대국들에 의해서 지배받았던 나라들에서 강하기 때문이다. 민족주의적이고 반서구적인 문화의 흐름은 종교와 연관되어 있기에 종교들의 순수한 종교적인 만남을 악화시킨다. 그리고 서구 그리스도교의 사회에서 이슬람의 출현은 이민과 밀접하게 관련된다. 이민은 사회적 긴장과 갈등을 초래했다. 이슬람교의 영향을 받았던 국가들의 최근 정치적이고 문화적인 역사를 고려할 때만이 현재의 이슬람에 강화된 군사력(Gewaltpotential)을 이해할 수 있고 평가할 수 있다.

9. 교회연합운동(Ökumene)

　교회연합운동은 무엇보다 다양한 교회의 협력이 중요하다. 이 단어는 이미 1세기에 사용했던 것으로 오래되었다. 헬라어 "오이켄"(οἴκειν, oiken)은 거주하다라는 뜻이며, 고대에서는 거주한 땅을 Ökumene(οἱ κουμένη/오이쿠메네)로 칭했다. 그리스도인들은 전체로서 교회와 그리스도교와 관련된 모든 일에 관해서 말할 때 이 개념을 사용했다. 예를 들어 큰 공의회를 에큐메니컬(ökumenisch)로 칭했다. 그러나 역사가 흐르면서 이 개념은 사용되지 않았고 목적 자체도 사라졌다.

그리스도교는 교회 역사 속에서 계속 세분화했고 서로 다른 교회들은 개방적으로 교제하기보다는 서로 경쟁했다. 그때마다 교회들은 각자가 그리스도교의 진정한 혹은 가장 훌륭한 형태라고 주장했다.

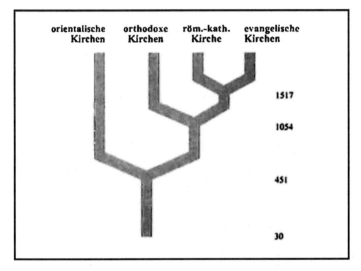

그림 6.2. 네 개의 교회(동방 교회, 정교회, 로마-가톨릭교회, 개신교회)의 형태

그리스도교 내부의 종교적인 관용은 18세기에 처음 성장하기 시작했다. 특히 그 성장은 경건주의와 계몽주의의 상황에서 이루어졌다. 예를 들면 독일의 몇몇 장소에서 루터교 성도들과 개혁교회의 성도들이 협력했고, 통일된 개신교(교회 연합)를 형성하면서 19세기 교회연합 운동은 진보를 이루었다. 19세기 중반에는 개신교 동맹, 즉 헌신적인 개신교 성도들의 전 세계의 교파를 초월한 연합이 등장했다.

"Ökumene"라는 단어는 "Ökonomie"라는 단어처럼 헬라어에서 유래했다. 두 가지 개념은 거주하다(οἰκεῖν/오이케인)의 헬라어 단어에 기원한다. 그러나 오늘날 "Ökonomie"는 경제를 의미하지만, "Ökumene"는 서로 다른 교회들의 연합을 뜻한다. 특히 형용사 오이쿠메니쉬(ökumenisch)와 오이 코노미쉬(ökonomisch)는 쉽게 혼동해서 사용된다.

근대 에큐메니컬 운동은 선교에서 비롯되었다. 선교 사역 현장에서 그리스도인들은 서로 다른 교파들과 알게 되었고 서로를 존중했다. 초창기 에큐메니컬 운동대회는 선교대회들이었다.

제2차 세계대전 이후 세계교회협의회(ÖRK)가 설립되었다. 사실 설립 결정은 이미 1937년 이루어졌었다. 하지만 제2차 세계대전이 실행을 어렵게 했다. 드디어 1948년 8월에 44개국 147개 교회의 대표자들이 암스테르담에 모였고 "주 예수 그리스도를 하나님이자 구속주로 고백하는 교회들의 공동체"를 형성했다. 그러므로 세계교회협의회는 어떤 새로운 교회 혹은 교회를 넘어서는 교회가 아니라 같은 권리를 가진 교회들의 연합 "공동체"이다. 로마-가톨릭교회만을 제외하고 모든 교회 교파가 참여했다. 오늘날(2013) 120개국의 5억 6천만 명의 회원을 가진 349개 "교회들, 교파들, 공동체들"이 세계교회협의회에 등록되어 있다. 가톨릭교회는 1965년 이후로 협력하고 있으나 정식적인 회원은 아니다. 왜냐하면 회원이 되는 것은 그들의 자체적인 교회 이해, 즉 일차적이고 보편적인 세계 교회라는 것에 반하는 일이기 때문이다. 매 7년 주기로 "전체 회의"가 개최되었다. 교회 일치에 관한 문제 제기가 1968년 웁살라(Uppsala)와 1983년 밴쿠버(Vancouver)에서 일어났다. 1975년 나이로비(Nairobi)에서는 해방에 관해서 또한 사회적이고 정치적인 차원들이 이야기되었다. 저명한 "사무총장들"로는 1972부터 1984년까지 세계교회협의회를 이끌었던 감리교 신자이자 인도인인 필립 포터(Philip Potter)와 1993년부터 2003년까지 행정직을 맡았던 독일 연방공화국 출신 코라드 라이저(Korad Reiser)가 있다.

또한 1945년 이후 프로테스탄트 내부의 교회연합운동도 진보했다. 19세기의 교회 연합에도 불구하고 루터주의자들과 개혁교회 성도들이 가졌던 문제들은 오래전부터 정리되지 못하고 있었다. 1973년 바젤 근처 로이엔베르크(Leuenberg) 개신교 학술대회에 따라 불리는 몇십 년 동안의 토론이 일명 "로이엔베르크의 일치"(Leuenberger Konkordie)로 작성되었다. 이때 루터주의자들과 개혁교회주의자들이 주의 만찬을 공동으로 시행한 것이 전혀 문제없이 가능하게 되었다. 16세기 공식화된 판결들은 무효로 선언되었다. "로이엔베르크의 일치"를 원래 지칭했던 "유럽에서의 개혁교회들의 일치"(Konkordie reformatorischer Kirche in Europa)에 오늘날까지(2013) 총 98개 교회가 공식적으로 서명했다.

1982년 교파 내부의 에큐메니컬 운동에서 세계적이고 상당한 진보가 이루어졌다. 페루의 리마(Lima)에서 세례, 성만찬 그리고 기관(Amt)에 대한 소위 "일치선언문"(Konvergenzerklärungen)이 결정되어 서명이 이루어졌다. 그것은 세계교회협의회 위원회의 "신앙과 교회법"에 대한 50년 동안 지속적인 조언의 결과물이었다. 이것은 가톨릭교회의 참여 아래 이루어졌다. 목적은 동의가 아니라 "일치"라는 친밀한 관계이지만, 신학과 교회 실천의 전체 중심적인 질문들로 국한되었다. 텍스트들은 직접적으로 1982년 이후 넓고 심도 있게 토론되었으나 그다지 성과는 없었다.

"정의와 평화와 피조물의 보존에 대한 공의회 심의"는 같은 운명에 처했고, 이 심의는 1983년에 시작되었다. 원래 의도했던 공의회는 목적에 이르지 못한 것으로 판명되었다. 이 때문에 새롭고 익숙하지 않은 칭호 "공의회 심의"를 선택했다. 1989년 바젤에서 이어 1990년 서울에서 회의들은 세계교회협의회의 정점이었다. 그러나 새로운 것을 돌출하거나 지속적인 자극을 제공하는 것에는 실패했다. 무엇보다 정치적인 기본조건들이 1989년부터 완전히 바뀌었기 때문이다.

이런 상황에서 루터-가톨릭의 신학적 대화 진행은 구체적인 결과들을 만들어 냈다. 1999년 두 교회의 대변자들은 아우크스부르크에서 종교개혁의 중심적인 논쟁점 중에서 동의를 요구했던 의로움이라는 교리에 대한 공동선언문에 서명했다. 양측의 신학자들에 의해서 도달된 타협 형식이었으나 전체적으로 박수 받지 못했다. 공교롭게도 개신교 신학 중에서 강력한 저항이 일어났다.

교회연합운동은 오늘날 널리 알려져 있으나 20세기 말 더는 진보하지 못했다. 가톨릭교회는 개신교를 여전히 교회로 인정하지 않고 있다. 공동의 주 만찬 시행은 계속 불가능하고 개신교 성도들의 가톨릭교회 성만찬 참여를 손님으로도 허락하지 않고 있다. 동방 교회들이 이런 접촉들에서 이익을 얻었기 때문에 몇십 년 동안 에큐메니컬적인 관계들을 장려했으나, 그럴 때마다 국가 정부가 동방 교회들에 아첨했고 국가의 목적에 따라 이용했기 때문에 모든 관심을 상실했다. 동방 교회의 개신교 여성 목회자들, 그중 여성 감독과의 만남은 가톨릭 사제들보다 훨씬 어려운 일이다.

하지만 또 다른 문제를 간과해서는 안 된다. 정교회 성도, 가톨릭 성도, 프로테스탄트는 세례를 상호 인정하고 모든 대립적인 문구들을 인정한다. 세례는 세기를 거치면서 천 년 동안 나누인 그리스도교를 하나로 묶는 끈이었다. 그러나 어떤 교회든 상관없이 세례가 어린아이에게 행해졌을 때 많은 자유교회에서는 여전히 세례가 인정되지 않고 있다. 자유교회로 넘어간 그리스도인이 다시 세례를 받아야 하는 일이 빈번하다. 이것은 그동안 대규모로 일어났고 독일에서도 일어나는 일로, 교회 연합운동 정신에 반하는 중대한 행위이다.

10. 아메리카 교회

아메리카의 미국은 독립적이며 심히 흥미로운 교회 역사를 가졌다. 독일의 영향력은 강했고 강하다. 미국이 독립을 선언하기 전에 이런 역사의 특징들은 이미 나타나기 시작했다. 원래 미국은 식민지로 주로 영국의 식민지였고, 그곳에서 경제적이며 빈번하게 종교적인 이유로 유럽의 조국들을 떠났던 사람들이 거주했다. 다시 말해 미국은 많은 영국인과 소수 독일인이 거주했다.

종교적인 동기로 인해 이주한 사람들은 그들의 새로운 고향에서 종교적인 영역 안에서 새로운 관계들을 형성하려 했다. 관용 정책이 이에 속했다. 최초의 실제 사례는 메릴랜드(Maryland)이다. 이곳은 이미 1634년에 가톨릭 교인들에 의해서 설립된 식민지였으나 그곳에 특히 프로테스탄트들이 거주하게 되었다. 그들은 항상 핍박받은 가톨릭 교인들에게 피난처를 제공했다. 1649년 종교적 관용이 법적으로 제정되었다. 1681년 영국의 퀘이커 교도인 윌리엄 펜(William Penn)은 식민지 펜실베니아(Pennsylvanien)를 설립했다. 여기에는 처음부터 퀘이커 교도의 원칙들과 상응한 관용이 행해졌고 역시 1701년에 법으로 규정되었다. 18세기 수많은 경건주의자는 북아메리카에서 피난처를 찾았고 그들의 종교적인 이상들을 실현할 가능성을 모색했다.

1776년 독립을 요청한 후 종교는 개인적인 일로 이해되었고, 국가와 교회는 분리되었으며, 종교의 자유로운 행사는 헌법에 (1787년, 1791년의 부가 조항으로) 수록되었다. 그러나 연방국가에는 여전히 오랜 기간 다양한 상황들이 지배했다.

종교의 개인화는 아메리카에서 극단적인 종교 다원화로 이어졌다. 하지만 종교의 소멸로 이어진 것이 아니라 그 반대로 종교의 부흥을 이끌었고, 아메리카는 근대의 다른 어느 나라들과 비교할 수 없을 만큼 종교적으로 엄청난 영향을 미쳤다. 독일과 프랑스와 영국에서 사람들이 점점 그리고 다수가 종교로부터 멀어진 반면에, 아메리카의 사람들은 예배에 대규모로 쏟아져 나왔다.

19세기 아메리카에서는 많은 새로운 교회들이 등장했다. 이 교회들이 신앙고백으로는 전혀 구별되지 않았기 때문에 유럽에서처럼 교파(Konfession)로서가 아니라 교회의 이름(Domination)으로 구분되었다. 독일어로는 '명칭'이라는 문자적 의미이다. 일종의 같은 사건에 대한 서로 다른 이름들이라고 설명할 수 있을 것이다. 하지만 한편에서는 교리에서 명확하게 새로운 길을 걸은 수많은 특별한 공동체들이 등장했다. 이것들은 예전에는 분파로 칭해졌고, 그 분파들은 아메리카에서 얼마 되지 않아 유럽과 독일에 상륙했다. 농장보조원인 조셉 스미스(Joseph Smith)에 의해서 1830년에 설립된 몰몬교(Mormonen), 1879년에 성경학교 학생인 찰스 타츠 러셀(Charles Taze Russel)에 의해서 설립된 여호와의 증인이 여기에 속한다. 게다가 아메리카가 이미 18세기 그리고 19세기에 확장되면서 대규모의 개종이 이루어졌다. 이 개종은 종교적인 대규모의 각성 운동으로 강력한 종교적 체험인 치유와 황홀경을 경험하는 현상을 동반했다. 최후의 대각성 운동은 1906년 로스앤젤레스(Los Angeles)에서 시작된 오순절 운동의 등장이다. 오순절 운동에서는 청자들은 이해할 수 없는 방언과 같은 초대 그리스도교의 종교적인 현상들이 되살아났다. 오늘날에도 오순절 공동체들이 전 세계에 퍼져있고, 특히 독일에서도 많은 교인이 몰려드는 그리스도교의 한 형태이다. 오늘날 미국 그리스도교의 20%가 오순절교회의 영향을 받았다. 그리고 오순절적 혹은 그와 유사한 카리스마적인 경건 형태들이 특히 라틴아메리카 가톨릭교회의 영역을 점령했다. 수백만의 가톨릭 교인들은 이미 이런 개신교교회들에 가입했다.

핵 심 포 인 트

> 미국에는 다수의 교회가 있다. 하지만 그것들은 유럽에서처럼 교회들의 신앙고백을 통해서 구분되지 않는다. 이 때문에 유럽에서는 교파들(*confessio*: 신앙고백들)이라고 말하고, 미국에서는 이와 유사한 변형으로 이름에 따라 구분된다. 이 때문에 다양한 교회들에 대한 칭호인 "교회의 이름"(denomination: 명명)을 부여했다.

　미국은 대략 수백 개의 교회 이름을 가진 교파들이 있다. 인구의 80%는 지금도 (완전히 자발적으로) 종교 공동체에 속해 있고, 40%는 주일에 규칙적으로 예배에 참석한다. 어떤 유럽 국가에서도 이렇게 강력한 종교성을 가진 나라는 없다.

　미국은 역사적인 제약에서도 철저하게 개신교의 영향을 받은 나라였다. 물론 이것은 중남미와 라틴아메리카에서 법적이고 불법적인 이민이 이루어지면서 최근의 역사에서 변경되고 있다. 오늘날 가톨릭주의는 엄청난 부흥기를 맞았고 현재 가장 큰 규모의 교회 이름이다.

알 아 두 기

미국 교회의 교파들

퍼센트로 서로 다른 교파들에 대한 미국 인구의 소속
(1996년의 설문조사 통계)

가톨릭 성도 30%	주교중심주의교회 성도 2%
침례교 성도 18%	몰몬교 성도 2%
감리교 성도 9%	유대교 성도 2%
루터교 성도 6%	모슬렘 교도 0.5%
장로교 성도 3%	전혀/불투명한/특별한 계시 19.5%
오순절교회 성도 2%	

(비교: 특히 NOll, *Christentum*, 2000, 260)

그림 6. 3. 19세기 부흥 및 공동체 운동에서 인간과 세계관 (샬롯 라일렌의 중심을 바탕으로 한 1850년 이후의 석판화)

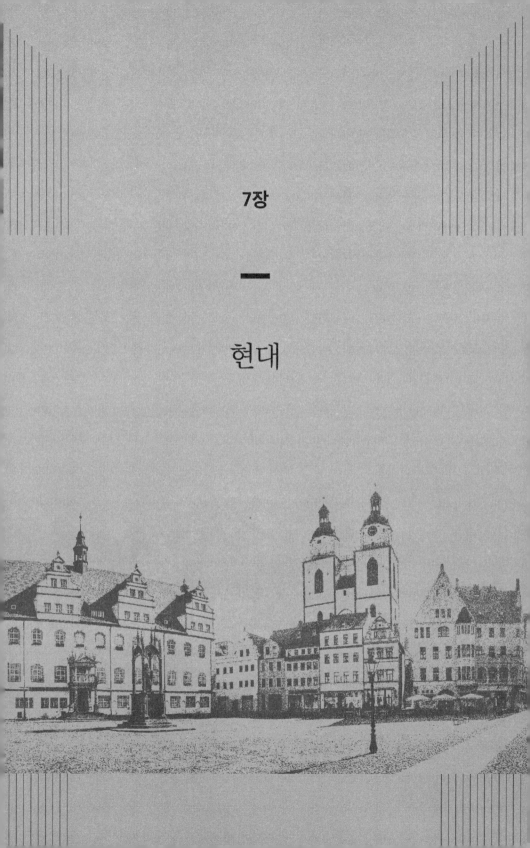

7장

현대

I. 현대 교회 역사 개관

근대와 현대의 가장 최근 시기까지를 자주 현대사로 표기하고 있다. 그러나 일반적으로 이 시기의 명칭인 현대사는 제1차 세계대전 이후부터를 말한다. 물론 진정한 의미의 현대 교회 역사 시작은 시대적으로 늦추어졌다. 왜냐하면 그 개념은 한 역사가가 살고 있고 경험했던 시대에만 의미 있게 적용되기 때문이다. 예전에는 1945년을 현대 교회 역사의 시작으로 보았으나 70년 후에 이런 견해는 시대에 뒤떨어진 것이 되었다. 더 명확한 새로운 시대구분은 1989년으로 제시되었고, 그 해는 지금 이미 또한 20년 이상 그리고 그것과 더불어 4반세기 지나가 버렸어도 시대적으로 같은 해다. 오늘날 활동하는 모든 역사가 역시 이 시대를 동시에 경험했다. 1989년은 다가오는 해들에서 현대사의 새로운 시작으로 인정될 수 있다. 사회적으로, 경제적으로 그리고 정치적으로 20년 동안 상당히 많은 사건이 발생했다. 반면에 교회나 신학적인 영역에서는 그에 비해 작게 나타났다.

그리스도교는 1989년 이후 성장한 종교이다. 인구 중 그리스도인의 비율은 3분의 2로 줄어들었으나 세계적으로 그리스도교는 성장했으며 이슬람교에 비하면 더 크게 성장했다. 그리스도교는 현재 20억만 성도를 갖고 있으며 그들 중 12억 명은 가톨릭 신자이다.

그리스도교는 더욱이 세계에서 관심을 받지 못하던 나라들에서 새롭게 성장했다. 특히 이전 소비에트 연합의 나라들과 중국에서 급성장하면서 오늘날에는 백만 명의 그리스도인이 있다. 하지만 자유가 성장했음에도 인구 대다수의 이슬람교를 가지고 있는 나라들에서는 지역적으로 국가적인 억압과 박해가 있었다. 우선 아랍 세계 안의 그리스도인들과 그 외 팔레스타인 갈등에서 정치적으로 강화된 이슬람교에 의한 박해가 있었다. 교황 요한 파울로 2세(Johnnes Paul II, 6.2.5)는 그리스도교를 세계적으로 잘 알렸다고 인정된, 교회 내외적으로도 상당히 강력한 영향을 미친 안내자였다. 그는 최초로 근대의 여행 문화와 대중매체를 이용하여 자신의 이상과 관심사들을 널리 알렸다. 그 때문에 그에게 여행 교황과 대중매체 교황이라는 명칭이 붙었다. 1981년에는 그를 향한 암살 시도가 있었으나 살아남았으며, 그 배경들에 관해서는 오늘날까지 알려지지 않고 있다. 요한 파울로는 자신의 조국 폴란드와 예전의 소위 동유럽 블록의 또 다른 나라들의 권위주의적이고 전체주의적인 정부의 몰락에 기인하고, 더욱 자세히는 이 몰락은 대체로 평화롭게 이루어졌다. 또한 그는 2004년 엄격한 감리교 신앙을 가진 미국 대통령 조지 부시(George Bush)의 접견 당시 레위기를 읽어주고 그가 벌인 이라크와의 전쟁을 정면으로 비판하는 일을 두려워하지 않았다. 그는 새천년으로의 전환에 가톨릭의 이름으로 범했던 범죄에 대해서 인류에게 용서를 빌었다. 요한 파울로는 유대인들과 그리스도인들 사이에 이해를 구했고 또한 이스라엘 국가와 교회와의 관계를 정상화했다. 더 나아가 그는 성공적으로 세계 각 종교와의 대화에 힘썼다. 그러나 그리스도교 내부에서의 에큐메니컬적 관계들은 정체되거나 심지어 후퇴했다. 교회연합운동의 일시적인 움직임은 독일 베를린에서 2003년 최초 에큐메니컬적인 교회의 총회가 있었고 이어서 뮌헨에서 2010년에 있었다. 제3차 총회는 2019년에 있었다. 요한 파울로는 2005년에 죽었고 이미 2011년 복자 위에 올랐다. 그는 승인된 더 많은 기적에 따라 2013년 즉시 성인으로 추서되었고 2014년 4월 27일에 결과로 이어진다. 그는 지역에 따라, 예를 들면 로마와 폴란드에서 축복자로 추앙을 받고 세계적으로는 성인으로 추앙을 받았다.

이와 반대로 개신교회들은 화제를 부를 만한 일이 없었다. 세계의 프로테스탄티즘은 정치적인 변화를 고려해서 미온적인 태도를 보였고, 이것은 또한 독일 프로테스탄티즘도 마찬가지였다. 특히 독일 주정부 교회들은 재정적인 상황들을 조절하고 인구통계 변화의 현실적인 결과들에 관해서 심사숙고하는 것에 전념했다.

인구통계의 변화는 교회의 성도 수와 재정수입의 후퇴를 가져왔다. 작센 주정부 교회의 상황을 보면, 1990년에는 13,403명이 세례를 받았던 반면에, 2010년에는 겨우 6,843명에 불과했다. 1990년 개신교회는 20,700개의 건물을 이용했었는데, 2012년에는 830개의 건물로 줄었다. 교회 건물들은 파괴되었거나 용도변경이 이루어졌고 드물게는 다른 종교들의 예배처로 이용되었다. 지금까지 독일에서 교회 건물의 3%가 폐쇄되었고 머지않은 미래에 10% 정도가 그런 상황에 직면하게 될 것이다. 가톨릭교회가 간절하게 사제들을 찾아 나섰던 것과는 다르게, 개신교회들은 목사직의 수를 재정적인 위기로 인해 계속해서 줄여가야만 했다. 베스트팔렌의 교회는 목사직의 수를 2012년의 1,850명에서 2030년까지 800명으로 줄이는 것을 계획하고 있다. 뷔르템베르크는 2013년부터 2018년까지 단지 5년 사이에 그곳의 목사직의 6%를 감축할 것이고 그 수는 110명 정도 된다. 결국 독일 개신교회들은 심각한 목사 부족 현상을 맞이하게 될 것이다.

오늘날 독일에서 여전히 국민의 3분의 2가 그리스도교인들이다. 그들은 프로테스탄트들과 가톨릭 신자가 2,400만 명이며, 112만 명은 정교회에 속한다. 30만의 개신교 신자들은 자유교회 성도이다.

북아프리카에서 평화로운 변화가 일어날 때 정치적으로 교회의 역할이 중요했다. 그곳에서 1948년에 시행된, 항상 종교적인 이유로 일어난 부족 분열의 체제가 1994년에는 사라지게 되었다. 여기서 감독 데스몬트 투투(Desmond Tutu)는 중요한 역할을 했다.

프로테스탄티즘 안에서 일어난 오순절 운동은 세계적으로 폭발적인 성장을 했다. 그들의 진술에 따르면 지금까지 6억 2,800만 명의 성도가 있다. 이것은 전체 그리스도교의 4분의 1 이상에 해당한다. 특히 독일에서의 오순절 계통과 또 다른 개신교인 자유교회가 점점 그리고 강력하게 성장했다. 몇몇 프로테스탄트 교회들은 그것들의 국가교회로 전환을 토론했고 결의했다(스웨덴 2000, 노르웨이 2012). 독일에서 서로 다른 주정부 교회들의 연합이 이루어졌다. 하지만 점차 많은 그리스도인이 교회 구조에서 벗어나 가정교회(또한 소박한 교회)들을 형성해 가고 있다. 가정교회들은 초대 그리스도교에서 혹은 그리스도인들이 박해받았던 나라들에서처럼 개인의 작은 공간인 가정에서 모여 그리스도교의 경건 생활과 그리스도교 공동체를 돌본다. 가정교회 운동은 미국에서 유래했지만 이미 많은 나라에서 이루어지고 있다. 거기에 독일도 포함되어 있다.

그리스도교에서 탈교파 현상은 세계적인 흐름이다. 19세기 이미 미국에서 시작되었던 것처럼 교파들, 신앙고백들은 점점 그 역할이 작아졌다. 신학적인 가르침보다 경건의 실천적 형태들과 조직의 구조들을 더 중요하게 생각했다. 또한 많은 사람은 교회에서 공동체 의식을 경험하는 것을 전통적인 돌봄보다 더 중요하게 여긴다. 성서와 기도는 중심에 서 있다. 점점 확산하는 그리스도교의 다원화는 점점 더 명확한 일원화, 곧 정교회와 가톨릭의 교리들이 아닌 초대 그리스도교와 복음적인 원리들에 따른 일원화를 이룬다.

소규모의 전쟁들이 발발했던 80년대에 전쟁과 평화라는 주제는 독일의 두 지역(역자 주: 서독과 동독)의 모든 교회에서 중요했던 반면에, 2천 년대 들어 첫 십 년 동안 여러 번의 독일 군대의 참여에도 불구하고 교회는 실제적인 전쟁에 관한 토론을 하지 않았다. 시행된 방법의 정당성과 적합성을 고려하여 특히 전쟁으로도 어느 경우도 언급되지 않은 아프가니스탄 전쟁은 이라크 전쟁보다 훨씬 덜 논쟁적이었다. 독일에서 가톨릭 감독인 발터 믹사(Walter Mixa)와 개신교 여감독인 마르고트 케스만(Margot Käsmann)이 공식적인 비판자로 나섰으나, 그 둘은 얼마 후 직무상 그리고 개인 일신상의 실수들로 인해 그들의 공직을 잃었다.

많은 교회에서 여성의 역할에 대한 활발한 토론이 있었다. 여성이 목사뿐만 아니라 감독이 되는 것이 가능해진 프로테스탄트교회들이 세계적으로 점점 많이 늘어났다. 단지 아직도 몇몇 개신교회는 남성들만이 목사직을 유지한다. 루터 교회 중 라트비아(Lettland)와 폴란드의 교회들은 여성들의 목사안수식을 계속해서 거부했다. 특히 영국교회는 여성문제를 해결하려고 최선의 노력을 했다. 그 바람에 상당수의 보수적인 관리들과 공동체 구성원들이 그들의 교회를 떠나 로마-가톨릭교회로 옮겼다. 영국의 교회들이 논쟁적인 토론을 벌인 이후 2012년 감독직에 대한 여성의 허락에 논의되었고, 드디어 2014년 결정되었다.

로마-가톨릭교회에서도 여성의 안수 문제가 토론되었으나 교황이 앞장서서 교회 위계질서의 모든 변경에 대해 반대했다. 어떤 여성이 부제와 여사제가 될 수 없듯, 여감독 혹은 여교황도 무시해야 한다는 것이다. 따라서 정교회도 역시 이렇게 생각하고, 이 질문에 관한 토론은 전혀 없었다. 따라서 여전히 세계 그리스도인들의 3분의 2에서는 어떠한 여성도 말씀을 전하거나 성만찬을 집례하지 못하고 그런 일을 행할 생각조차 하지 않는다. 여성들은 빈번하고 공식적으로 토론되는 이슬람교에서뿐만 아니라 많은 그리스도교 교회에서도 동등한 권리를 갖지 못한다.

요한 파울로 2세는 1994년 "그의 직위에 따라", 그것과 더불어 근본적으로 무오성을 요청하면서, 남자만이 서품식을 받을 수 있고, 이것만이 "최후의 결정"이라고 설명했다.

독신 생활은 계속되고 오래된 차이점들이 존재한다. 정교회에서는 높은 지위를 가진 감독들만 결혼하지 않은 채 산다. 반면에 가톨릭교회는 이 질문에 관하여 저 밑바닥에서 난상 토론들이 있음에도 여전히 사제의 의무적인 독신 생활을 유지하고 있다. 최근 독신 생활에 관한 논쟁은 사제의 어린이들 성추행과 같은 수많은 남용 사건으로 고조되었다. 하지만 항상 예들이 있었고 또한 있음에도 불구하고 로마는 독신 생활을 확고히 할 것이다. 그러나 어떤 결혼한 개신교 목사가 개종한다면 그는 결혼 상태임에도 가톨릭 사제로 활동할 수 있다.

또한 많은 교회에서 동성애는 대립적인 상황에서 토론되었고, 특히 동성애자의 목사직에 관한 토론도 이어졌다. 어떤 동성애자인 사제가 그의 동성애를 공식적으로 고백하고 실행할 수 있는가? 많은 개신교회는 몇십 년 전에만 해도 단결해서 단죄했던 이런 성 정체성의 방향에 개방했다. 몇몇 교회들은 동성 부부들을 위한 결혼 혹은 축복기도를 도입했다. 대표적으로 2009년 스웨덴의 루터교회와 2012년 중부 독일 교회가 여기에 속한다. 그러나 동성애 문제는 그것에 관한 토론과 무엇보다 개방의 결정으로 인해 목사들과 성도들이 그들의 교회로부터 등을 돌렸고, 이에 관해 엄격한 공동체에 가입하도록 많은 교회가 유도했다.

동성애 현상과 국가와의 관계는 교회의 편에서 논쟁의 여지가 있었다. 2013년 가톨릭 영역에서 부추겨지면서 프랑스 정부에 의해서 계획된 "동성애-결혼"에 대한 큰 저항이 입양법을 결정할 때 있었고, 러시아에서는 법적인 대안들이 정교회의 움직임에서 발견되는데, 동성애자들을 공식적으로 추방했다.

낙태라는 주제는 비교적 조용했다. 대부분의 나라와 교회는 금지가 국민 안에서 이루어졌다는 것을 받아들였고, 이미 생명을 가진 태아들의 사후 낙태에 대해서는 혐오스러운 것으로 생각지 않았다. 단지 미국에서만 엄격한 개신교 그리스도인의 편에서 여전히 낙태와 편견 없는 법적 제정에 대한 강력한 반대 주장이 있다. 또한 피임이라는 주제에서 가톨릭의 제한적인 입장은 세계적으로 더는 공감을 얻지 못하고 있다. 그러나 여전히 가톨릭 성 윤리의 영향을 받아 오늘날 나쁜 결과들을 낳은 나라들이 있다. 대표적인 나라는 필리핀이다. 그곳에서는 가톨릭의 영향으로 임신 예방이 되지 않고 있어 예기치 않은 임신들은 무분별한 낙태로 이어지거나 여성들이 마닐라(Manila)의 빈민가에서 8, 10, 12명 그리고 더 많은 아이를 낳는 바람에 그녀들은 아이들에게 생명 존엄을 제공할 수 없다.

현안의 주제들은 신학적 윤리의 의사에 서 있었으나 그것들의 복잡성 때문에 어떠한 명확한 공식적인 논쟁들이 이루어지지 않았다. 인공수정, 착상 전 진단과 출생 진단(성 선택과 관련되거나 장애 때문에)과 서로 다른 형태들의 죽음 도움과 인간의 태아에 관한 연구와 동물 복제와 식물과 동물들의 유전자 조작이 이에 속한다.

2013년 초 교황 베네딕토 16세는 놀라운 일을 했다. 그는 교황직에서 내려왔다. 그것은 교회법으로는 가능했으나 719년 동안 일어나지 않은 사건이었다. 교황들은 그들의 교황직을 죽을 때까지 유지했다. 1249년 코엘레스틴 5세(Coelestin V)는 교황직의 피로감을 이유로, 베네딕토는 명목상으로 건강 문제가 이유였다. 베네딕토는 나이가 차면 은퇴하는 사회적 은퇴를 따랐고, 공직자들과 자체 세력들과 올바른 교제와 관련하여 신호를 제공했다. 적어도 그의 은퇴 때문에 그는 역사에 남을 만한 인물이 될 것이다.

후계자로 교황 선출에 책임 있는 추기경들 115명 중 6명의 독일인이 2013년 예수회 회원이자 라틴아메리카 사람을 선출했다. 이전에는 두 가지 이력을 가진 사람은 없었다. 많은 가톨릭 신자는 교회가 최초로 아프리카 사람으로 결정하고, 그것과 더불어 세상에 이정표를 세우거나 특별한 개혁자로 결정하기를 희망했다. 그가 이름을 프란체스코(Franziskus)로 받았을 때, 오랜 해 동안 부에노스아이레스(Buenos Aires) 감독으로 활동했던 그는 최초의 내용적인 이정표를 세웠다. 어떠한 교황도 아시시의 성인의 이름을 가지지 않았고, 무엇보다 그의 이름처럼 생애 동안 예수의 정신을 계승하고, 가난한 자들과 연대를 대변하며, 평화와 전체 피조물과의 인간의 연대를 대변한다. 물론 새로운 교황은 76세에 그의 교황직을 취임했다. 이 나이의 사람들은 삶의 경험과 지혜로 만족하면서 대체로 무언가를 더는 경영하려고 하지 않을 것이다. 그들이 교회와 같은 거대 조직의 지도 혹은 변혁을 위해 필요한 것처럼 말이다.

개신교회들은 세계적으로, 특히 독일에서 2017년 종교개혁 기념식을 준비했다. 독일 프로테스탄티즘은 이미 2008년 "루터 10년간"(Luther Dekade)과 함께 준비를 시작했다. 여전히 누구도 이런 기념식을 계기로 에큐메니컬적인 관계 영역에서 역사에 남을 만한 성과를 거둘 수 있을지 알 수 없다.

2017 루터 기념식은 역사를 생생하게 살려내고 역사의 성과를 끄집

어 보는 기회를 제공할 것이다. 가장 좋은 경우 가톨릭교회가 이단시하여 절교했던 일을 취소할 수 있는 것에 도달할 수 있었으면 한다. 이미 1992년, 1633년에 심판했던 갈릴레오 갈릴레이(Galileo Galilei)에게 일어났던 일처럼 말이다. 그리고 루터교회들은 교황들과 다르게 생각한 종교개혁자들의 강도 높은 비방과 맹목적인 유대인 혐오와 편협한 여성 혐오에 대한 루터의 불쾌한, 다소 폭력적인 논쟁을 심판받을 것을 결정할 수 있었다. 여성혐오는 현재까지 여전히 부정적으로 작용하고 있다.

8장

—

교회사의 쟁점들

1. 왜 교회 역사이고 또 어떻게 교회 역사인가?

왜 우리는 교회 역사를 연구하는가? 왜 교회 역사는 신학 분과로서 신학의 또 다른 분과들과 동등한 위치에서 신학 안에서 굳건히 명문화된 분과인가?

교회 역사는 왜 교회가 존재하는가에 관한 질문의 답이 아니다. 왜 교회가 오늘날 그렇게 존재하는가, 어떻게 교회가 존재해 왔느냐는 질문에 대한 대답이다. 교회 혹은 현재의 교회들을 이해하고 싶은 자는 오히려 그것의 역사를 연구해야만 한다. 그것을 변화시키길 원하는 자는 먼저 그것을 이해해야만 하고, 그러기 위해서는 역사적인 진행 과정에서 파악해야만 한다. 변화를 위한 모든 노력의 전제 조건은 그것에 대한 역사의 인식을 가지는 것이다. 역사 없는 미래는 없다.

역사는 그리스도교에서 중요하다. 그리스도교는 모든 다른 종교와 마찬가지로 역사에서 발생했고 역사에 따라 변화되었을 뿐만 아니라, 역사는 그리스도교의 본질에 속한다. 구약성서의 하나님은 신약성서의 하나님이시며 역사의 유일하신 하나님이다. 다시 말해 역사 속에 계시되었고 역사 속에서 행동하셨던 유일하신 하나님이다. 이스라엘의 역사는 이스라엘 백성과 함께하신 하나님의 역사이다. 또한 예수의 역사는 특별한 인간 예수와 함께하신 하나님의 역사와 그를 통해서 그의 백성과 함께하신 하나님의 역사이다. 예수의 탄생은 요한을 통한 세례와 같은 역사적인 사건이며, 물론 그의 십자가 사건 그리고 그의 부활(사흘 만에)도 역사적인 사건이다. 종말 역시 역사적인 사건이지만 아직은 어떤 역사적 사실에 따른 명확한 사건이 아니다.

교회 역사는 이미 신약성서에서 찾아볼 수 있다. 그리스도교의 탄생과 확장을 기술하고 있는 사도행전은 어떤 면에서는 최초의 "교회 역사"이다. 따라서 그리스도교의 역사적인 특징은 또다시 진실로 판명된다. 하나님은 다시, 혹은 오히려 아직, 역사의 유일하신 하나님이다. 교회의 역사는 새로운 백성과 함께하신 구약의 하나님의 새로운 역사이다.

교회 역사는 어떻게 이전에 성서가 해석되었는지를 제시해 준다. 오늘날 우리의 성서 이해가 그때 이용했던 학문적인 방법들과 관련해서 역사적이 되었다는 것을 명백히 밝히는 동시에 교회 역사는 성서를 이해하는 데 있어 훌륭한 도움이 되었다. 또한 교회 역사에서 우리는 성서의 작용, 실제적인 성서의 주석, 구체적인 성서의 메시지를 접할 수 있다. 그렇다면 교회 역사는 그야말로 "성서의 주석"이다(게르하르트 에벨링 Gerhard Ebeling). 그리스도인들이 평화를 위해 힘쓰려고 했을 때는 예수의 산상수훈을 해석했다. 그리스도인들이 선교 사역을 위해 활동했을 때 예수의 선교 명령을 해석했다. 잘못된 해석들도 있지만 그리스도교의 정신에 따른 올바른 해석들 역시 서 있고, 납득할 수 없는 해석들 외에도 납득할 수 있는 해석들이 서 있었다. 이처럼 교회 역사의 명암은 성서 해석의 서로 다른 방법과 나란히 했다. 하지만 복음이 영향을 미치고 변화하며 자유롭고 위로한다는 것은 모든 역사에서 제시될 수 있다.

역사는 정체성을 확립하고 보증하기에 교회 역사는 교회의 정체성을 확립하고 보증한다. 모든 사람이 그의 삶의 역사를 상기하는 동시에 그의 삶의 역사에서 정체성을 획득하고 그의 정체성을 확립한다. 마찬가지로 모든 인간의 공동체, 민족, 정당, 단체, 교회가 역사를 상기하는 동시에 각각 그들의 역사에서 정체성을 획득하고 정체성을 확립한다. 특별하게 역사는 개신교회에 있어 중요하다. 개신교회들은 가톨릭교회처럼 현존의 인물(교황)을 동일시하는 중요한 대상으로 가지는 것이 아니라 단지 개신교회들의 역사를 갖는다. 개신교 그리스도인들과 교회들은 역사적인 책인 성서와 특별한 종교개혁의 역사에 기원하는 동시에 이것들은 그리스도인들과 교회들의 정체성을 확립한다.

역사는 생경한 문화들과의 만남으로 이질적인 체험과 대비적인 체험을 비교하면서 실현된다. 낯선 것은 항상 매력적이고, 이전에는 모든 것이 다른 것이었고, 인간들이 완전히 다른 것을 생각하고 수용하며 살았다는 것을 안다면, 명백했던 것이 갑자기 더는 분명한 것이 아니게 된다. 이것은 독립적으로 생각하는 것, 수용하는 것과 사는 것을 다시 한번 확립하든지, 새롭게 조정하든지 둘 중 하나를 선택하도록 자극한다. 예를 들면 세례는 오늘날 그리스도인이 되었다는 가장 확실한 증거에 속하나 중세에서는 종종 세례를 중지했다. 성찬식("주일 의무")에 규칙적으로 참여하는 것은 가톨릭 성도들의 특색을 보여주는 것이나, 그럼에도 중세에는 아마도 일 년에 한 번씩 참여하는 것이 일반적이었다.

역사에서 배울 수 있고 배워야만 하듯이 교회 역사에서도 배울 수 있고 배워야만 한다. 역사는 무엇이 좋았고 나빴는지 그리고 어떠한 길이 옳았고 잘못되었는지를 보여준다. 현재의 질문과 고려한 역사 인식은 우리에게 알려진 가능한 해결책의 스펙트럼을 넓혀주고 또한 제한된 해결책들과 연관된 위험들을 알려준다. 좋은 것을 나중에 받아들일 수 있고 잘못된 것을 피할 수 있는 것이다. 예를 들면 역사는 이미 제1차 세계대전 이전에, 동안에 그리고 이후에 유럽 민족들 가운데 그리스도교의 동기 부여로 평화와 변화의 편에 서 있었던 자들에게 정당성을 제공했다. 역사는 또한 오늘날 모든 사람에게 새롭게 일으키려는 국수주의를 제지할 것을 가르쳤다. 유대 학자 토브(Ball Shem Tov)는 이렇게 말했다: "기억이란 구원의 비밀이다." 이 말은 예루살렘 Schoah 기념 장소 야드

와셈(Jad waShem)에 경고문으로 서 있다.

역사 인식은 역사의 남용을, 교회 역사의 인식은 교회 역사의 남용을 차단해 준다. 역사는 단편적이고 부당한 요구들이 일어나 주장하고 관철하기 위해 종종 남용되었고 또 남용된다. 예를 들면 19세기와 20세기에 루터와 종교개혁은 투쟁적이고 강하게 독일 프로테스탄트 국수주의의 기초를 세우는 데 남용되었다. 원자료가 논증해 준 것처럼 루터가 1521년 보름스에서 철회를 거부했던 그의 말의 끝부분에 겸손하게 말했음에도 불구하고 더 훌륭한 지식에 맞서 오늘날 또한 여전히 인용된 "내가 여기에 서고 다른 무엇도 서 있을 수 없다"라는 문구는 날개 달린 것처럼 사용된 문구가 되었다. "하나님은 나를 도울 것이다. 아멘!" 또한 영성주의자이자 종말론주의자로서 농민전쟁을 했던 루터의 반대자인 토마스 뮌처(Thomas Müntzer) 그리고 DDR-역사기술은 계급 투쟁자들과 사회혁명주의자들을 만들었다.

역사 인식은 진리를 대변하는 것과 관련하고, 그것과 더불어 관용을 촉진하며, 따라서 교파 간의 이해와 타 종교와의 대화를 실현한다. 포스트모던 사회는 종파들과 종교들의 다원주의가 반영되어 있다. 이런 다원주의는 관용을 요구한다. 독립적인 진리의 대변과 관련할 수 있는 사람만이 순수하게 균형에만 기초하지 않은 관용일 수도 있다. 역사 인식은 그것에 도움을 준다. 교회연합운동을 촉진하려는 사람은 교회 간 차이들을 인정하고 이해해야만 한다. 하지만 교회들을 오직 역사에서 이해할 수 있다. 그것들을 역사적으로 이해하는 자는 교회와 관련할 수 있고 그것과 함께 또한 (원했다면) 교회들을 바꿀 수도 있다. 서구 그리스도교는 계몽주의의 결과로 역사화 과정을 지속했고 1840년 위대한 비판적인 신학자인 스트라우스(David Friedrich Strauß)에 의해서 형성된 모토—"교리의 진정한 비판은 그의 역사이다"(Strauß, *Die christliche Glaubenslehre 1*, 1840, 71)—에 따라 교리화를 벗어났다. 교회의 역사 인식은 종교 비교와 종교 간의 대화 때 균형을 방해한다. 역사의 통찰은 그리스도교가 그러한 것으로서 유대교와 이슬람교에 비해 어떠한 것도 앞서지 않는다는 것을 보여준다. 이것은 오늘날 강력하게 토론되는 여성 문제, 관용 문제, 폭력 문제에서도 똑같다. 물론 (서구적) 그리스도교는 유대교와 이슬람교와는 다르거나 최소한 유대교와 이슬람교보다 더 명확하고 포괄적으로 계몽주의의 카타르시스를 성취했다. (서구의) 그리스도교가 다른 종교와는 차이가 있다는 것은 계몽주의의 그리스도교 덕택이다.

그리고 결론적으로 철학 사상은 말해준다. 현재는 없고 모든 것은 실제로 여전히 미래—혹은 이미 역사—이다. 단지 기능적으로만 현재가 순간으로 존재한다. 우리가 그것을 붙들고 이해하려는 순간, 바로 그것은 이미 역사이다. 미래와 역사가 존재하나 현재는 없다. 우리는 인간으로서 미래를 가지나 우리는 역사이다. 우리는 역사의 일부이고 역사 자체이다. 이것은 또한 예수 그리스도를 믿는 인간의 공동체로서 교회에도 적용된다. 미래와 역사는 그것들의 실존의 두 가지 차원이다.

왜라는 질문은 어떻게라는 질문과 가장 밀접하게 관련되어 있다. 교회 역사가 언급된 목적들에 도움이 되어야만 한다면 교회 역사는 어떻게 연구되고 설명되어야 하는가?

교회 역사는 교회 비판적으로 진행되어야만 한다. 교회 역사는 에큐메니컬적으로 강조되어야 한다. 교회 역사는 종교 간의 프로필을 가져야만 한다. 교회 역사는 현실적이어야만 한다. 교회 역사는 관계가 있어야만 한다. 교회 역사는 흥미로워야만 한다.

교회 역사가 교회 역사에서 발견되는 모든 업적과 공로 외에 어두운 장면들에도 침묵하지 않는다면, 교회 역사는 교회 비판적으로 진행되어야만 한다. 종종 역사적인 고찰은 묵시적인 목적들에 도움을 준다. 개신교 종교개혁 역사가들의 많은 작품은 여전히 오늘날에도 묵시적인 과정들을 걷고 있다. 물론 묵시록은 교회 역사와 신학에 해가 된다. 단지 자체적인 비판의 교회만이 여전히 공감을 얻고 있다.

교회 역사가 독립적인 교회와 교파들의 역사 외에도 항상 또한 다른 것들의 역사와 함께 생각하고 그것들의 권리와 신념들에 관심을 가지려면, 교회 역사는 에큐메니컬적으로 강조되어야 한다. 종종 역사적인 고찰은 논쟁 신학의 강조를 보게 된다. 루터교의 교회 역사가들은 가톨릭의 전통과 입장뿐만 아니라 개신교-개혁교회의 전통과 입장과 논쟁을 했다. 교회의 현재는 그럼에도 교회연합운동을 반영하고 있고, 그리스도교는 에큐메니컬적으로 미래를 설정해야만 한다. 그러기에 교회의 역사 고찰 안에서도 에큐메니컬적인 특색을 감지할 수 있어야만 한다. 교회 역사가 전체 역사를 통해서 그리스도교적-유대교적이고 그리스도교적-이슬람교적인 관계의 역사를 반영한다면, 교회 역사는 종교 간의 대화와 관련하는 문제가 된다.

교회 역사가 현재의 질문과 미래 질문과 관련하여 열려 있고 그것을 위해 이해와 의미의 지평을 연다면, 교회 역사는 현재적이다. 교회 역사가 시사 문제에 크게 관심을 두고 신학과 학문의 다른 분야들을 위한 다리를 놓는다면, 교회 역사는 관계적이다. 교회 역사가 이것을 이해하려고 하면서 발생하는 가능성 아래 그것의 자료나 소재를 변증적으로 잘 해독한다면, 교회 역사는 흥미롭게 된다.

교회사가들이 마치 현재와는 아무 관계가 없는 것처럼 상당히 오랫동안 교회 그 자체를 위해서만 전념했고 연구하는 데 만족해 왔다. 그 결과 교회 역사는 오랜 기간 연구 분야에서 허망한 존재로 전락했고, 진정성이 받아들여지지 않았으며, "신학의 보조학문"(Karl Barth)으로 풍자되는 데 일조했다.

2. 교회의 역사인가 혹은 교회들의 역사인가?

"교회 역사"는 단수 혹은 복수로 교회의 역사 혹은 교회들의 역사로서 이해될 수 있다. 독일어가 가지는 전형적인 언어적 불명확성은 소유격과 연결되면 그때 비로소 예외적으로 확실히 사물에 어울린다. 교회 역사는 두 가지 전망 가운데 생각할 수 있다. 먼저 전통적 신학적-교리적인 견지에서 단지 하나의 교회가 신앙의 대상으로 존재한다. 이런 하나의 교회는 오로지 가시적이며 명백하게 다양한 교회들이 하나의 교회에서 만 진실로 파악한다(이런 주장을 자체적으로 가톨릭-로마 교회가 제시한다). 이와 달리 하나의 교회는 비가시적으로(예를 들면 진정한 신앙인들의 공동체로서) 가시적인 교회들 가운데 현존한다. 둘 중 양자택일의 문제이다. 프로테스탄트의 주요 고백록인 『아우구스타나 신앙고백』(*confessio Augustana*)은 교회가 전체적으로 복음이 선포되고 그리스도에 의해서 제정된 성만찬이 제공되는 곳, 바로 그곳에 존재한다는 것을 가르쳐주고 있다. 이것은 (유일한) 실제로 중요한 공통점이다. 따라서 알다시피 하나의 교회는 그것의 구조와 관습과 극히 서로 다른 교회들의 가르침이 말씀과 성만찬을 통해서 드러난다. 그것은 비가시적인 것이 아니라 항상 전체적으로 가시적이다. 그곳에서는 복음이 선포되고 세례가 베풀어지며 주의 만찬/성만찬이 시행되는 곳이다.

하지만 역사적으로 고찰해 보면 언제나 하나의 교회가 아니라 다양한 교회였다. 그리스도교는 항상 다양한 신학자들 안에서 그리고 이미 서로 다른 교회들에서 구체화되었다.

근대 신학적-교리적 상황에서 보면 이런 다양성에서 긍정적인 것을 얻어낼 수 있고, 그것을 약점으로서가 아니라 장점으로 이해할 수 있다.

다원성은 자유의 표현이자 결과이고 (복음적으로 이해되는) 그리스도교는 자유의 종교이다. 왜냐하면 각 개인은 직접적인 하나님과의 관계에서 중개자의 요청 없이 서 있기 때문이다.

그러므로 교회 역사는 교회들의 역사이고, 교회의 역사는 아니다. 하지만 이런 관점은 제한적이다. 왜냐하면 그리스도교의 다양성은 결코 요약적으로 그리고 개괄적으로 설명될 수 없기 때문이다. 모든 교회 역사 연구의 기술은 교리처럼 강조점들이 있다. 다시 말해 한편으로 연구하는 기본 조건들에 따라 또는 이용하려는 교육 목적에 따라 각각 강조점들을 둔다. 그 밖에도 고대 교회의 자료들은 다양성을 적절하게 설명하는 데 부족한 면을 가지고 있다. 왜냐하면 당시에 소실되고 사라져 버린 사람들의 텍스트는 보존되어 있지 않기 때문이다. 물론 근대에서는 많은 자료가 선택적으로 사용되도록 강요받고 있다.

3. 그리스도교의 역사로서의 교회 역사

교회 역사가 다루려는 사건을 실제로 만날 수 없음에도 불구하고 교회 역사라는 개념은 4세기 이후 통용되었다. 왜냐하면 교회 역사는 단순히 교회 혹은 교회들의 역사로 연구되었던 것이 아니라 항상 그리스도교의 역사로 그것의 전체 폭에서 연구되었기 때문이다. 물론 예전에는 그리스도교라는 개념은 없었고 그리스도인들은 그들의 종교를 뜻했을 때 근본적으로 항상 교회에 관해서 말했다. "교회"는 "그리스도교"의 동의어였고 지금도 동의어이다.

그러나 그리스도교는 교회 이상이다. 교회 없는 그리스도교가 있을 수 없지만, 그리스도교는 사실 교회 안에서 출현한 것이 아니다. 교회들 밖에도 그리스도교가 있었고 그리스도교가 존재한다. 또한 그리스도교의 영향은 교회를 넘어 작용한다. 특히 근대 문화에서 그리스도교적인 형태들에 관해서 언급해야 하는데, 교회 밖에서 그리고 교회로부터 독립적인 형태들이 존재한다.

그리스도교의 본질은 예를 들면 교회의 밖에서 그리고 교회에 속하지 않거나 한 번도 그리스도인이라고 불리지 않은 사람들에게도 영향을 미친다. 또한 그리스도교의 예술, 그림과 음악은 교회와는 독립적으로 그리고 교회의 밖에 많은 영역에서 영향을 미친다.

더 나아가 그리스도교 경건사 혹은 그리스도교 신학사는 단순히 교회 역사라는 개념 아래 분류되지 않는다. 그런데도 그것은 그리스도교의 역사에 절대적으로 필요하며, 예배와 제의와 교회법과 교리들과 신앙고백의 역사 등도 이와 마찬가지로 필요하다. 그러므로 교회 역사는 차용된 개념을 버리지 않는다 해도 그리스도교 역사로서 진행될 수 있다.

4. 교회 역사 기술의 역사

그리스도인들은 처음부터 그리고 언제나 독립적인 역사로만 이해하지 않았다. 그리스도인들은 처음부터 성서를 해석했다. 독립적인 역사는 한때 누가의 사도행전이 평범한 서막으로 무시되다가 약 300년경 최초로 주제가 되었다. 당시 가이사랴(Cäsarrea)의 감독인 유세비우스(Euseb, 8.12)는 최초로 "교회의 역사"(전승된 라틴어 제목의 문자적인 번역인 *Historia ecclesiastica*)에서 교회 시작부터 그의 현재까지의 발전을 서술했다.

중세 초 영국의 수사인 베네라빌리스(Beda Venerabilis)는 오늘날에도 유용한 연대기인 그리스도 탄생 이후 연대 계산에 따라 작성했고 또한 앵글로색슨족의 역사를 기술했다. 이 외에 중세에는 어떠한 교회 역사가 저술된 것이 아니라 연대기가 저술되었다. 하지만 많은 잘못된 기록들이 포함되어 있다. 텍스트들은 명목상의 이전 주장들을 입증하기 위해서 위조되었다. 가장 유명한 실례는 소위 "콘스탄티누스 증여문서"이다. 몇 가지의 위조들은 나중에 밝혀졌고, 또 다른 것들도 오늘날 여전히 교회 역사 진술의 도전을 받고 있다.

역사, 특히 고대 역사에 관한 더 흥미로운 관심은 르네상스 문화에서 중세 후기에 발생했다. 그리고 교회 역사에 관한 관심은 바로 종교개혁 때 비상했다. 왜냐하면 이때 역사적인 논증으로 독립적인 주장을 정당화하는 것이 중요시되었기 때문이다. 특히 필립 멜랑히톤(Philip Melanchthon)은 역사에 관한 관심을 촉진했다. 그 스스로 수많은 역사적인 주제들에 관한 강의를 했고, 그의 주변 환경에서 서로 다른 폭넓은 역사 해설이 발생했다.

17세기에도 역사에 관한 관심은 계속 증가했다. 역사의 시대구분이
발생했다. 가톨릭교회에서 아우구스티누스에 관한 새로운 관심이 생겼
고(콘넬리우스 얀센Cornelius Jansen), 개신교회에서는 그리스도교와 관련한
초창기 신앙고백들에 대한 관심이 일어났다(게오르그 칼릭스트Georg Calixt,
5.2.1). 최초로 헬름스테트(Helmstedt) 대학교에서 1650년부터 교회
역사를 위한 교수직이 있었다. 고트프리드 아놀드(Gottfried Arnold 8.1)
는 최초로 교회의 아웃사이더들에게 주목하면서 콘스탄티누스와 그의
시대를 평가하는 동안 그들을 호의적으로 고찰했다.

가톨릭 성인들에 관한 개신교 신학자들의 새로운 관심은 경건주의에
서(게르하르트 테르스테겐Gerhard Terseegen, 5.1) 발생했다. 동시에 다른 사람
들은 성서의 빛 안에서 역사 진행을 제시하고 미래, 곧 고대했던 하나님의
나라를 세상에 세울 것에 관해 진술하려고 시도했다(요한 알브레히트
벵겔Johann Albrecht Bengel).

19세기는 엄청나게 역사적인 것에 관심을 가졌고, 최초로 역사를
철저하게 비판적으로 고찰했다. 교회 역사와 교회 역사 서술은 부흥기를
경험했다. 신학이 부분적으로 계속해서 음미할 수 있는 대량의 자료
편집들이 이루어졌다.

19세기부터 20세기의 전환기에 베를린에서 자유주의 신학자이자
위대한 교회 역사가인 폰 하르낙(Adolf von Harnack)이 활동했다. 또한
그는 조직신학의 영역을 정리했고 훔볼트대학의 총장으로 오랜 기간
활동했다. 1900년경 자유주의신학은 역사를 존중했다. 더욱 자세히는
그것은 역사를 존중했던 한 시기에 속했을 뿐만 아니라 또한 역사를
필요로 했기 때문이다. 자유주의신학은 근대 요구를 충족하기 위한 신학
이고, 이 신학은 필요하다면 전통과 단절하고 근대 문화와 일치하면서

종교를 새롭게 형성한다. 자유신학은 종교와 근대의 비판적, 변화하는 관계를 위해서 역사를 필요로 했다.

다음으로 20세기의 가장 영향력 있는 신학자인 칼 바르트가, 불가피했다고 하더라도, 교회 역사를 단순한 신학의 보조 학문으로 설명했기 때문에 교회 역사는 어둡게 되었다. 이후 많은 개신교 신학자는 교회 역사를 더는 진지하게 받아들이지 않았고 신학의 훼손으로 바르트의 의도에 맞서다가 교회 역사를 완전히 포기했다.

종교개혁의 성서 원리, 예를 들면 교회의 신앙 기준과 삶의 기준으로서 전통의 부정은 개신교 신학자들과 그리스도인들이 단지 성서와 그들의 독립적인 현존에만 전념해야 한다는 의미에서 극히 잘못 이해되었다. 하지만 개신교회 역시 전통 안에 그리고 전통과 함께 살고 있고, 그 사실을 부인한다면 전통이 복음적으로 보도록 인정했던 것조차도 전통에 더 많은 권위를 제공하는 격이 된다. 그러나 지난 20세기에 의견은 바뀌었다. 왜냐하면 교회 역사는 이때부터 신학의 통합된 분야가 되었기 때문이다.

5. 교회 역사와 신학

신학 내부에서 교회 역사 분야는 주석들과 조직신학을 역사에 합병시키는 동시에 오늘날 그 두 분야가 더 이상 출판하지 않았던 연구를 접목하려고 한다. 조직신학자는 신론, 삼위일체론, 그리스도론, 구원론, 종말론처럼 신학의 전통적인 핵심 주제들을 이제는 주제화하지 않는다. 그러나 교회 역사는 그것을 다루고 또한 이런 고전적인 주제들이 예전에 성서적으로 어떻게 확립되었는지를 질문하고 있다.

여기에서 그것의 영향사는 구약성서에 속하고, 그것의 수용은 신약성서에 속한다. 이 둘 모두가 교회 역사의 대상이다. 구약과 신약 둘 다의 주석 분야에서 영향사적이고 수용사적인 것에 문제가 제기될 때 교회 역사를 필요로 했다.

교회 역사는 조직신학의 근본 질문에 조직신학적으로 더 간단히 접근하도록 중재한다. 왜냐하면 근본 질문은 역사의 지평에서 여전히 근본 질문에 지나지 않고, 아직까지 실제적인 조직적-신학적 반영의 괴변 수준을 넘어서지 못하고 있기 때문이다. 따라서 관심과 대답은 더 훌륭하게 이해되고 그 밖에도 역사적이고 전기적인 맥락에서 고찰된다.

하지만 교회 역사가 신학의 모든 다른 분야보다 더 훌륭하게 신학 이외의 학문들, 예컨대 보편사, 예술사, 철학, 종교학, 유대교학, 이슬람교의 신학을 위한 다리를 놓기 때문에 교회 역사는 통합적이다.

학문적인 분야로 교회 역사는 신학 분과의 행정구역이라고 말할 수 있다. 교회 역사는 신학 분과의 다섯 가지의 핵심 분야 중 하나이다. 다시 말해 이 주장은 신학에서 꼭 필요한 부분 영역이자 더불어 다른 분과와 같은 권위를 갖는 일부 영역이다. 신학은 신학 분야로서의 교회 역사가 필요하다. 왜냐하면 교회의 역사 또는 그리스도교의 역사를 신학적으로 고려할 때 영향들, 무엇보다 복음의 구체화가 발견될 수 있기 때문이다. 물론 역사는 이 의미, 예컨대 하나님의 활동 전조 가운데 해석되었다는 점에서 신학적으로 고찰되지 않는다. 더 나아가 개신교 신학은 전혀 혹은 적어도 가톨릭 신학처럼 같은 범위에서 역사(전통)에 기초하지 않는다. 역사는 개신교 신학에 전통의 근거를 제공하지 않으나 신학의 건물들이 비로소 접근할 수 있게 되는 계단들과 승강기들을 제공한다.

신학 분과와 신학의 내용은 "신학사"로서 또한 교회 역사의 대상이자 주제이고, "교회 역사"에 대한 동의어로 일반적 분야들의 칭호인 "역사신학"이 생각될 수 있는 것과 마찬가지로 유일한 주제는 아니다.

교회 역사는 어떻게 신학이 구체적인 역사적 조건들 아래 그리고 전기적인 맥락들에서 전개했고 발전했는지를 제시한다. 이와 더불어 신학의 진리적 요구들을 상대화하고 그것을 통해서 신학 내외적인 관용을 촉진한다.

신학의 기능 안에서 교회 역사는 오직 신학자들에 의해서 의미 있게 진행될 수 있고 또한 진행되어야만 한다. 세속 역사가들과 교회 역사가들은 같은 방법을 가지고 동일한 대상을 고찰하긴 하지만, 그들은 대상을 다른 문제를 제기하는 가운데 고찰하고 서로 다른 인식 가운데 주도적인 관심을 살핀다.

신학은 항상 교파적인 것을 반영한다. 가톨릭 신학과 개신교 신학은 서로 다른 교회의 임무를 맡고 이 때문에 일치될 수 없다. 그러므로 교회 역사 서술은 교파적인 것을 반영하고 있다. 교회 역사의 가톨릭과 개신교의 편람을 비교한 관점은 16세기와 더불어 각각 어떻게 다른 길을 걷고 관심사들과 중요 요점들이 어떻게 다른지 제시해 주고 있다. 물론 고대와 중세 역시 서로 다른 관점에서 그리고 서로 다른 중요 요점을 두고 다루고 있다. 가톨릭교회 역사 서술은 교황들의 역할을 특히 강조하고 교황사로서의 교회 역사를 설명하려는 경향을 보인다. 개신교교회 역사 서술은 항상 아웃사이더들에게 더 큰 흥미를 갖고 그들과 만난다. 하지만 독일에서는 독일에 집중되는 경향이다. 이와 반대로 가톨릭주의 안에서 교회는 항상 세계의 교회로 인식되고 있다.

6. 종교 안에서의 교회 역사

역사는 항상 지역, 지방과 관계가 있다. 모든 도시와 마을은 그들의 독립적인 역사가 있고, 솔직하게 위대한 역사는 자주 지엽적인 역사와 지방 역사에서 생생해진다. 지엽적인 지방 역사는 교육적으로 사람들에게 역사를 가까이하고 전달할 많은 가능성이 있다. 그리고 특히 독립적인 소집단은 아직 미결의 연구 활동들을 위한 많은 가능성을 품고 있다. 우리와 직접 관련 있는 지역은 펼쳐져 있는 종교 서적 혹은 공개된 기록집과 같다.

독일의 여러 지방에서 지방과 지역의 역사협회와 교회역사협회가 존재한다. 이곳의 전문적인 역사가들과 평신도 역사가들은 역사적으로 그리고 교회 역사적으로 관심을 가졌던 역사가들과 마찬가지로 조직되었다. 관련된 학회들은 정기적으로 개최되고 관련된 출판물들을 정기적으로 출판한다. 회원이 되는 것은 일반적으로 많은 비용이 드는 것도 아니고 모든 경우 추천을 받을 수 있다.

예전처럼 그렇게 많지는 않지만 다수의 목사와 선생들은 지역 교회 역사의 연구를 열심히 하고 있다. 직업상(象) 그리고 직장 생활의 변화는 많은 사람에게 시간적 여유를 빼앗았고 또한 학문적인 신학의 편에서 잘못된 동인들은 지역 교회 역사를 위한 연구가 느슨해진 이유이다. 그 밖에도 많은 교회역사협회는 전처럼 신학자들에 의해서가 아니라 역사가들(교육받은 기록 수집가들)에 의해서 관리되고 있다. 교회역사협회의 실존은 주정부 교회와 개별 교회를 통한 재정적인 지원에 의존한다. 따라서 연구를 진행하는 단체들이 공동체들을 이용하고 주정부 교회의 도움을 받을 수 있을 때만 그것들의 현존을 지속할 수 있을 것이다.

7. 공동체 안에서의 교회 역사

모든 교회 공동체는 그것의 역사에 대해서 관심을 가진다. 기념식만을 위해서가 아니다. 교회 공동체의 역사는 그 교회 정체성의 일부이다. 많은 교회 공동체는 각각의 독립적인 종교개혁 역사를 기억한다. 또한 경건주의와 대각성 운동은 많은 교회 공동체에서 상당한 역할을 했다. 그리고 다수의 교회 공동체는 자랑스럽게, 때론 슬프게 국가사회의 시기와 함께했다. 모든 교회 공동체는 사역했던 목회자들을 알고 있고, 유명한 인물들 역시 여기에 속했다. 교회 공동체가 사용하는 건물도 역사가 있다. 많은 교회 건축물의 역사는 중세까지 거슬러 올라간다. 더욱이 상당수 교회 건축물과 공동체의 건축물들은 역사의 위대한 인물을 기념하는 이름을 가지고 있다. 그러므로 교회 역사는 다양한 모습으로 공동체들 안에 현존하며 또한 발견될 것이고 알게 될 것이다.

교회 역사는 설교단에서도 필요하다는 것을 알 수 있다. 설교 본문들은 예화나 사실적인 묘사가 필요하다. 이때 역사적인 사건들이 사용될 수 있다. 다루기 어려운 주제들에 관한 역사를 언급하면서 동시에 더욱 명확하게 그것을 현재에 맞게 말할 수 있다. 마치 직접적으로 현재에 관해 진술하는 것처럼 말이다. 예배 가운데 부르는 많은 찬송가 또한 역사에 기인한다.

교회 역사는 견진성사 수업에 속한다. 견진성사 수업은 오늘날에는 더는 교리적인 가르침에 국한하지 않고, 공동체와 관련한 실용적인 수업이 되고 있다. 교회는 가시적이고 이해할 수 있는 공간으로 드러나는 것이며, 그 공간에서 어떤 것을 발견하고 경험하는 것이다. 이러한 입장에서 또한 (지역적) 교회 역사는 그것의 위치를 가진다. 장소적 의미의 교회 공동체들은 관찰하고 발견하도록 초대하고 왜라는 질문들을 촉발하는 오래된 건축물들이 있다. 많은 목사 직무실은 크고 작은 문서실을 가지고 있으며 앞선 시대의 자료들이 꽂혀 있는 크고 작은 진열실을 가지고 있다. 교회 공동체들에서 그런 진열실을 설립할 수 있고 상징-설교들과 표지-설교들에서와 마찬가지로 학교 수업과 견진성사 수업에서 대상이 된다. 더구나 공동체 세미나들 혹은 공동체 축제 때 그러한 진열실을 대상으로 작은 전시회가 열리게 된다. 견진성사가 더 오래된 활동적인 공동체 구성원들과 함께 "그것이 예전에 어떻게 존재했는가"에 관해서 토론할 수 있고, 이것은 현재와 미래에 관해 숙고하도록 초대한다. 더 나아가 의무적인 견진성사를 받은 소년의 소풍 때 역사를 주제로 삼는다면 어떨까? 종교개혁 발생지들도 성서박물관들과 마찬가지로 견진성사의 역사로 초대하고, 당연히 그리고 거의 전체적으로 오랜 교회들과 수도원들도 그것으로 초대한다.

교회 역사는 성인교육에 어울린다. 모든 교회 공동체는 강의, 코스, 세미나와 때때로 연구 여행 등을 제공한다. 성서적인 주제들 외에도 역사적 주제들은 생생하고 확실한 성인교육에 어울린다. 역사적 주제에 따른 교육 가능성은 무궁무진하며, 발제자와 거기에 따른 대화의 파트너들은 어렵지 않게 고민해 볼 수 있다. 주정부 교회 역사(단체)의 연맹은 봉사단체들로도 이용할 수 있다. 작은 전시회들도 빈번하게 열고 그 전시품들을 임대할 수 있도록 공동체들에서 제시할 수 있다.

자신들의 공동체에서 교회 역사가로 활동하길 원한 종교 교사들과 목사들은 여전히 많은 것을 발견한다. 최근 역사의 몇몇 주제, 예컨대 국가사회주의 시기의 사건들 혹은 독일의 동부 DDR 시대에서 교회 공동체 상황은 여전히 해결을 고대하고 있다.

8. 교회 역사의 시대 구분

역사는 시대로 세분화된다. 시대라는 개념은 헬라어(ἐποχή/에포케)에서 유래했는데 원래 정지점을 뜻한다. 역사는 정지점들, 전환점들을 가지고 있다. 이것으로 인해 역사를 직접적으로 분명하게 그리고 쉽게 구체화할 수 있다. 시대라는 개념은 두 개의 정지점 혹은 전환점 사이의 시기를 의미하며, 그 시기에 나타난 많은 공통점에 의해 칭호가 붙여졌다.

18세기 초는 역사와 교회 역사를 불변의 시대들로 세분화하면서 시작했다. 역사를 세 단계인 고대, 중세, 근대로 세분화한 것은 1704년 할레의 역사가인 켈라리우스(Christoph Cellarius)에게서 발견되며 일반적으로 오늘날까지 유지되고 있다. 교회 역사에서도 중세와 근대로 구분하여 언급하고 있으며, 단지 고대에서 교회는 고대 교회라고 기록되고 표기되고 있다. 중세는 중세 초기, 중세 전성기, 중세 후기로 다시 세분화된다. 근대는 근대 초기와 근대로 세분화한다. 그 밖에도 종교개혁 시대가 단지 40년임에도 불구하고 개신교 영역에서는 개신교회의 역사와 신학에 높은 중요성을 지니는 실제적인 의미 때문에 종교개혁 시대를 독립적으로 다룬다.

시대의 개념들은 단지 서양 역사를 고려할 때 의미를 지닌다. 그것은 동방 그리스도교에서나 이슬람의 역사에서는 이용되지 않는다.

시대들의 정확한 경계 설정은 어렵다. 여기서 올바른 해결책뿐만 아니라 이해할 수 있는 많은 해결책이 존재한다. 특히 고대 교회와 중세 사이 경계 설정은 범위가 넓게 나누어져 있다. 하지만 근대가 종교개혁과 함께 시작하거나 종교개혁이 여전히 중세에 속하지 않는 것에 관한 질문 역시 논쟁되어 왔다.

더 나아가 경제사와 사회사 혹은 정신사와 비교하여 보편 역사와 교회 역사에 더욱 적은 관심을 가진다면, 시대 표기와 경계 설정을 다르게 표기하는 것이 고려될 수 있다. 역사 과정을 고찰할 수 있는 많은 관점이 존재하고, 관점에 따라 시대 표기와 시대구분 역시 서로 다르게 나타난다. 하지만 역사를 시대로 구분하는 것은 실제적인 이유뿐만 아니라 이해의 근거들 때문에 의미가 있다.

가장 중요한 연도별 역사적 사건과 시대 개관

연도	30	~500	1517	1555	1789	1989
사건	예수의 죽음	(예) 클로비히의 세례	논제들	종교 평화	프랑스 혁명	"전환기"
시대	고대 교회	중세	종교개혁	근대 초	근대	현대사

9. 교회 역사의 자료들과 보조 자료들

교회 역사의 주요 자료들은 문서적인 특징을 지닌다. 인쇄되었든 인쇄되지 않았든 우리는 텍스트들에서 예전에 무엇이 존재했는지를 경험한다. 이 외에도 부분적으로 문서상의 전승을 확인하고, 부분적으로 보충하고, 부분적으로 교정하는 고고학적인 증거들이 존재한다. 또한 새롭고 가장 최근의 주제들은 시대의 산증인의 질문들을 통해서 연구될 수 있다(구두口頭의 이야기).

더 나아가 그림 역시 교회 역사의 자료들이다. 그것들은 빈번하게 우리에게 어떤 텍스트에서도 제시되지 않았던 사건들에 관해서 알려주고 있다. 왜냐하면 그림은 당시를 명확하게 보여주기 때문이다. 사람들이 주의 만찬을 받을 때 무릎을 꿇고 성별에 따라 나뉘어 대화가 이루어지는 일은 종교개혁 시대의 개신교교회 법령들에는 나타나지 않는다. 그러나 이것은 그야말로 명백하다. 그림의 증거들에서 우리는 그것을 알 수 있다(그림 4.1).

모든 중요한 교회 역사의 자료 텍스트들은 19세기와 20세기의 학문적인 편집본을 이용할 수 있다. 특별히 중요한 자료 중 어렵지 않게 접근할 수 있는 연구를 위한 출판본이 있다. 더 나아가 연구에서 각각의 시대들로 정향된 자료 수집본은 중요한 역할을 했다. 20세기 들어 70년대에 시작된 이후 신학생들의 시절에 동행했던 일련의 "원자료에서 교회 역사와 신학사"에서의 발췌문들의 수집은 교회 역사의 개괄적인 설명을 위한 부수적인 독서 거리이자 또한 교회 역사에 진입하기 위해 추천할 만하다. 그 이후 최근 적극적으로 편찬되고 확장된 새로운 발행들이 모든 시대별 역사서에서 이루어지고 있다. 하지만 70년대와 80년대에 나온 오래된 서적들 역시나 여전히 유용할 뿐만 아니라 자료의 경계 때문에 새롭게 편찬한 책보다 더 훌륭하다. 덤으로 훨씬 더 값싸게 중고품으로 접할 수 있다.

그러나 많은 교회 역사 자료들은 오래된 원본 인쇄물에서만 혹은 도서관과 문서실에 있는 필사본들을 열람해야만 이용할 수 있다. 19세기와 20세기 교회 역사의 중요한 주제들에 대해서는 해당 세기의 현존하는 수많은 학술지가 적당한 자료들이다.

교회 역사 연구를 위한 중요한 보조 수단은 개괄적인 이해들이다. 그것들은 서로 다른 형태로 전체 2,000년 그리스도교 역사는 물론 개별적인 시대에도 존재한다. 더욱이 위대한 신학자들의 전기가 널리 퍼져 있어 사용할 수 있고(예를 들면 아우구스티누스, 토마스 아퀴나스, 클레르보 베른하르트, 루터, 멜랑히톤, 쯔빙글리, 칼빈, 스페너, 진젠도르프, 슐라이어마허, 바르트, 본회퍼), 이 때문에 산발적으로 흩어져 있는 그들의 신학의 전체적인 이해가 가능하다(예를 들면 루터, 바르트).

신학 사전을 통해 중요한 개별적인 주제는 물론 교회 역사의 많은 인물에 관해서 짧고 간결하게 조사해 볼 수 있다. 또한 개신교 신학자들에 의하면 『신학과 교회를 위한 가톨릭 사전』(LTHK)은 자료 대부분을 제공한다. 그 사전은 마지막 11권으로 1993년부터 2001년까지 3판으로 출판되었다. 이 외에도 1998~2007년 마지막 4판으로 출판된 새로운 책 『역사와 현재의 종교』(RGG)인 개신교의 표준 사전들에서도 도움을 받을 수 있다. 두 사전은 모든 도서관에 소장되어 있으며, 여전히 판매가 잘 이루어지고 CD로도 제공되지만 온라인상에서는 접할 수 없다.

구약성서와 신약성서의 분과와는 다르게 교회 역사적인 연구 방법에 관한 저술들은 부족하다. 1995년(2판 2004년)에 출판된 마르크쉬에스

(Christoph Markschies)의『교회 역사의 연구서』는 선행자들을 위해 사용될 수 있다.

볼프의 전임자인 호이시(Heussi, Karl Heussi,『교회역사의 개요』, 1판 1907/1909, 19판 1991)와 달리, 볼프 디터(Wolf-Dieter)의 두 권의『교회 역사와 교리사의 교재』는 개정판이 나오지 않았음에도 불구하고 시험 준비를 위해 여전히 높은 인기를 누리고 있다. 볼프강 좀머(Wolfgang Sommer)와 데트러프 클라(Detlef Klahar, 1판 1994, 5판 2012)의『교회 역사의 복습서』는 집약된 내용의 "꾸러미"와 반복에 적합하다.

가톨릭『교회 역사 핸드북』(1962~1979)과 36권으로 된 개신교의『개별 이해들의 교회 역사』(1978~2012)는 2000년 그리스도교에 관한 폭넓은 개괄 지식을 제공한다.

해당한 문헌들과 함께 제시되는 것은 신학 연구에서 무시할 수 없고 항상 무시되지 않아야 한다. 하지만 이것은 무조건 많은 돈을 지출해야 한다는 뜻이 아니다. 책을 새로 사서 이용할 수도 있지만, 빌릴 수도 발췌할 수도 있고 또 그것을 빌려서 개인적인 이용을 위해 복사할 수도 있다.『칼스루헤의 가상 카탈로그』(KVK)는 인터넷에서 간단한 연구 시행들, 예컨대 어디서 무엇이 어떻게 그리고 어떠한 가격으로 이용할 수 있는지를 제공한다. 상당히 다양하고 넓게 퍼져 있는 필독서들은 적은 돈으로도 구매할 수 있다.

10. 유명한 교회 역사가들

교회 역사 서술의 아버지는 팔레스타인의 가이사랴 감독으로 활동했던 유세비우스(Euseb, 대략 260~339)이다. 그는 최초로 초대 3세기 그리스도교 역사 이해를 저술했다. 그것은 오늘날에도 여전히 읽히고 있다. 왜냐하면 유세비우스는 그간에 유실되었던 자료들을 이용했기 때문이다. 그의 자료들은 1, 2세기 교회 역사에서 대단히 흥미로운 통찰을 제공했고 우리에게도 제공한다.

종교개혁 시대의 신학자 필립 멜랑히톤(Philip Melanchton, 1497~1560)은 역사 연구를 위한 공적을 인정받았다. 그는 자신의 문하생인 마티아스 플라키우스(Mathias Flacius, 1520~1575)가 교회 역사의 전반적인 설명을 위해 먼저 원본 자료들을 우선하도록 자극했다. 작품은 『막데부르크의 100대 인물』(Magdeburger Zentrien)로 이름 붙여졌다. 왜냐하면 플라키우스가 막데부르크에서 활동하면서 자료 수집을 세기에 따라 분류했기 때문이다. 그것은 변증의 목적에 이용되었다. 이것은 가톨릭주의에 반대하여 프로테스탄트적인 입장들을 변호하는 데 이용되었다.

최초로 경건주의 신학자인 고트프리드 아놀드(Gottfried Arnold, 1666~1714)는 교회비판적 교회 역사 이해를 저술했고, 짧은 기간 동안 기센(Gießen)에서 역사 교수로 활동했다. 그는 1699/1700년 교회 역사를 지금까지 일반적인 "종교 분파"의 견지, 예컨대 어떤 정해진 분파 관점에서 말한 것이 아니라 초교파적인 견지에서 서술한 『중립적인 교회사와 이단사』를 출판했다. 그는 아웃사이더들과 교회들에게 박해를 받았던 자들에게 특별한 공감을 보였다.

쾨팅겐의 신학 교수인 로렌츠(Johann Lorenz von Mosheim, 1693~1755)는 최초로 교회 역사를 신학의 독자적인 분야로 의미를 부여했다. 그는 교회 역사 연구가 인간의 자의식을 깊게 한다고 여겼던 동시에 역사적 변화들의 동기를 파악하려 했다.

예나(Jena)의 신학 교수인 발흐(Johann Georg Walch, 1693~1775)는 이미 그 시대를 지나면서 교회사가로 활동했던 동시에 10권으로 된 루터교회의 내외부의 종교적인 논쟁들을 서술했다. 이 외에도 그는 24권으로 된 루터의 작품들을 독일어로 출판했다. 라틴어본 루터 텍스트의 그의 번역은 부분적으로 여전히 오늘날 사용되고 있다.

기센과 마르부르크(Marburg)와 베를린에서 활동했던 폰 하르낙(Adolf von Harnack)은 프로테스탄트적인 교회 역사 분야의 가장 위대한 거장으로 알려져 있다. 활동 분야를 넘어 그는 전체 신학에 중요한 자극을 제공했고 교회, 문화, 학문과 정치의 많은 분야에 개입했다. 그리스도교가 교리들을 헬라-로마 시대 세계의 사상과 논쟁들에서 발전했던 것처럼 그가 서술한 그의 『교리사의 교재』는 획기적이었다.

하르낙의 동시대 사람이자 대학 동료인 칼 홀(Karl Holl, 1866~1926)은 1910년부터 근대 루터 연구의 기초를 낳았고 칭의 경험을 루터 연구의 중심으로 간주한다.

뮌스터와 마인츠에서 활동한, 1939년 가톨릭주의에서 새로운, 그러면서도 긍정적인 루터의 관점을 제공했던 요셉 노르츠(Joseph Lortz, 1887~1957)는 위대한 교회 역사가에 속한다. 1966년 그가 다음과 같이 『루터의 95개 조항 벽보는 발생하지 않았다』라는 제목을 가지고 한 권의 책을 출판했을 때 그의 문하생인 에르빈 이셀로(ERwin Iserloh, 1915~1996)도 뮌스터에서 가르쳤고 마찬가지로 세인의 주목을 받았다.

많은 개신교교회 역사가들은 그가 옳다고 인정했다(참고. 114f).

쿠르트 알란트(Kurt Aland, 1915~1994)는 전쟁 이후 세대로, 교부학과 루터 연구와 경건주의 역사에 대한 연구의 공적을 인정받았다. 그는 처음에는 잘레강(Salle) 근처 할레에서 그리고 1960년부터는 뮌스터/베스트팔렌에서 활동했다. 그는 교회사가로뿐만 아니라 신약성서 텍스트 연구자로 잘 알려져 있다.

네덜란드 출신이었던 오버만(Heiko Augustinus Oberman, 1930~2001)은 중세 후기를 그의 연구에 포함한 위대한 종교개혁 역사가에 속한다. 하지만 그는 오랫동안 튀빙겐에서 활동했고 나중에는 애리조나(Arizona)대학교에서 가르쳤다.

바이로이터(Erich Beyeuther, 1904~2003)는 새로운 경건주의 연구를 대변해 주고 있다. 그는 라이프치히(Leipzig), 에어랑겐(Erlangen)과 뮌헨(München)에서 가르쳤고, 특히 진젠도르프(Zinzendorf)의 연구에 공적을 인정받았다. 그는 진젠도르프의 위대한 저술의 재판 출판을 시작했다.

클라우스 쏠더(Klaus Scholder, 1930~1985)는 국가사회주의 안에서 교회의 역할 연구를 위해 획기적으로 활동했다. 1968년 이후 그는 튀빙겐에서 교회법령을 위한 교수직을 얻었다.

교회 역사가 중 최초의 여성은 한나 유르쉬(Hanna Jursch, 1902~1972)였다. 그녀는 또한 최초의 여성 신학 교수였고 예나에서 가르쳤다. 1934년 그녀는 교수자격 시험을 치른 후 1945년에야 교수 칭호를 받았고 1956년부터 교회 역사와 그리스도교의 고고학을 가르치는 교수직을 얻었다.

11. 교회 역사의 연구 방법

교회 역사 분야는 역사 분야와 같은 연구 방법을 사용한다. 원자료 텍스트의 비판적인 독서와 해석이 중요하다. 역사적인 맥락을 유지하는 사실 판단은 상세한 분석으로 이어지고, 실제적인 가치판단은 세 번째 단계로 이어진다. 단지 텍스트가 쓰였던 언어에 정통할 때 진정성 있는 텍스트 해석이 가능하다. 번역들은 어쩔 수 없이 해석이 따르기 때문에 항상 부족하다.

텍스트 해석 때 문제 제기는 텍스트 이외의 것으로 이루어질 수 있고, 문제 제기는 텍스트의 강독에서 역시나 이루어질 수도 있으며 그것의 지속적인 추적은 득이 된다. 항상 다른 텍스트들과의 비교는 언제나 텍스트의 해석에 많은 도움이 된다. 같은 주제에 대한 두 개의 텍스트를 비교할 때 공통점과 차이점들은 뚜렷하게 나타나고 강조될 수 있다. 텍스트 해석 때 그가 언제, 왜, 누구로부터 그리고 누구를 위해 썼는지 질문해야만 한다. 문학적인 장르는 많은 장르 중에서 교회 역사에 중요한 네 개의 장르만을 언급하기 위해서 고찰되어야만 한다. 왜냐하면 서신은 틀림없이 설교와는 다른 특징을 가졌고, 교회 법령은 학문적-신학적인 작품과 사뭇 다른 어떤 것이기 때문이다. 더욱이 텍스트가 출판될 때 직간접적인 검토가 이루어졌는지를 고찰해야 한다. 가끔 행간의 의미를 살펴야 한다. 언어 형태는 개별적으로 텍스트 해석에 중요하다. 어떤 개념들이 사용되고 무엇이 함의되어 있는가? 각각의 개념들은 빈번하게 즉시 이해하지 못한다. 왜냐하면 그것들은 이미 사라졌거나 전문 개념을 다루고 있기 때문이다. 그렇다면 사전이 있어야 하고 찾아보아야만 한다. 전문 개념들은 외래어 단어들과 신학 사전을 필요로 하고, 고대 독일어에서는 33권으로 된 『독일어 단어사전』이 도움을 줄 것이다. 사전은 또한 인터넷 안에서 만날 수 있을 것이다.

질문하고 연구하면서 교회 역사에 관심을 가진 사람은 무엇이 실제로 일어났는지를 알 것이고, 아우구스티누스 혹은 루터 혹은 다른 신학자들이 무엇을 생각했고 말했는지를 이해할 것이다. 그럼에도 이것은 항상 그럭저럭 지나갈 것이다. 한편으로 우리의 과거 통찰을 받아들일 수 있는 우리의 가능성은 제한되어 있고, 다른 한편으로 우리의 이해 노력은 우리의 현재 이해의 전제조건들에 사로잡혀 있기 때문이다. 과거 사건과 낯선 사상의 "재현"은 항상 역사 연구자들을 통해서 재구성될 수 없는 것의 빈틈을 채우는 "구성"으로 안내를 받게 된다. 그러므로 모든 역사 이해는 (주관적인) 하나의 역사 해석이고, 하지만 임의적이고 자의적인 해석은 아니다.

12. 교회 역사의 미래 전망

교회 역사는 신학처럼 오늘날 당면한 질문에 정통해야 하고 현재의 문제들과 대화해야 한다. 오늘날 어떠한 문제가 제기되고 있는가? 개신 교교회들은 통계학적으로 나타난 변화의 결과가 사회에서 어떻게 역할 하고 있는지 새롭게 몰두해야만 한다. 주정부 교회들은 점점 더 강해지는 개신교 자유교회의 도전에 맞서야만 한다. 유대교와의 관계는 모든 다른 중요한 종교적인 미래 주제가 될 것이다. 특히 다가오는 루터-기념식을 통해서 종교개혁의 빛과 어두운 면이 중점으로 세워져야 한다. 또한 개신교의 정체성이 오늘날 종교개혁의 핵심 사상과 관심과 논쟁에서 어떻게 얻어질 수 있고 정의될 수 있는가에 관한 질문이 중심에 있어야 한다. 교회와 신학은 한 나라의 평화 문제에 새롭게 마주해야 한다. 그 나라는 예전과는 다르게 세계를 군사적으로 위협했고 세계 제3국의 가장 큰 무기수출업자로 등극했다(번역 주: 미국). 전쟁에 대한 정당성에 관한 질문은 목사가 군사적인 도구 일부가 되었던 군목의 상담가들이 여전히 시대적으로든 윤리적으로든 정당화될 수 있는지와 같은 질문에 직면할 것이다. 그리고 특히 자기 자신의 나라와 세계적으로 채무 위기와 유로화 위기의 결과로 정의에 관한 질문이 발생할 것이다. 더욱이 그리스 도교의 윤리는 자연환경 변화만큼이나 신경과학과 줄기세포 연구와 태아 연구의 진보로 인해 도전받게 될 것이다.

이런 현실적인 많은 주제는 깊이 있게 다룰 역사적인 차원의 문제이고 동시에 교회 역사의 과제들이다. 예를 들면 역사를 통해서 현재 질문들의 규명과 해법을 제공하는 것을 말한다. 이때 최근 시대보다 더 강하게 교회사의 편에서, 교회의 연대기와 지역 교회 역사까지도 다시 이해되어야만 한다. 한편으로 신학 교수직의 정리와 다른 한편으로 신학부들과 기관들의 직업 정책은 지난 20년 동안 종교개혁 역사가 가장 커다란 관심을 받긴 했지만, 현대사와 지역 역사에는 관심을 두지 못하도록 유도했다.

신학이 현실적인 질문을 직면하고 가능한 한 많은 다른 학문과 학술적인 대화를 시도한다면, 사회 공동체로서의 수용과 대학에서의 현 위치를 지켜나갈 수 있을 것이다. 이것은 일반적인 신학에처럼 특히 교회 역사도 마찬가지이다.

대학교에서의 교회 역사 수업은 미래의 목사들을 그들 자신의 교회와 미래의 자신의 교회 공동체를 교회 역사적인 시선으로 볼 수 있도록 할 수 있어야 한다. 그리고 그들은 언제나는 아니지만 종종 공동체들에 현존하는 문서실의 사용을 준비해야만 할 것이다. 그것을 위해 대학들에서 지역 역사와 지방 역사의 평가절상은 물론 모든 현실적인 경향을 무시한 채 현대사의 평가절상을 해버릴 수 있다. 대학에서의 교회 역사 수업은 미래의 선생들에게 자신들의 학교와 수업에서 교회 역사의 주제들을 가져올 수 있도록 해야만 한다. 선생들처럼 목사들도 2017년 종교개혁 기념식을 구성할 수 있어야만 한다. 해를 거듭하면서 계속 종교개혁 사상은 2030년 아우스부르크 신앙고백서의 기념식까지 그 역할을 할 것이다. 하지만 2030년은 곧 2,000년 역사의 그리스도교라는 점을 강조해서 말하고자 한다. 또한 종교개혁 역사 외에도 현대사는 다루어야 할 현안이어야 하고, 특히 아주 최근의 독일 역사와 동독 지역 교회들의 역사도 다루어야 할 현안이다.

13. 루터 기념식(1517~2017)

2017년, 지금까지 교회 역사의 가장 커다란 기념식이 우리 세대의 개신교교회에 성큼 다가오고 있다. 독일에서 "루터 10년"이 외쳐졌을 때 준비 과정은 이미 2008년에 시작되었다.

한편으로 많은 개신교교회에서 행해지지 않은 종교개혁의 스트레토(Engführung)를 통해 독일과 루터에게 부담이 되고, 다른 한편으로 아무런 행사도 없을 것이라는 로마-가톨릭교회의 성명서들을 통해서 부담되기도 한다. 왜냐하면 종교개혁은 단순히 교회분열과 다름없기 때문이다.

기념식을 고려하여 개신교교회들은 세 가지 도전 앞에 놓여 있다. 1) 종교개혁의 회고적인 평가가 중요한 문제이다. 2) 복음적인 것을 복음적으로 만드는 것의 현실적인 규정이 중요한 문제이다. 3) 교파 간의 관용적이고 종교의 다원적인 문화 안에서 프로테스탄티즘을 위한 미래 전망을 다루는 것이 중요한 문제이다.

교황 요한 바오로 2세가 2000년을 기념 축제의 해로 선언했을 때, 그는 비판적이면서 겸손하게 회고한 가톨릭의 잘못들, 즉 십자군원정들과 반(反)유대주의를 고백했다. 하지만 가톨릭이 2017년을 기념 축제뿐만 아니라 범죄라고 생각하는 것은 과연 개신교교회에 좋은 일일까! 1517년 종교개혁은 알다시피 한 수도사의 참회 외침과 함께 시작되었다. 최초의 루터의 95개 조항 내용은 참회를 표징으로 그리스도인의 전체 삶을 결정하는 것을 경고했다.

이 때문에 2017년을 위한 가장 적절한 슬로건으로 다음이 제시되고 있다. 종교개혁을 기념하는 것, 범죄를 고백하는 것은 교회연합운동을 촉진하는 것이다.

참고문헌

Jacques Moreau. *Die Christenverfolgung im Römischen Reich*. 2. Aufl. Berlin(West), 1971 (Aus der Welt der Religionen 2).

Hans Dieter Stöver. *Christenverfolgung im Römischen Reich. Ihre Hintergründe und Folgen*. München, 1984 (dtv 10292, dtv-geschichte).

Karl Suso Frank. *Lehrbuch der Gescichte der Alten Kirche/Elisabeth Grünbeck (Mitarb.)*. 3. Aufl. Parderborn, 2002.

Alte Kirche/Adolf Martin Ritter (Bearb.). "Kirchen und Theologiegeschichte in Quelle." Bd. 1, 10. Aufl. Neukirchen-Vluyn, 2012.

Christoph Markschies. Beck'sche Reihe, 1962.

Karen Piepenbrink. *Antike und Chrisyentum*. Darmstadt, 2007 (Geschichte kompakt).

Andreas Hornung. *Messianische Juden zwischen Kirche und Volk Israel. Entwickelung und Begründung ihres Selbstverständnisse*. Gießen, 1995 (Monographien und Studienbücher).

Bernd Wander. *Trennungsprozess zwischen frühen Christentum und Judentum im 1. Jahrhundert n. Chr. Datiebare Abfolge zwischen der Hinrichtung Jesu und der Zerstörung des Jerusalemer Tempels*. 2. durchges. u. verb. Aufl. Tübingen, 1997 (Texte und Arbeiten zum neutestamentlichen Zeitalter 16).

Leonhard Goppelt. *Die apostolische und nachapostelische Zeit*. 2., durchges. Aufl. Göttigen, 1966 (Die Kirche in ihrer Geschichte 1, A).

Andreas Lindemann, Henning Paulsen (Hg., Übers.). *Die Apostlischen Väter*. Griechisch-deutsche Parallelausgabe. Auf der Grundlage der Ausgabe von Franz Xaver Funk, Karl Bihlmeyer u. Molly Whittaker. Tübingen, 1992.

Wihelm Geerlings (Hg.). *Theologen der christlichen Antiken*. Eine Einführung. Darmstadt, 2002.

Hartmut Leppin. *Die Kichenväter und ihre Zeit*. Von Athanasius bis Gregor dem

Großen. 2., durchges. u. aktaual. Aufl. München, 2006 (Beck'sche Reihe, C. H. Beck Wissen, 2141).

Manfred Clauss. *Konstantin der Große und seine Zeit.* München, 1996 (Becǩsche Reihe 2042, Beck Wissen).

Karen Piepenbrink. *Konstantin der Große uns seine Zeit.* 2., durchges. Aufl. Darmstadt, 2007 (Geschichte kompakt — Antik).

Helmut Fischer. *Haben Christen drei Götter? Entstehung und Verständnis der Lehre von der Trinität.* Zürich, 2008.

Norbert Scholl. *Das Geheimnis der Drei. Kleine Kulturgeschichte der Trinität.* Darmstadt, 2006.

Karl Suso Frank. *Geschichte des christlichen Mönchtum.* 6., bibliogr. aktual. Aufl. Darmstadt, 2010.

Martin H. Jung. "Die Bedeutung der Wüste in der Vita Antonii." In *Religiöse Erfahrung und wissenschaftliche Theologie.* Festschrift für Ulrich Köpf zim 70. Geburstag/Albrecht Beutel, Reinhold Rieger(Hg.). Tübingen, 2011, S. 157-188.

Bernhard Lohse. *Askese und Mönchtum in der Antike und in der alten Kirche.* München, 1969 (Religion und Kultur der alten Mittelmeerwelt in Parallelforschungen 1).

Ludwig Konen(Hg.). *Mani. Auf der Spur einer verschollenen Religion.* Freiburg I.Br., 1993.

Kurt Rudolph. *Die Gnosis. Wesen und Geschichte einer spätantiken Religion.* 4., durchges. Aufl. Göttigen, 2005.

Kirchen-und Theologiegeschichte In Qullen. Bd. 2. Mittelalter/Adolf Martin Ritter, Bernhard Lohse, Volker Leppin (Hg.) 7., neu bearb. Aufl. Neukirche-Vluyn 2011.

Volker Leppin. *Geschichte des mittelalterlichen Christentums.* Tübingen, 2012 (Neue Theologische Grundrisse).

F. Donald Logan. *Geschichte der Kirche im Mittelalter/Karl H. Nicolai(Übers.).*

Darmstadt, 2005.

Arnold Angendt. *Das Frühmittelalter. Die abendländische Christenheit von 400 bis 900.* 2. durchges. Aufl. Stuttgart 1995.

Gert Haedler. *Geschichte der Frühmittelalter und Germanenmission.* 2. erg. Aufl. Göttigen, 1976(Die Kirche in ihrer Geschichte 2, E).

Lutz von Padberg. *Christianisierung im Mittelalter.* Darmstadt, 2006(Besondere Wissenschaft).

Gudrun Gleba. *Klöster und Orden im Mittelalter.* 4., bibliogr.aktual. Aufl. Darmstadt, 2011(Geschichte kompakt).

Nobert Ohler. *Mönche und Nonnen im Mittelalter.* Düsseldorf, 2008.

Nikolas Jaspert. *Die Kreuzzüge.* 4. bibliogr. aktual. Aufl. Darmstadt, 2008 (Geschichte kompakt).

Hans Eberhard Mayer. *Geschichte der Kreuzzüge.* 7. verb. Aufl.Stuttgart (Untertaschenbücher, 86).

Klaus Herbers. *Geschichte des Papstums im Mittelalter.* Darmstadt, 2012.

Bernhard Schimmelpfennig. *Das Papstin.* Von der Antike bis zur Renaissance. 6., bibliogr. bearb. u. aktual. Aufl./Elke Goez(Bearb.). Darmstadt, 2009.

Ulrich Köpf(Hg.). *Theologen des Mittelalters. Eine Einführung.* Darmstadt, 2002.

Volker Leppin. *Theologie im Mittelalter.* Leipzig, 2007 (Kirchengeschichte in Einzeldarstellung 1/11)

Martin Anton Schmidt. *Scholastik.* Göttigen, 1969 (Die Kirche in ihrer Geschichte 2, G2).

Cornells Augustijn. *Humanismus.* Göttigen, 2003 (Die Kirche in ihrer Geschichte 2, H2).

Wilhelm Ribhegge. *Erasmus von Rotterdam.* Darmstadt, 2000 (Gestalten der Neuzeit).

Mark R. Cohen. *Unter Kreuz und Halbmond.* Die Juden im Mittelalter/Christen Wiese(Übers.). München, 2005.

Martin H. Jung. *Christen und Juden. Die Geschichte ihrer Bezeichnung.* Darmstadt,

2008.

Miguel de Epalza. Jesus zwischen Juden, Christen und Muslimen. Interreligiöses Zusammenleben auf der Iberischen Halbinsel. 6-17. Jahrhundert. Frankfurt a. M., 2002.

Eugen Heine. *Sephardische Spuren*. Bd. 1-2. Kassel, 2001-2002.

Deutsche Geschichte in Quellen und Darstellung. Bd. 3: Reformationszeit 1495~1555/Ulrich Köpf (Hg.). Stuttgart, 2001 (Universal-Bibliothek 17003).

Martin H. Jung. *Die Reformation. Theologen, Politik, Künst*. Göttingen, 2008.

Martin H. Jung. *Philip Melanthon und seine Zeit*. 2., verb. Aufl. Göttingen, 2010.

Martin H. Jung, Peter Walter (Hg.). Theologen des 16. Jahrhunderts. Humanimus, Reformation, Katholische Erneuerung. Eine Einführung. Darmstadt, 2002.

Thomas Kaufmann. *Geschichte der Reformation*. Frankfurt a. M., 2009.

Kirchen und Theologiegeschichte in Quellen. Ein Arbeitsbuch. Bd. 3: Reformation /Volker Leppin (Hg.). 2. Aufl. Neukirchen-Vluyn 2012

Volker Leppin. *das Zeitalter der Reformation. Eine Welt im Übergang*. Darmstadt, 2009.

Volker Leppin. *Die Reformation*. Darmstadt, 2013 (Geschichte kompakt).

Heiko A. Obermann. *Die Reformation*. Von Wittenberg nach Genf. Göttigen, 1986.

Kurt Aland. *Hilfsbuch zum Lutherstudium*. 4., durchges. u. erw.Aufl. Bielefeld, 1996.

Albrecht Beutel (Hg.). *Luther Handbuch*. 2.Aufl. Tübingen, 2005 (Theologen Handbücher) (UTB Theologie 3416).

Martin Brecht. *Martin Luther*. Bd. 1-3. 2. Aufl. (Bd. 1 3.Aufl.), Studienausgabe. Stuttgart, 1994.

Karl Holl. *Gesammelte Aufsätze zur Kirchengeschichte*. Bd. 1: Luther. 7.Aufl. Tübingen, 1948.

Volker Leppin. *Martin Luther*. 2., durchges., bibliogr.aktual. u. mit einem neuen Vorw. vers. Aufl. Darmstadt, 2010 (Gestalten des Mittelalters und der Renaissance).

Reinhard Schrwarz. Luther. 3., durchges. u. korr. Aufl. Göttingen, 2004 (UTB Theologie, Kirchengeschichte 1926).

Peter Blickle. Gegeindereformation. *Die Menschen des* 16. Jahrhunderts uaf dem Weg zum Heil. 2. Auf. (Studienausg.), München, 1987.

Rudolf Mau. *Evangelische Bewegung und frühe Reformation 1521 bis 1532.* Leipzig, 2000 (Kirchengeschichte in Einzeldarstellungen ll/5).

Ulrich Gäbler. *Huldrych Zwingli. Eine Einführung in sein Leben und sein Werk.* 3., mit einem Nachw. u. Lit.nachtr. vers. Aufl. Zürich, 2004.

Gottfried Wilhelm Locher. *Zwingli und die schweizerische Reformation.* Göttingen, 1982 (Die Kirche in ihrer Geschichte 3, J1).

Peter Stephens. *Zwingli. Einführung in sein Denken/ Karin Bredull Gerschiler (Übers.).* Zürich, 1997.

Hans-Jürgen Goertz. *Die Täufer. Geschichte und Deutung.* 2. verb. u. erw. Auf. München, 1988.

Horst Weigelt. *Von Schlesien nach Amerika. Die Geschichte des Schwenckfeldertums.* Köln, 2007 (Neue Forschungen zur schlesischen Geschichte 14).

Axel Gotthard. *Der Augsburger Religionsfrieden.* 2., unver. Aufl. Münster/Westf. 2006 (Reformationsgeschichtliche Studien und Texte 148).

Lief Grane. *Die Confessio Augustana.* Einführung in die Hauptgedanken der lutherischen Reformation. 6. Aufl. Göttingen, 2006 (UTB 1400, Theologie).

Peter Opitz. *Leben und Werk Johannes Calvins.* Göttingen, 2009.

Christoph Strohm. *Johannes Calvin.* Leben und Werk des Reformators. München, 2009 (Beck'sche Reihe 2469, Beck Wissen).

Remigius Bäumer ed. *Concilium Tridentinum.* Darmstadt, 1979 (Weg der Forschung 313).

Kurt Dietrich Schmidt. *Die katholische Reform und die Gegenreformation.* Göttingen, 1975 (Die Kirche in ihrer Geschichte 3, L1).

Dieter J. Weiß. *Katholische Reform und Gegenreformation. Ein Überblick.* Darmstadt, 2005.

Joris van Rljnatten, Fred van Lieburg/Kerstin Hedemann trans. *Niederländische Religionsgeschichte*. Göttingen, 2011.

Heinrich Holze. *Die Kirche des Nordens in der Neuzeit* (16. bis 20. Jahrhundert). Leipzig, 2011 (Kirchengeschichte in Einzeldarstellung III/11).

Poul Georg Lindhardt. *Skandinavische Kirchengeschichte seit dem* 16. Jahrhundert. Göttingen, 1982 (Die Kirche in ihrer Geschichte 3, M3).

Martin H. Jung. *Reformation und Konfessionelles Zeitalter (1517~1648)*. Göttingen, 2012.

Harm Klueting. *Das konfessionelle Zeitlater. Europa zwischen Mittelalter und Moderne*. Kirchengeschichte und Allgemeine Geschichte. Lizenzausg. Darmstadt, 2007.

Kirchen-und Theologiegeschichte in Quellen. Ein Arbeitsbuch. Bd. 4: Vom Konfessionalismus zur Moderne. Martin Greschat (Hg.). 4. Aufl. Neukirchen-Vluyn, 2012.

Ernst Koch. *Das konfessionelle Zeitalter. Katholizismus, Luthertum, Calvinismus (1563~1675)*. Leipzig, 2000 (Kirchengeschichte in Einzeldarstellungen II/8).

Hans Emil Weber. *Reformation, Orthodoxie und Rationalismus*. T. 1-2 [3. Bde.]. Gütersloh, 1937~1951 (Beiträge zur Förderung der christlichen Theologie, R. 2, 35, 45, 51).

Karl Erlinghagen. *Katholische Bildung im Barock*. Hannover, 1972 (Kirchenneuerung und Schulhumanismus 2) (Das Bildungsproblem in der Geschichte des europäischen Erziehungsdenkens 4/2).

Matin H. Jung, Peter Walter (Hg.). "Theologen des 16. Jahrhunderts. Humanismus, Reformation, Katholische Erneurung." Eine Einführung. Darmstadt, 2002.

Helmut Lahrkamp. Dreißigjähriger Krieg. Westfälischer Friede. Eine Darstellung der Jahre 1618~1648 mit 326 Bildern und Dokumenten. 3. Aufl. Münster/Westf, 1999.

Georg Schmidt. Der Dreißigjährige Krieg. 8., durchge. u. aktual. Aufl. München,

2010 (Beck'sche Reihe 2005, Beck Wissen).

Erich Beyreuther. *Geschichte des Pietismus*. Stuttgart, 1978.

Geschichte des Pietismus. Bd. 1-4/ Martin Brecht (Hg.). Stuttgart, 1993-2004.

Martin H. Jung. *Pietismus*. Frankfurt a. M., 2005 (Fischer kompakt).

Peter Schicketanz. *Der Pietismus von 1675 bis 1800*. Leipzig, 2001 (Kirchengeschichte in Einzeldarstellungen III/1).

Johannes Wallmann. *Der Pietismus*. Göttingen, 2005 (UTB 2598 Theologie, Religion).

Albrecht Beutel. *Kirchengeschichte im Zeitalter der Aufklärung. Ein Kompendium*. Göttingen, 2009 (UTB: Theologie, Religion 3180).

Barbara Stollberg-Rilinger. Die Aufklärung. Europa im 18. Jahrhundert. 2., überarb. u. aktual. Aufl. Stuttgart, 2011 (Reclams Universalbibliothek 18882)(Reclam Sachbuch).

Diarmald MacCulloch. *Die zweite Phase der englischen Reformation (1547~1603) und die Geburt der Angelikanischen Via Media*. München/ Westf, 1998 (Katholisches Leben und Kirchenreform im Zeitalter der Glaubensspaltung 58).

William Reglnald Ward. Kirchengeschichte Großbritanniens vom 17. bis zum 20. Jahrhundert/Sabinr Westermann(Übers.), Urich Gäbler(Einf.), Leipzig, 2000(Kirchengeschichte in Einzeldarstellungen III/7).

Kirchen-und Theologiegeschichte in Quellen. Ein Arbeitsbuch. Bd. 4: Vom Konfessionalismus zur Moderne/Martin Greschat(Hg.). 4. Aufl. Neukirchen-Vluyn 2012.

Kirchen-und Theologiegeschichte in Quellen. Ein Arbeitsbuch. Bd. 5: Das Zeitalter der Weltkriege und Revolutionen/Martin Greschat(Hg.). Neukirchen-Vluyn 1999.

Martin H. Jung. *Protestantimus in Deutschland von 1815 bis 1870*. Leipzig, 2000.

Martin H. Jung. *Kirchengeschichte in Deutschland von 1870 bis 1945*. Leipzig, 2002 (Kirchengeschichte in Einzeldarstellungen III/5).

Martin Gerhardt. *Ein Jahrhundert innere Mission*. Bd. 1-2. Gütersloh, 1984

Martin H. Jung. "Der Gerechte erbarmt sich seines Viehs." Der Tierschutzgedanke Im Pietismus. In: Bernd Janowski, Peter Riede (Hg.). *Die Zukunft der Tiere. Theologische, ethische und naturwissenschaftliche Perspektiven*. Stuttgart: 1999, S. 128-154.

Jochen-Christoph Kaiser. *Evangelische Kirche und sozialer Staat*. Diakonie im 19. und 20. Jahrhundert. Stuttgart, 2008.

Ekkhard Lessing. *Geschichte der deutschsprachigen evangelischen Theologie von Albrecht Ritschl bis zur Gegenwart*. Bd. 1-4. Göttingen, 2000-2009.

Jan Rohls. *Protestanische Theologie der Neuzeit*. Bd. 1: Doe Voraussetzungen und das 19. Jahrhundert. Bd. 2: Das 20. Jahrhundert. Tübingen, 1997.

Karl Kupisch. *Die deutschen Landeskirchen im 19. und 20. Jahrhundert*. Göttingen, 1966(Die Kirche in ihrer Geschichte 4, R2).

Karl Heinz Voigt. *Freikirchen in Deutschland. 19. und 20. Jahrhundert*. Leipzig, 2004(Kirchengeschichte in Einzeldarstellungen III/6).

Martin H. Jung. *Die württembergische Kirche und die Juden in der Zeit des Pietismus(1675~1780)*. Berlin, 1992(Studien zu Kirche und Israel 13).

Martin H. Jung. *Christen und Juden. Die Geschichte ihrer Beziehungen*. Darmstadt, 2008.

Gabriel Kammerer. *In die Haare, in die Arme*. 40 Jahre Arbeitsgemeinschaft "Juden und Christen" beim Deutschen Evangelischen Kirchentag. Gütersloh, 2001.

Irena Ostmeier. *Zwischen Schuld und Sühne*. Evangelische Kirche und Juden in SBZ und DDR 1945~1990. Berlin, 2002(Studien zu Kirche und Israel 21).

Klaus Fitschen. *Der Katholizismus von 1648 bis 1870*. Leipzig, 1997 (Kirchengeschichte in Einzeldarstellungen III/8).

Heubert Kichner. *Das Papstum und der deustche Katholizismus(1870~1958)*. Leipzig, 1992(Kirchengeschichte in Einzeldarstellungen III/9).

Hubert Kichner. Die römisch-katholische Kirche vom II. Vatikanischen Konzil bis zur Gegenwart. Leipzig, 1996 (Kirchengeschichte in Einzeldarstellungen

IV/1).

Gottfried Maron. *Die römisch-katholische Kirche von 1870 bis 1970 1972*(Die Kirche in ihrer Geschichte 4, N2).

Siegfried Hermle, Jörg Thierfelder(Hg.). *Herausgefordert.* Dokumente zur Geschichte der Evangelischen Kirche in der Zeit des Nationalsozialismus. Stuttgart, 2008.

Martin H. Jung. "Gertrud Kurz(1890~1972)." In: Adelheid M. von Hauff(Hg.). *Frauen gestalten Diakonie* Bd. 2: Vom 18. bis zum 20. Jahrhundert. Stuttgart, 2006, S. 511-531.

Martin H. Jung. "Katharine Staritz(1903~1953). Ermutigung zum Gott-Vertrauen in der Gottes-Finternis." In: Peter Zimmerling (Hg.). *Evangelische Seelsorgerinnen. Biografische Skizzen, Texte und Programme.* Göttingen, 2004, S. 314-334.

Klaus Scholder. *Die Kirchen und das Dritte Reich.* Bd. 1-3/Gerhard Besier(Bearb. u. Hg. v. Bd. 3). Frankfurt a. M./Berlin, 1977-2001.

Martin Greschat. *Der Protestatismus in der Bundesrepublik Deutschland (1945~ 2005).* Leipzig, 2010(Kirchengeschichte in Einzeldarstellung IV/2).

Rudolf Mau. *Der Protestantismus im Osten Deutschlands(1945~1990).* Leipzig 2005 (Kirchengeschichte in Einzeldarstellungen IV/3).

Hans-Werner Gensichen. *Missionsgeschichte der neuen Zeit.* 3., verb. u. erg. Aufl. Göttingen, 1976 (Die Kirche in ihrer Geschichte 4, T).

Hartmut Lehmann. *Das Christentum im 20. Jahrhundert. Fragen, Probleme, Perspektiven.* Leipzig, 2012(Kirchengeschichte in Enzeldarstellungen IV/9).

Michael Sivernich. *Die christliche Mission. Geschichte und Gegenwart.* Darmstadt, 2009.

Christian Möller(Hg.). *Wegbereiter der Ökumene im 20. Jahrhudert.* Göttingen, 2005.

Peter Neuner, Birgitta Kleinschwärzer-Meister. *Kleines Handbuch der Ökumene.* Düsseldorf, 2002.

Robert Jewett, Ole Wangerin. *Mission und Verfühlung. Amerkas religiöser Weg in vier jahrhunderten*. Göttingen, 2008.

Peter Kawerau. *Kirchengeschichte Nordamerika*. Göttingen, 1961 (Die Kirche in ihrer Geschichte 4, S).

Mark A. Noll/Volker Jordan (Übers.). *Das Christentum in Nordamerika*. Leipzig, 2000 (Kirchengeschichte un Einzeldarstellungen IV/5).

부록

독일의 교회사 시험문제 실제

교회 역사의 자료는 각각의 교사 수업 혹은 척도에 관련하는 시험들 뿐만 아니라 중요한 졸업시험에서 대체로 치러지기 때문에, 하나의 에세이 스타일로 구성한 짧은 논술을 통해서 대답해야만 한다. 그것들은 교회 역사적 논증과 평가의 전문 지식과 연관된 교회 역사의 모든 시대 혹은 개별적인 시대에 관한 확실한 지식을 전제로 한다.

예를 들면,

▶ 고대교회의 위대한 신학자들: 삶, 작품, 중요성
▶ 탁발수도회들
▶ 중세 신학
▶ 중세와 근대의 그리스도인들과 유대인들
▶ 마르틴 루터와 종교개혁
▶ 16세기, 17세기와 18세기의 영국교회들
▶ 19세기 독일 교회들
▶ 국가사회주의 아래 교회들

과제: 질문을 선택하고, 기억들과 이념들과 갑자기 생각나는 표어들을 모아 보고, 자료를 분류하고 두 시간 안에 이것들을 포함한 한 가지를 서술해 보시오 — 이어서 상응하는 책의 내용을 근거로 서술의 구체성과 완벽함을 검토해 보시오.

하지만 때때로 개별적인 대학 강의 혹은 개별적인 척도의 교회 역사 자료는 시험을 통해서도 검토되고, 시험에서 한 시간 때로는 두 시간 동안 짧은 질문에서 몇 가지 문장과 핵심어들과/(혹은) 체크 표기로 대답해야만 한다.

이 책을 읽고 근본적으로 숙독한 후, 45분 안에 다음과 같은 질문들에 대답해 보시오.

1. □ 바울, □ 베드로, □ 이그나티우스, □ 폴라카푸스, □ 저스틴, □ 터툴리안은 "사도교부들"에 속한다.

2. 그리스도인들이 최초로 언제, 어디서 박해를 받았고, 어떤 황제가 박해했는가?

3. 몇 문장들로 2세기 그리스도인 박해의 법적인 근거를 제시해 보시오.

4. 언제 그리고 어디서 세 개의 최초의 공식적인 그리스도교의 신앙고백이 발생했고, 어떤 주제들을, 그리고 어떤 것이 지금도 예배 시간에 사용되는가?

5. 중세의 대표적인 세 탁발수도회를 진술하시오.

6. 십자군원정의 세 가지 긍정적인 영향과 두 가지 부정적인 영향을 설명하시오.

7. 면죄부에서 무엇이 중요하고 연옥과 지옥 사이에 차이는 무엇인가? 특히 죄와 형벌에 관련하여 논해보시오.

8. 1521년은 종교개혁 역사의 어떤 커다란 사건과 관련되어 있는가?

9. 아우크스부르크 종교자유가 어느 해에 결정되었는가?

10. 30년 전쟁은 언제 그리고 어디서 시작했는가?

11. 베스트팔렌 평화협정은 어떤 두 도시 안에서 타결되었는가?

12. 경건주의의 시작은 어떤 장소와 어떤 이름들과 관련되어 있는가?

13. 신학은 셈러(Semler)에게 어떠한 세 가지 인식을 빚지고 있나?

14. 어떠한 세 가지 교회 교육은 영국의 빚을 지고 있나?

15. 무오성은 교황에 의해서 언제 인정되었나?

16. 19세기 독일 프로테스탄트들은 그들의 사회적인 참여를 위해 어떤 개념을 이용했나?

17. 슐라이어마허는 어디서 가르쳤고, 그는 어떠한 종파 출신이었고 그의 교리학을 무엇이라 부르는가?

18. 바르트에 의해서 세워진 신학 방향을 무엇이라고 부르는가?

19. 독일에서 국가교회는 언제 끝났는가?

20. 로이엔베르크 협정문은 무엇이고 어떠한 의미를 지니는가?

21. 아메리카에서는 "교파"로 말하는 것이 아니라 무엇으로 말하는가?

22. 1965년 역사 발전에 기여한 EKD의 유명한 기념 저서는 무엇인가?

　□ 노르덴슐피프트(Norddenschrift)　□ 평화기념서(Friedensdenkschrift)

　□ 쥐덴슐리프트(Süddenschrift)　□ 전쟁기념서(Kriegsdenkschrift)

　□ 오스텐슐리프트(Ostenschrift)　□ 사회주의 기념서(Sozialdenkschrift)

독일의 교회사 시험문제 답안

1. 이그나티우스(Ignatius), 폴리캅(Polykarp).

2. 64년, 네로, 로마.

3. 그리스도인들을 의도적으로 찾아서는 안 되었다. 하지만 그리스도인들을 향한 고소들은 익명으로 이루어진 것이 아닌 한, 조사를 받아야만 했다. 이때 그리스도인은 어떠한 구체적인 사건이 입증되지 않아도 그리스도인이라고 고백했다는 것만으로도 유죄판결을 받았다.

4. 니케아- 325년, 삼위일체론, 성부, 성자; 콘스탄티노플- 381년, 삼위일체론, 성부와 성자와 성령; 칼케톤- 451년, 두 본성론. 381년의 신앙고백은 여전히 사용되고 있다.

5. 프란체스코 수도회 수도사, 도미니코 수도회 수도사, 아우구스티누스 은자회 수도사.

6. 그것들은 1) 상업 부흥의 결과로 이루어졌고 이방 나라들의 문화를 만남으로 새로운 인식의 결과를 낳았다. 먼저 예수와 그의 세속적인 삶에 관한 관심이 급증했으며, 다른 한편으로 새로운 질병 중 특히 한센병이 서양을 휩쓸었다. 그리고 2) 많은 십자군원정군은 부상병으

로 되돌아왔거나 대부분 그들의 고향으로 되돌아오지 않았다.

7. 면죄부는 죄의 용서가 아니라 연옥의 형벌에 관한 면제를 의미한다.
   연옥은 악명 높은 죄인들과 이단자들이 영원한 형벌을 받아야만 하
   는 지옥이 아니라, 고통을 받은 곳임에도 천국을 준비하는 정화의 장
   소이다. 연옥에서는 행했던 죄들에 대한 형벌이 집행된다. 모든 죄는
   완성된 용서 이후에도—시간적으로 한시적인— 형벌을 수반한다.
   용서는 죄로 파괴된 하나님과의 관계를 다시 회복하지만, 형벌로부
   터는 벗어나지 못한다. 어린아이의 양육에 관한 비유가 연상된다. 한
   아이가 악한 일을 행했다면 그것을 뉘우치는 한 부모는 그를 용서하
   고 그들의 아이를 다시 사랑하지만, 시간상 한시적인 벌을 내린다.

8. 가장 먼저 1월에 공식적으로 루터에 관한 교회의 이단 재판에서 이단
   으로 판결내렸다. 이어서 4월에 그는 보름스의 제국회의에 소환되었
   고, 황제 칼 5세(Karl V)를 대면했다. 황제에게 판결의 취소를 요구했
   지만 취소는 이루어지지 않았다. 황제는 루터에게 주의하라고 경고
   하였고, 동시에 루터는 죽음의 위협을 받았다. 그의 영주는 그를 바르
   트부르크(Wartburg)로 안전하게 피신시켰다. 그곳에서 루터는 신
   약성서를 번역하기 시작했다.

9. 1555년.

10. 1618년 보헤미아.

11. 뮌스터, 오스나부르크.

12. 프랑크푸르트, 스페너.

13. 그는 1) 그리스도교와 학문적인 신학은 두 가지 다른 문제이고 2) 또한 성서와 하나님의 말씀 사이에 구분되어야 할 것을 강조했다. 더 나아가, 그는 3) 정경이 사람들에 의해서 만들어졌고 역사적으로 재구성될 수 있는 발생과정을 거친 것으로 인식했고, 그로써 근대 역사적인 주석을 위한 초석을 낳았다.

14. 침례교도들, 퀘이커교도들, 감리교도들.

15. 1870년.

16. 내적 선교.

17. 베를린, 개혁파의, 신앙의 가르침.

18. 디아코니아 신학.

19. 1918년.

20. 그것은 내부 프로테스탄트적인 교회일치의 진보를 보여주고 있다. 19세기의 교회 연합에도 불구하고 루터주의자들과 개혁파들이 가졌

던 문제들은 정리되지 못했다. 1973년 몇십 년 동안 상의를 거친 후 "로이엔베르크의 일치신조"는 구제책을 마련했는데, 개신교 학회 로이엔베르크에 따르면 루터주의자들과 개혁파들이 공동으로 주의 만찬을 시행하는 것은 문제없이 가능했다. 16세기에 이루어졌던 비난들은 무가치한 것으로 설명되었다. 텍스트가 근본적으로 말하는 것처럼 "유럽 개혁교회들의 일치신조"는 지금까지 약 100개 교회에 의해서 공식적으로 서명되었다.

21. 교파들.

22. 동방백서(Ostdenkschrift).

그림 해설

1. 제분기의 운행으로써 종교개혁사건(그림 4.5)

그리스도는 방앗간 주인으로 표현되고 곡물들, 예컨대 (복음서 기록자들의 상징들을 통해서 설명된) 복음들과 바울(상징: 칼)을 제분기에 쏟아붓는다. 이것들은 맷돌에서 분말로 빻아진다. 여기서 능력처럼 믿음과 사랑과 소망이 나올 것이고, 에라스무스는 그 능력을 방앗간의 하인처럼 삽으로 부대에 담을 것이다. 에라스무스에게 등을 돌린 루터는 밀가루로 종교개혁의 문서들에서 빵을 굽는다. 그는 그것들을 고대교회의 대변자들에게(교황과 추기경과 감독의 두건들을 통해서 그리고 수도사들의 삭발을 통해서) 인식될 수 있다. —그들을 살피지 않고서도— 제공한다. 쯔빙글리는 마지막 사람으로, 하지만 동시에 가장 중요한 사람으로 표현되고, 또한 그림의 중심에 정확하게 강조되어 있다. 그는 계속해서 사람들에게 전해진 말씀을 통해서 종교개혁적인 메시지를 제공하고, 얼굴을 맞대고 고대교회의 대변자들과 함께 논쟁한다. 대변자들 뒤에는 마귀가 서 있으며 추방을 호소하는 날아다니는 드래곤을 통해서 상징화시키고 있다(Ban Ban). 후자는 게다가 칼스탄(Karsthan)이라는 이름을 가진 농부에 의해서 도리깨로 위협을 받았다. 하나님 아버지는 모든 것을 감독하시고 일어나는 일에 축복을 내리신다. 그러므로 그림은 종교개혁 사건을 하나님 스스로가 원했던 것으로, 성서에 근거해서, 인문주의에 기초하는 것으로 제시하고 있다. 루터는 중요한 역할을 하지만, 쯔빙글리가 결정적인 인물이다 — 그림의 메시지는 그러한 의미를 지니고 있다.

2. 그림의 경건주의적인 메시지(그림 5.2)

그림은 손에 그들의 당시 신앙고백서를 가진 세 명의 남성, 예컨대 세 종류 커다란 교파들의 대표자들을 보여주고 있다. 개혁교회의 설교자는 도르트 회의(Synode, 1618/1619)의 결의를, 루터 교회의 목사는 일치 신조(1577)를, 가톨릭 사제는 트렌트공의회의 결의(1545~1563)를 가리키고 있고 모두는 "여기에 그리스도가 있다"라고 주장한다. 세 사람이 각각 주장하는 바로 그때 상반되는 근거를 제시할 때는 어떤 것도 규정될 수 없다는 것이 스스로 이해되는 것이다. 그림은 그리스도가 실제로 발견될 수 있는 곳이 어디인지를 보여주고 있다. 그는 서적과 신앙고백에서가 아니라 주님을 따르는 삶에서 발견되는 분이다. 그림 배경에 두 명의 십자가를 진 사람은 천국의 목표에 도달한다. 그곳에서 —테트라그램(신명의 네 개의 히브리어의 자음)을 가진 삼각형을 통해서 상징화된— 그들은 하나님을 기대한다. 그림 안에 삽입된 성서 구절은 부가적으로 그림의 메시지를 설명해 주고 있다. 모든 자들이 천국에 들어가는 것이 아니라 예수의 뜻을 행하는 자야만 들어갈 수 있다. (비교 마 7:21) 예수가 요 10:27에서 말한 것은 제자에게 해당한다. "나의 양은 나의 목소리를 알고, 나는 그들을 알고 그들은 나를 따를 것이다." 예수를 따르는 삶의 보상을 제시한 것처럼 그에 이어지고, 그림에는 인용되어 있지 않으나 함의적으로 드러나고 있는 구절(요10:28)을 전해주고 있다. "나는 그들에게 영원한 생명을 주고 그들은 결코 죽지 않을 것이며 누구도 그들을 나에게서 빼앗지 못할 것이다." 지금과 오늘이 아니라 미래, 내세가 경건주의에는 결정적이었다.

이런 반 교파의 교육적인 그림은 개혁교회의 신비주의자이자 영성주의자인 볼프 드 메테니히(Wolf de Metternich)의 "진정한 교회에 관하여"라는 반교파적인 저술의 동판화로 제시되어 있다. 이 작품은 두 가지 인쇄본(1709년과 1717년)으로 남아 있다.

경건주의자들은 기존 교회들을 비판했고, 진정한 교회에 관해서 의문을 제시했으며, 이것들을 가시적으로 실현하려고 노력했다. 경건주의자들에 의하면 진정한 그리스도교는 신앙고백의 의무를 통해서가 아니라 성화와 예수를 따르는 삶에서 증명되기 때문이다. 전통적인 교파의 한계는 경건주의자들의 예수 그리스도를 따르는 삶의 교회론을 통해서 계속해서 상대화되었고 예수의 도움을 교파적 시대로 빠져들어 갔다.

3. 19세기의 갱신운동과 공동체운동에서의 인간상(象)과 세계상(象)(그림 6.3)

그림은 먼저 19세기의 거울이다. 우리는 19세기의 인간과 건물과 풍경을 볼 수 있다. 우리는 그 시대의 문화재들과 사회기관들과 교회의 기관들을 볼 수 있다. 우리는 19세기 사람이 어떻게 살았는지, 그들이 무엇을 입었는지, 그들이 어떻게 여행했는지, 그들이 무엇에 종사했는지, 그들이 어떻게 즐겼는지를 볼 수 있다. 우리는 그 외에도 갱신운동과 공동체운동에 전형적이었던 몇몇 시설들을 발견할 수 있다. 이것들은 어린이 구호소들, 양로원과 주일학교이다. 더욱이 교회는 물론 극장, 도박장, 간이숙박소와 무도장이 허락되었다. 또한 교회를 멀리한 삶이 도시의 지형도에, 교회를 신뢰하고 경건한 삶이 시골의 문화에 첨가되었을 때의 사건들이 반영되었다. 더 나아가 후자에서 여성들은 주목할 만한 커다란 역할을 했고 19세기에 여성에 의한 종교화가 그려졌다.

그림은 여성화 과정을 가지고 있다. 왼쪽 길은 남성들이 매춘부와 함께 시작하고, 천상의 예루살렘 앞에 오른쪽 길의 최종 정거장은 여성들을 위해서, 여성들에 의해서 만들어지는 양로원이다. 또한 그림은 경건한 자들 가운데 새로운 옷습관으로 퍼져 있는 거부를 표현해 주고 있다.

더 나아가 그림은 경건한 자들의 세계관 표현이다. 그것은 갱신된 그룹이 그들의 시대와 다원화된 삶의 형태를 어떻게 평가했는지를 우리에게 전해주고 있다. 그들 자체는 그 시대 삶의 이상들을 열망하고 그 시대의 행동 방식과 싸운다. 긍정적으로 평가되고 오른쪽 면에서 그 외에도 고대의, 성서에서 근거한 전통에서 자선의 여섯 가지의 일들을 설명하고 일곱 번째 일로 확대된다. 이것은 굶은 자들의 음식, 목마른 자들의 음료, 숙소를 갈망하는 자의 숙소 제공, 벌거벗은 자들의 옷, 환자 방문과 죄수들의 방문이다. 이러한 일련의 선한 행위들은 직접적으로 성서구절, 예컨대 마 25:34-40절에 근거하고, 이미 중세부터 올바른 인간의 행동을 위해 자주 언급된 방향 설정이었다. 일곱 번째 선한 행위로써 눅 9:48의 근거로 버림받은 어린이들의 수용이 받아들여진다. 우리는 왼쪽에 반대모델을 고찰할 수 있다. 여기서 성서에 따라 명확하게 금지된 모든 것이 행해진다. 숫자 6은 구성원리로 이용된다. 여섯 가지 추정된 위안들(창녀, 게걸스럽게 먹기와 마시기, 가무, 카드놀이, 욕하는 것/저주하는 것, 신문을 읽는 것), 여섯 가지 오락들(유원지, 극장, 클럽, 도박장, 술집 카운터, 공동 우물), 여섯 가지의 악습들(동물학대, 도둑질, 약탈, 담보로 잡은 일, 복권 맞추기, 승마), 여섯 가지 형벌들(감금, 노예, 전쟁, 교통사고, 여성학대, 지진)이 제공된다. 이를테면 한 가지 실례를 들 수 있다. 우리는 왼쪽에서 한 사람이 넓은 길에서 그의 무거운 짐으로 인해 기력을 잃게 된 당나귀를 채찍으로 때리는 것을 볼 수 있다. 잠 12:10은 동물에 대한 이러한 무자비한 관계가 하나님의 뜻에 반하는 것이라는 것을 제시하고 있다. "의로운 자(자비로운 자)가 또한 그의 가축에게 자비를 베푼다."라는 것은 경건한 자들 사이에서는 이미 18세기 후반기 이래로 널리 인용된 문구였다.

극장은 그림의 중앙에 자리 잡고 있고, 정확히 악과 선 사이 경계선에 서 있으며, 그때 오른쪽 면은 물론 화려한 나무- 생명의 나무 -를 통해서 감추어져 있다. 극장은 원칙이 아니라 구체적인 내용 때문에 거부되었다. 19세기의 극장들은 그리스도 이전 고대의 고전적인 소재이든 근대적인 소재이든, 계몽된 정신적인 산물에 영향을 미쳤던 소재들에 의해서 세워졌다. 그러한 극장 소재는 경건한 자들에게는 받아들여질 수 없는 것이었다. 종교적-그리스도교적 내용으로 기획되고 선교적인 목적에 이용하려 했던 극장은 16세기와 17세기, 18세기 초에 다양한, 하지만 특히 개혁파와 가톨릭의 환경에서, 더 적게는 루터교의 지역에서 실용화될 수 있었던 것처럼 수용될 수 있었을 뿐만 아니라 환영받을 수 있었을 것이다.

또한 그림 후면에 서 있고 그것에 숨겨져 있는 신학을 찾아보는 일은 유용하다. 십자가에 못 박힌 그리스도, 이를테면 십자가에서 하나님의 아들의 구원 행위는 갱신된 경건운동의 신학적인 사상의 중심에 서 있다. 성서의 말씀, 특히 그리스도의 말씀은 사상과 삶의 구속력 있는 원칙이다. 각각의 사람은 결정하도록 유도된다. 그 결정은 빈번하게 개종으로 이루어진다. 왜냐하면 그가 그리스도를 선택하기 전 그가 —맨 처음 경건한 어른들의 아이로서— 세상과 죄의 영역에서 살고 있기 때문이다. 그림의 앞부분에 안내판 앞에서 삼각 모자를 쓰고 있는 한 남성은 손과 발을 무의미하게 펼치고는 서 있다. 그는 한편으로는 유혹하려고, 다른 한편으로는 회의적으로 행동하고 있다. 그의 귀는 설교자들의 설교를 경청하지만, 그의 눈은 세상을 바라보고 있다. 인간은 그의 결정에서 자유롭고, 그는 선거의 자유를 가지며, 루터에 의해서 주장된 의지의 예속은 토론의 문제가 아니다. 회심 이후 길이 열리게 되었다. 그리스도인의 여정에도 여전히 위험과 신이 없는 세상으로 넘어갈 수 있는 다리들이 있기는 하지만 이 다리들은 전혀 혹은 절대 통용되지 않았다. 또한 단지 세상 사람 중 일부만이 획득될 수 있다.

많은 갱신 운동의 신학은 매우 종말론적인 경향을 보였다. 예컨대 개개인의 미래와 세상의 미래에 관한 질문에 전념했다. 대안들은 그림의 상부에서 제시되고 있다. 이것들은 세상 종말, 심판, 지옥이거나 새로운 하늘과 땅, 천상의 예루살렘, 그리스도와 함께하는 공동체(하나님의 어린 양으로 설명된)와 천사들이다. 그림은 또한 매우 임박한 종말을 보여주고 있다. 교회의 시계는 12시 직전을 가리키고 있다. 창문을 통해서 알 수 있듯 교회에서는 주의 만찬이 진행되고 있다.

그림은 각성했던 슈트가르트 출신 상인의 부인 샤롯 라이흐렌(Charotte Reihlen)에 기원하고 19세기 중반에 그려졌다. "넓고 좁은 길"이라는 제목으로 그것은 역사에 남을 만했다. 그것은 국내외로 널리 유포되었고, 많은 교회와 가정 거실들에 걸렸으며 여전히 오늘날에도 유색의 포스터로 인쇄되고 있다.

용어사전

ㄱ

가톨릭(Katholisch) 문자적으로 우주적 혹은 보편적이라는 뜻이고, 최근 역사에서 로마와 교황과 관련되고 그 때문에 또한 로마-가톨릭으로 지칭되는 교회를 위한 교파적인 칭호가 되었다.

가톨릭 개혁(Katholische Reform) 16세기 가톨릭교회에서의 갱신 운동 인문주의에 적합하고 종교개혁을 억제하며 트리니트공의회에서 절정에 이른 운동이다.

개혁파의(reformiert) 독일과 스위스 교회의 "루터적인 것"과는 다르게 칼빈의 종교개혁에 지향된 "칼빈적인 것"만을 선택적으로 사용했던 명칭이다. 그러므로 "개혁적인"이라는 보편적인 모든 종교개혁 교회를 포함하는 개념과 혼동해서는 안 된다.

견진성사(Konfirmation) 개신교회에서 견진성사의 가톨릭의 성만찬을 대신하여 청소년들 혹은 청년들에게 행하는 관례적인 의식, 그들은 젖먹이들 혹은 유아 때 세례를 받았고, 그들에게 세례 때 전혀 불가능한 세례 약속을 재확인하고 그리스도교 신앙에 대해서 알아듣도록 고백하는 것이다.

공의회(Kozil) 교회 지도자들(주교들과 수도원장들)과 자문하는 신학자들의 대규모의 회의.

경건주의(Pietismus) 17세기와 18세기 프로테스탄트적인 경건 운동. 그 운동은 성서 공부에 집중했고 평신도의 움직임이 활발했다.

각성 운동(Erweckungsbewegung) 18세기와 19세기의 종교적인 흐름, 그것은 태만과 죄의 타락에 깨어나는 것을 목적으로 한다.

감독(Bischof) 원래 모든 도시 공동체, 후에는 더 큰 지리적인 단위에서 그리스도교의 지도급 성직자(문자적으로: 관리자).

개종(Bekehrung) 빈번히 강렬하게 또한 강하게 감정적으로 경험한 개인의 종교적인 전환. 비그리스도인에서 그리스도인 혹은 탐색하는 그리스도인에서 결정적인 그리스도인을 만드는 것.

경건(Erbauung) 저술들이나 설교들을 통해서 영적인 강화.

계몽주의(Auferklärung) 빛을 무지의 어두움으로 가져와 이성에게 길을 열어주는 유럽의 정신적인 운동.

고백교회(Bekennende Kirche) 독일 프로테스탄티즘 내부의 주정부 교회, 공동체들과 개인들. 그들은 1933~1945년 국가사회주의적인 의미에서 개신교회의 변질(Umgestaltung)에 맞섰고 고대 교회와 종교개혁의 신앙고백들을 고수하면서 시대정신에 맞서길 원했다.

공개논쟁(Disputation) 중세와 근대 초의 대학 강의, 거기서 신학적이고 철학적인 질문들은 찬반 토론에서 설명되었고 해결되었다.

관구총감독(Generalsuperintendent) 몇몇 개신교 주정부 교회들에서 높은, 교회를 주도하는 정신적인 관리자의 호칭.

국가교회(Staatkirche) 대부분의 종교개혁 이후의 개신교교회와 오늘날에도 영국과 덴마크교회처럼 여전히 국가가 직접 주도하는 교회를 말한다.

국가교회(Nationalkirche) 국가와 민족과 관련해서 독립적, 다른 교회와는 구분되는 길을 걷는 특별한 국가 형태를 지닌 교회.

국제법(Völkerrechte) 민족 간의 또한 소수 국가 사이의 관계를 조정하는 법률.

궁정주임 설교가(Hofprediger) 통치자와 그의 가족과 그의 동료들에 대한 영혼 돌봄과 설교의 과제를 가진 통치자의 궁정에서 고위의 개신교 성직자.

궁정주임 설교 담당자(Oberhofprediger) 많은 궁정 설교 담당자 중 지도적인 설교 담당자.

교구 감독(Superintendent) 몇몇 개신교 주정부 교회를 주도하는 영적인 행정가의 칭호.

교구 감독(Dekan) 지역별로 교구 감독을 위한 개신교교회 내의 교회 감독직(문자적으로, 열 사람의 대표자).

교권 중심의 성직자(Kleriker) 영적인 교회 행정직들의 소유자들.

교리들(Dogmen) 구속력을 요구하는 신학적인 진술들.

교리학(Dogmatik) 윤리학 외에 조직신학의 한 분야이자 조직신학 분야의 교재.

교부들(Kirchenväter) 특히 초대 5세기 그리스도교의 뛰어난 신학적 사상가이자 선생들.

교파(Konfession) 정해진 신앙고백의 근거로 규정된 교회 혹은 교회 부류.

교회 국가(Kirchenstaat) 이탈리아 중부에 로마 감독들의 정치적인 통치 지역.

교회 선생(Kirchenlehrer) 교부 중에 뛰어난 그룹들. 가톨릭교회를 위한 그들의 가르침은 시간을 거치면서 상당한 의미를 지닌다.

교회연합운동(Ökumene) 세계적으로 그리고 종파를 넘어선 그리스도교. 이와 마찬가지로 교회 협력과 교회 일치를 목적으로 하는 모든 기관과 시도들.

교회 총회(Kirchentag) 가장 먼저 19세기 독일 프로테스탄티즘의 몇백 명의 대표자의 회의, 1945년 수천 명의 참가자와 함께했던 대규모의 행사, 2003년과 2010년 최초로 에큐메니컬적으로 진행되었음.

교회 투쟁(Kirchenkampf) 국가사회주의 시대의 독일에서 교회의 미래에 나아갈 방향과 국가사회주의를 향한 교회의 순응에 관한 개신교회 내부의 논쟁.

교황(Papst) 세상에서 그리스도의 (유일한) 대변인이고 때문에 보편교회를 위한 감독 권한을 가진다는 주장으로 로마의 감독.

교황 교서(Enzyklika) 교황의 통지서.

그리스도교 성직 수여식(Ordination) 개신교의 성직자 위임식.

그리스도론(Chistologie) 예수의 위격과 사역의 의미와 관련해서 예수 그리스도에 관한 신학적인 가르침.

금욕(Askese) 문자적으로 외적인 포기, 특히 음식, 육체 보호, 따뜻함, 잠자기의 포기를 통하여 인간에게 내적 훈련을 준비하도록 하는 훈련.

긴급세례(Nottaufe) 신생아의 생명이 위급할 때 부모 혹은 산파들을 통해서 이루어지는 세례. 가톨릭주의와 루터파에서는 일반적인 일이고, 하지만 개혁교회에서 보편적이지 않다.

ㄴ

내적 선교(Innere Mission) 19세기 후반기와 20세기 전반기에 자체적인 사회의 내부에서 선교로 이어지는 개신교의 디아코니아적 기관들의 상부 조직.

ㄷ

대사(Legat) 외교사절.

독신(Zölibat) 사제들과 수도사들의 미혼 상태.

ㄹ

라테란(Lateran) 로마의 남동부의 언덕과 도시 지역, 그것은 여기에 그들의 궁전들을 가졌던 라테라노 가문에 따라 명명되었고, 그곳에 4세기 로마 감독 교회가 설립되었으며, 교회는 중세에 여러 번 회의 장소로 공의회가 개최되었으며, 이 때문에 라테란공의회라고 불린다.

루터파(Luthertum) 결정적으로 루터와 그의 종교개혁과 관련하는 개신교의 교파.

ㅁ

만인 사제설(allgemeines Preistertum) 모든 신앙인에게, 좁은 의미에서 단지 사제/목사들뿐만 아니라 하나님과 직접적인 관계와 신앙의 질문에서 자신의 견해를 보일 수 있는 권위를 부여한 가르침이자 실제.

메시아(Messias) 예수 이전과 이후 유대교에서 서로 다른 방식으로 기다렸던, 그의 통치 실행에서 선택적인 "기름 부음을 받은" 왕.

면죄부(Ablass) 죽음 이후 연옥에서 값을 치러야 하는 죄의 형벌의 사면.

무오성(Unfehlbarkeit; Infallubilität) 교리와 윤리의 특별한 결정에 있어서 1871년 이후 교황에게 인정된 능력.

민사혼(Zivilehe) 교회의 행정 직원 앞에서 아니라 가족 등록 행정부서의 직원 앞에서 이루어지는 결혼을 말한다.

민족대이동(Völkerwanderung) 민족 혹은 인종들의 이동 행위. 주로 375년 훈족의 침입으로 시작된 서유럽과 동유럽의 게르만 민족의 이동을 말한다.

ㅂ

바티칸(Vatikan) 언덕이자 후에 로마의 시의 구. 그곳에 사도 바울이 묻혀 있고 중세 이후 교황들이 거주했다.

바티칸공의회(Vatikankonzil: Vaticanum) 바티칸에서 열리는 공의회. 예컨대 1869/70년과 1962~1965년 공의회가 바티칸에서 열렸다.

바티칸국가(Vatikanstaat) 교회 국가의 계승자.

반종교개혁(Gegenreformation) 종교개혁에 맞서고 이를 막으려는 목적으로 종교 개혁에 대한 가톨릭의 대응.

발도파(Waldenser) 평신도들의 중세 청빈 운동과 설교 운동에 속한 자들을 말한다. 그들은 다수파 교회로부터 이단자들로 정죄되었으나 16세기 종교개혁 시대까지 살아남았고, 계속 명맥을 유지해 왔으며, 이탈리아에서는 아직도 소수의 개신교회를 형성하고 있다.

방언(Zungenreden) 성령의 현존의 표현으로 황홀경적, 이해할 수 없는 음성(비교. 고전 12:10).

베드로 대성당(Petersdom) 사도 베드로에게 헌정되고 로마의 바티칸 내에 교황에 속해 있는 대교회.

변증가들(Apologeten) 변증서들, 예컨대 이방인과 유대인의 비난과 비판에서 그리스도교를 변호하는 서적들을 저술했던 2세기의 신학자들.

변증 신학(Dialektische Theologie) 칼 바르트에 의해서 설립된 중요한 신학적인 방향, 그것은 하나님과 세상과 인간을 급격하게 대립시켰고 변증적, 예컨대 대립들과 모순들을 가지고 작업하는 사상 형태와 논증 형태를 더욱 선호했다.

부제 혹은 집사(Diakon) 원래 그리고 가톨릭교회에서 여전히 오늘날에도 사제 외에 영적인 관리자. 개신교회 안에서는 교회의 봉사자.

분파(Schisma) 개인적이고 정치적인 권력의 이유로 교회에서 분열해 나가는 것.

ㅅ

사도(Apostel) 초대 그리스도교의 지도자들. 문자적으로 선교·설교하면서 이곳저
곳을 방랑하고 공동체들을 설립했던 예수의 "사환들".

사제(Priester) 서품의 성사를 통해서 자격을 부여받은 가톨릭교회와 정교회의
성직자.

사제서품식(Priesterweihe) 안수와 도유로 구성하는, 가톨릭교회와 정교회에서
평신도에서 사제로 임명하는 성사.

사회사업 부녀회원(Diakonisse) 수도사처럼 살면서 가난하고 결혼하지 않으며
환자 돌보기와 장애인의 돌보기와 사회 복지에서 일하는 개신교회의 여성.

삼위일체(Trinität) (하나님의) 삼위일체.

삼위일체론(Trinitätslehre) 하나님의 삼위일체의 신학적인 가르침.

선교(Mission) 그 자신과 그의 가르침을 널리 전하고 그래서 새로운 그리스도인들
을 획득하려는 목적으로 세상을 향해 예수 그리스도 스스로 유래하는 그의
추종자들의 "파송".

선제후(Kurfürst) 보편적으로 다른 선제후들(총 7명)과 함께 왕을 선출하는 권리를
가진 중세와 근대의 제국 안에 아주 중요한 권력자.

선제후 직위(Kurwürde) 왕들을 선발하는 데 참여하는 제후들의 권리.

성령(Heiliger Geist) 수많은, 여전히 명확하지 않은 신약성서 진술들을 기초로,
전통적인 그리스도교의 가르침에 따른 삼위일체의 "세 번째" 위격, 곧 창조
주 하나님과 예수, 그리스도의 아버지와 하나님의 아들 예수 그리스도
외에 유일하신 하나님의 세 번째 본질 형태 혹은 현상 양태와 작용 방식.

성례식(Skramente) 세례와 주의 만찬처럼 그리스도교의 제의적이고 종교적인 행
위(가톨릭교도들은 부가적으로 참회, 견진성사, 결혼, 도유, 서품식)를 말한다.
이것은 성서와 설교 외에 그리스도교의 핵심 요소들에 속하는 것이다.

성서 원리(Schriftprinzip) 성서에서 교회 가르침과 실천을 판단하고 성서에 어긋

나는 모든 것(예: 성인을 향한 기도)을 거부하는 복음적인 원칙을 말한다. 더 나아가 더욱더 명확하게 성서적으로 정당화된 것만을 인정한다. 예를 들면 중세에 7성례를 대신하여 두 가지 성례만을 인정하는 것.

성서주의(Biblizismus) 19세기 이후로 프로테스탄티즘에서 발견될 수 있는 신학적인 입장, 그것은 모든 신학적인 삶의 질문들과 기본 조건들의 무시 아래 성서의 원문에 구속력을 인정하는 것이다.

성인들(Heilige) 하나님 외에 숭배를 받은 순교자들과 또 다르게 죽게 된 종교적인 인물들.

성찬(Eucharistie) 주의 만찬에 대한 가톨릭의 표현, 주의 만찬에 포함된 감사기도에 기인하는 것이다.

성체(Hostie) 라틴어 *hostia*: 희생물(희생제물), 주의 만찬에서 먹게 된 (상징적인) 떡에 대한 칭호이자 십자가에 희생되었던 그리스도의 몸에 관한 기억으로 칭호.

성흔(Stigmatisation) 주기적으로 십자가에서 피 흘리신 예수의 상처가 인간의 손과 발에 발생하거나 옆구리에 찔린 창 자국의 상처가 나타나는 현상.

세례탕(Ritualbad) 유대인들에 의해서 제의적인 이유로 설치되고 방문을 받았던 장소이다. 흔히 지하수와 만나는 지하실에 설치되어 흐르는 물에 몸을 담글 수 있었다.

수도원 원장(Abt) "아버지"(abba)라는 히브리어에 기인하는 수도원 관리인의 칭호.

순결(Keuschheit) 인간의 성생활에서 인간의 윤리적으로 잘 정돈된 행동. 사제들과 수도사들과 수녀들에게서 성생활의 철저한 포기.

순교자들(Märtyer) 자기 신앙을 위하여 자기 생명을 희생했던 사람들. 문자적으로 "피의 증언자".

순례(Wallfahrt) 성지를 향한 종교적으로 자극을 받은 소수의 이동 혹은 보다 큰 여행.

순례자(Pilger) 종교적으로 자극을 받아 성지를 여행하는 자들.

스콜라주의(Scholastik) 중세와 근대의 "학파"로 신학과 철학이 밀접하게 연결되어 있다.

신비주의(Mystik) 환시(예를 들면 하나님을 봄)와 음성(예를 들면 하나님을 경청)을 목적으로 하는 종교성의 형태처럼 내재성과 특별하고 엘리트적인 종교적 체험.

신앙고백(Bekenntnis) 한 텍스트 안에 그리스도교 가르침의 간단한, 함축적인 요약. 그것은 연대적인 특징을 가지고 또한 제의적으로 이용될 수 있다.

십자군원정(Kreuzzug) 성지들을 비그리스도교인 권력자에게서 해방하고 비그리스도인들과 그리스도교의 이단자들과 싸우려는 목적을 가지고서 십자가의 표식으로 무장된 순례 여행.

신화(Mythos) 생생한 이야기 속에 덧입혀진 종교적인 진술, 특히 세상과 인간의 발생과 그것들의 특징 근저들에 관한 것이다.

ㅇ

아리안주의자들(Arianer) 300년경 가르쳤던 알렉산드리아 신학자 아리우스(Arius)의 후예들. 예수 안에서 인간이 되셨던 하나님의 아들은 하나님의 피조물이고 하나님과 동일하지 않으셨다고 하여, 아들과 하나님과 동일함을 가르쳤던 다수파 교회의 가르침을 잘못된 것으로 가르쳤다.

안락사(Euthanasie) 국가사회주의자의 "은혜로운 죽음" 외에도 환자들과 장애인들의 살인에 대하여 완곡하게 사용된 개념.

역사적-비평적 주석(histirisch-kritisch Exegese) 19세기 계몽주의의 맥락에서 발생한 성서 주석 방법, 이것은 성서를 역사적으로, 그것의 역사적인 기본 전제들 안에서 그리고 비판적으로, 차별화되고 또한 상대적으로 고찰되는 것이다.

연옥(Fegefeuer) 죽은 자들이 생전에 행했던 죄들에 대한 형벌을 집행하고 그들이 천국, 영원한 하나님 나라를 준비하게 되는 피안의 정화 장소.

영성주의자들(Spiritualist) 성례전과 같은 외형적인 요소들, 설교, 교회의 직제들과 심지어 성서를 과소평가하는 종교적인 사람을 일컫는다. 대신에 하나님의 영의 조력과 구체적인 영감을 중시한다.

예수회 회원(Jesuiten) 선교 사업과 교육 사업에 전념했고 반종교개혁과 마찬가지로 가톨릭의 개혁에서 중요한 역할을 했던 중요하고 근대적인 가톨릭 수도사들의 종파.

오순절주의자/오순절 공동체(Pfinstler/Pfinstgemeinde) 개신교 공동체와 교회들, 그곳은 성령의 생생한, 현존하는 경험이 커다란 역할을 하는 곳이다.

원복음(Protevangelium) 원시 복음($\pi\rho\acute{o}\tau\epsilon\rho\circ\varsigma$/프로테로스: 원시)으로 이해된, 그때 아마도 예수 그리스도를 구원자로 암시하는 성서 구절(창 3:15).

원죄(Erbsünde) 인간으로서 인간 자신의, 그러므로 타고난, 아담과 하와의 앞선 견해로 상속된 죄.

위그노파 사람들(Hugenotten) 프랑스의 프로테스탄트들의 호칭, 아마도 스위스의 연합동맹체와 관련하여 언급하면서 "동맹자들"의 개악(Verballhornung), 즉 욕설로 발생했다.

유대 그리스도인들(Judenchristen) 자기 자신 혹은 그들의 조상이 유대인들에 속했고, 때때로 스스로 유대 민족에 속했다고 생각했고, 이것을 또한 그들의 그리스도교적-종교적인 실천에 부가했던 그리스도인들.

은자(Eremit) 원래 사막에서 사는 수도사, 하지만 또한 모든 개별적으로, 세상을 등진 사람으로서 사는 수도사 혹은 고행자.

이단자(Ketzer) 잘못된 가르침 이단자(Häretiker: 이교도적인 개념에서 발전). 중세에 발생했고 아마도 "카타르파"에서 발생한 선택적인 개념.

이단자들(Härtiker) 공식적이고 종교적이며 신학적인 입장들에서 벗어나 있는 종교적 자세 혹은 신학적인 신념을 가진 사람들.

이방 그리스도인들(Heidenchristen) 그들 혹은 그들의 조상은 유대인들이 아니라 헬라인들, 로마인들, 독일인들 기타 등등, 예컨대 예전에 모멸적으로 말했던 것처럼 이방인들이었던 그리스도인들.

이성주의(Rationalismus) 계몽주의에 강하게 영향을 받은 19세기 초 신학의 새로운 방향, 이성(*ratio*)을 보존했던 것을 지금도 여전히 받아들이길 원했다.

인문주의(Humanismus) 종교개혁의 바로 직전과 동시에 종교개혁을 위한 유럽 세계의, 고대에 기인하는 교육 운동과 정신 운동.

ㅈ

자유교회들(Freikirchen) 국가교회와 주정부 교회와 다르게 연합회에 적합하게 조직된(주로 개신교의) 교회, 이것은 국가의 영향뿐만 아니라 국가에 의해서 보증되는 특권을 거부한다.

작센 선제후국(Sachsen) 현 연방국 작센과 작센-안할트(Anhalt)의 앞선 주명인 작센주는 중세와 근대 초에 선제후를 통치자로 가졌던 주들에 속했다.

장로(Presbyter) 개교회에 교회를 지도하는 임직자. 문자적으로 번역하자면 "연장자"(Ältester).

재세례파(Täufer) 유아세례를 거부하고 오직 성인 세례만 인정한다. 따라서 재세례를 실행한 그리스도인들을 일컫는 말이다.

전례(Liturgie) 설교 외에도 예배의 요소들과 진행, 특히 사제들과 공동체 사이의 대담과 예배 집례자와 예배자가 서로 번갈아 가며 부르는 찬송가

정경(Kanon) 가르침과 삶을 위한 규범적인 성서.

정통파의(orthodox) 원래 올바르게 가르치고, 올바르게 믿고, 하지만 또한 고대를 붙들고 있는 교회들과 신학적이고 종교적인 방향의 명칭.

제국(Reich) 넓은 통치 지역에 대한 약칭으로 중세와 근대에 특히 고대 로마제국의 계승자로서 800년도 칼대제를 통해서 새롭게 설립된 로마제국, 즉 "독일 민족의 신성로마제국"으로 존재했다.

제국도시(Reichsstadt) "제국 직속의." 예컨대 영주들에게가 아니라 단지 황제에게만 종속된 도시를 일컫는다. 그 도시는 제국정치의 제국의회들에서 결정된다.

제국의회(Reichstag) 제국의 모든 독립 통치권 대표자의 회의를 말한다. 그들 중 자치적인 도시들(제국 도시들)의 선제후들이 기본적인 문제들의 규정을 위해 황제에 의해서 소집된다.

종교협약(Konkordat) 교회의 문제들을 규정하는데 국가와 가톨릭교회와의 계약.

종교회의(Synode) 공의회처럼 교회의 회의를 말한다. 하지만 종교적으로 제한되고 일반적으로 소규모의 형태이다.

종단들(Orden) 각각의 수도원에서 번져나가 확산한 수도사 공동체 혹은 수녀공동체.

종말론(Eschatologie) 조직신학의 한 분야. 이것은 개인의 삶에서 "최후의 사건들" 예컨대 죽음, 부활, 심판, 영원한 삶과 세상의 미래와 종말을 연구하는 것이다.

주의 만찬(Abendmahl) 빵과 포도주와 함께하는 예수의 최후의 만찬과 그의 죽음을 기억하는 제의적인 만찬 축제, 두 개의 개신교 성례전 중 하나.

ㅊ

참회(Buße) 삶의 변화(전향)를 위한 준비와 관련해 하나님 앞의 죄와 또한 동료들 (예, 영적 인자) 앞에서 사정들의 내적인 후회와 공개적인 고백("고해"). 이것은 전통적으로 의무들(경건한 행위들에 대한 의무) 아래 죄의 사면과 연관되어 있다.

총회 회원(Konsistorialrat) 개신교 주정부 교회의 교회 감독으로 활동하는 주도적인 행정공무원.

침례교도들(Baptisten) 17세기 프로테스탄티즘에서 발생했으며 유아세례를 부정하고 성인 세례만 인정하는 교회적인 흐름.

칭의(Rechtfertigung) 하나님의 은총을 통해서 스스로 죄를 짓고 그것과 더불어 "의롭지" 않은 사람을 의롭다고 선언하거나 의롭게 만드는 것.

ㅋ

칼빈주의자들(Calvinisten) 종교개혁자 칼빈의 추종자들과 칼빈과 제네바의 종교 개혁. 또한 스위스의 또 다른 종교개혁적인 각성들에 기인한 교회의 일원들.

콘스탄티누스적인 전환(Konstantinische Wende) 3세기 박해 이후 대 콘스탄티누스 통치 아래 그리스도교의 관용과 후대 촉진.

퀘이커교(Quäker) 17세기 영국에서 새롭게 발생한 개신교의 특별한 교회. 그것은 비교리적이고 단순한, 하지만 동시에 사회 참여적인 그리스도교를 실행했다.

ㅍ

팔츠 선제후국(Kurpfalz) 현 연방국 라인란트-팔츠(Rheinland-Pfalz)의 앞선 주 명인 팔츠주는 중세와 근대 초 선제후를 통치자로 가졌던 주들에 속했다.

평신도(Laien) 교회 안에서 비신학자이거나 비성직자.

프로테스탄트들(Protestanten) 1529년 스파이어(Speyer)의 저항에 기인하는 모든 개신교 교인에 대한 총칭.

ㅎ

할례(Beschneidung) 유대인들에게 의무적으로 출생 이후 8일 혹은 유대교로 성인의 입문과 관련한 음경의 표피 절단.

해방신학(Liberale Theologie) 신앙고백들과 전통적인 사상으로부터, 하지만 또한 성서의 엄격한 구속으로부터 자유로운 19세기와 20세기의 신학적인 방향.

회당(Synagoge) 유대교 의식을 목적으로 한 유대인의 모임 장소 혹은 건물들. 또한 '교회'와 유사한 '유대교'에 의해서 사용된 곳.

환시(Vision) 영적인 눈으로 바라봄. 내적인 환영, 현상 등.